中文社会科学引文索引（CSSCI）来源集刊

主办：中南大学法学院

ECONOMIC

经济法论丛

LAW

2022年第2卷（总第40卷）

REVIEW

名誉主编・漆多俊
执行主编・王红霞

法律出版社
LAW PRESS・CHINA
北京

图书在版编目(CIP)数据

经济法论丛. 2022年. 第2卷：总第40卷 / 王红霞执行主编. -- 北京：法律出版社，2022
ISBN 978-7-5197-7324-3

Ⅰ. ①经… Ⅱ. ①王… Ⅲ. ①经济法-中国-文集
Ⅳ. ①D922.290.4-53

中国版本图书馆CIP数据核字(2022)第224135号

经济法论丛 2022年第2卷(总第40卷)
JINGJIFA LUNCONG 2022 NIAN DI-2 JUAN (ZONG DI-40 JUAN)

漆多俊 名誉主编
王红霞 执行主编

策划编辑 沈小英
责任编辑 毛镜澄
装帧设计 李 瞻

出版发行 法律出版社
编辑统筹 法治与经济出版分社
责任校对 王 丰
责任印制 吕亚莉
经 销 新华书店

开本 710毫米×1000毫米 1/16
印张 16.25 **字数** 321千
版本 2022年12月第1版
印次 2022年12月第1次印刷
印刷 北京虎彩文化传播有限公司

地址：北京市丰台区莲花池西里7号(100073)
网址：www.lawpress.com.cn
投稿邮箱：info@lawpress.com.cn
举报盗版邮箱：jbwq@lawpress.com.cn

销售电话：010-83938349
客服电话：010-83938350
咨询电话：010-63939796

书号：ISBN 978-7-5197-7324-3
定价：110.00元

经济法论丛

投稿邮箱：elr1998@163.com

联系电话：0731-88660273

通信地址：湖南长沙麓山南路605号中南大学南校区法学院302室

邮政编码：410012

卷首语

本卷“经济法原理”板块收录了两篇文章。单飞跃教授等《1921～2021年百年间中国经济立法的变迁——中国共产党经济治理逻辑的立法考察视角》一文，对百年来经济立法的阶段分期、调节重点与成就进行详细的阐释。潘宁《论经济法中的行为责任》一文聚焦经济法行为责任的特殊性与体系问题。

在“市场规制法”板块，王晓晔教授惠赐大作《我国〈反垄断法〉修正的亮点和问题》。文章对2022年我国《反垄断法》修正中的重要突破和遗漏问题进行了细致、中肯的分析。颜运秋教授等《公共数据垄断问题及其反垄断法干预路径分析》一文，针对公共数据垄断问题进行了详细剖解，并提出了具体的规制建议。黄溜《新样态平台限制竞争行为违法性认定的困境及对策》一文剖析了新样态平台限制竞争行为的违法性认定困境，提出了分析原则并详细阐述了认定要点。陈灿祁等《公平竞争审查第三方评估路径优化研究》一文，剖析了公平竞争审查第三方评估的功能定位、现实困境和优化路径。孙晋教授等《二维视角下国有资本投资政策公平竞争审查的法治保障》一文，聚焦国有资本投资政策公平竞争审查的原则、对象、方法和制度等问题。

在“金融财税法”板块，刘志伟教授《金融监管权力结构：生成、运行与实现》一文，针对金融监管权力结构的生成逻辑、运行模式和制度规范与保障进行了深入探索。陈敏光教授《认真对待金融法动态适应性命题》一文提出了影响金融法动态性的3个因素，明确了金融法动态适应性理论的重要价值。顾德瑞《新时代养老服务业的财税支持政策：选择、组合与应用》一文，聚焦养老服务业，从宏观、中观、微观和政策调试多维度对相关财税政策进行了分析。

“域外法动态”板块的3篇文章，分别从全球视野、区域案例和他国制度展开了研究。丁茂中教授等《全球反不正当竞争法的发展趋势》视野宏阔，提炼了全球反不正当竞争监管的总体趋势、他国立法的最新动态，提出了中国本轮修法的制度建议。张郁、王传辉教授《剥削性高价之证明研究：基于欧盟相关案例》一文，结合欧盟法治实践，具体讨论了剥削性高价的各个具体认定要件，并针对我国相关执法提出了具体建议。韩欣悦《日本企业数据立法保护模式——以“限定提供数据”条款为例》一文,聚焦《日本反不正当竞争法》限定数据条款,并发掘了其中的价值。

王红霞

2022年8月18日

目　　录

CONTENTS

Economic Law Principles

Market Regulation Law

Finance & Tax Law

Extraterritorial Column

【经济法原理】

1921～2021年百年间中国经济立法的变迁

——中国共产党经济治理逻辑的立法考察视角

单飞跃[*]　邓　然[**]

摘　要：经济立法是中国共产党领导经济工作的重要制度安排。中国共产党领导下的经济立法历经百年的渐进式变迁，从萌芽期发展到初创期和推进期，在经济生活中发挥管理、巩固、回应、突破、调节、保障、引导和促进的法律功能，经济立法已经成为中国共产党领导经济治理和探索国家现代化进程的制度写照。百年经济治理历程中，经济立法重点调整工业与农业、城市与农村、中央与地方、政府与市场、国内与国际5对中国经济社会发展中的重大关系。中国共产党领导下百年经济治理与经济立法的主要成就可以概括为：建立开放、包容、发展的基本经济制度体系；建立以工业化和国有企业为主体支撑的现代产业体系；建立以战略规划和风险防范为核心的宏观调控体系。从历史维度、用体系思维把握当代经济立法的内在逻辑、变革依据和发展方向，有助于全面系统地推进我国经济法治建设和及时有效地应对风险社会带来的挑战。

关键词：中国共产党；经济立法；经济治理；百年变迁

中国共产党成立的100年，是党领导我国经济工作的100年，党史也包括我国当代经济发展史。中国历史上甚至人类历史上，都少有像中国经济体制变迁与中国经济法律制度变革那样波澜壮阔的历史画卷。从一个积贫积弱、战乱频仍、四分五裂的农业国，发展成为一个初步实现现代化、经济社会发展稳定的工业国和新型工业化国家，经济法律制度在其中发挥了巨大作用。中国共产党在执政过程中，一方面重视从经济层

---

*　法学博士，上海财经大学法学院教授、博士研究生导师。

**　上海财经大学法学院博士研究生。

面改变国家面貌,另一方面运用法律手段改善经济状况和实现发展目标。在这双重动力机制中,经济立法成为中国经济社会建设向前推进的核心密码,既是制度支持,又是成果注解。总结1921~2021年百年间经济立法的变迁史,就是从一个特定的视角注解新中国的建国史和强国史。

以往学界对中国共产党经济治理方面的考察主要集中在思想史、工作史、政策史上。这些研究的共同点便是在分析中均穿插经济立法要素,但尚未将其作为一项独立的线索展开系统性的论述,①而在以经济立法为主题的现有研究中,又呈现时间上的阶段性和内容上的分离性。一方面,对中共党史的经济立法考察被明显区分为建党后至新中国成立前和新中国成立后两个时域,并主要聚焦于改革开放以后的经济立法,在阶段上打通得较少。② 另一方面,从法律史的角度对经济立法的全景式呈现往往与党领导经济治理的发展脉络相分离,仅是就法论法,并未进一步发掘立法背后的深层关联。③ 作为一项科学研究,党是如何通过法律手段领导经济工作继而改变国家面貌的,经济立法的体系架构和核心命题是否有规律可循,未来发展趋势中应当秉持的中国特色是什么,均是经济立法今后发展与完善应该弄清楚的问题。经济立法既是一种文本知识,更是一种实践知识,横跨百年的经济立法史为我们研究当代中国经济立法的轨迹和规律提供了充分的素材。本文所研究的经济立法,是指在中国共产党的领导下,不同历史时期和发展阶段由人民民主政权制定的重要财政经济和民事商事法律、法规

---

① 经济思想史相关研究成果主要有:白永秀、任保平、何爱平等:《中国共产党经济思想90年》,人民出版社2011年版;顾龙生主编:《中国共产党经济思想史:1921—2011增订本》,山西经济出版社2014年版;闫茂旭:《中国共产党经济思想史》,中共党史出版社2021年版;白永秀:《中国共产党百年经济思想理论体系的逻辑建构》,载《人民论坛》2021年第23期;等等。经济工作史相关的研究主要有:赵凌云主编:《中国共产党经济工作史:1921—2011年》,中国财政经济出版社2011年版;季正聚:《中国共产党领导经济工作的若干重要经验》,载《中共中央党校(国家行政学院)学报》2021年第5期;等等。经济政策史相关研究主要有:赵效民:《中国革命根据地经济史:1927—1937》,广东人民出版社1983年版;刘勉玉主编:《中国共产党经济政策发展史》,湖南人民出版社2001年版;雷巧玲、任培秦、韦林珍:《中国经济现代化史论》,陕西人民出版社2009年版;刘佳:《新民主主义革命时期中国共产党经济政策及其当代价值》,载《山东社会科学》2021年第8期;等等。

② 相关研究主要有:张希坡:《革命根据地的经济立法》,吉林大学出版社1994年版;郑继汤:《闽西苏区立法实践》,载《苏区研究》2021年第4期;董节英:《改革开放以来中国共产党法律观念的演进》,载《中共党史研究》2010年第12期;等等。

③ 相关研究主要有:郭道晖主编:《当代中国立法》,中国民主法制出版社1998年版;侯勃:《新中国社会与经济立法研究》,甘肃文化出版社2010年版;潘伟杰:《当代中国立法制度研究》,上海人民出版社2013年版;等等。

以及指示、决议等立法文献。[①] 对建党以来我国百年间经济立法的系统性阐述，不仅是对我国当代经济立法史全貌的呈现，更重要的是发掘经济发展与经济立法之间的关系以及经济立法演变过程中的路径依赖与原则遵循。这既是对经济立法的解构性研究，亦是对中国共产党既往经济主张的观察和检视，用以锁定未来经济工作中应当加以坚持的目标。是故，本文从阶段、体系、线索3个向度纵深推进，采用法律叙事和历史叙事相结合的方法，一方面，通过梳理和分类展示经济立法的历史谱系，展现百年来我国在经济立法上的发展成果；另一方面，通过归纳和提炼厘清经济立法的变迁机理和变动特征，揭示党领导经济工作的内在逻辑。

一、经济立法是中国共产党领导经济工作的重要制度安排

“当代中国立法制度演变是出于为经济建设服务这一主轴，因此经济性立法始终占据当代中国立法制度演变的中心。”[②]中国共产党自成立伊始便注重运用经济立法手段来组织和领导经济工作，在规范体系的基础上实施经济治理。经济立法不仅是一种经济法律资源的供给工具，更重要的是一项现代法治文明导入与政治经济理想追求的事业。经济立法作为中国共产党领导经济建设工作重要组成部分的同时，也承载社会主义现代化建设的国家使命和价值诉求。

（一）经济立法是中国现代化进程的重要制度变量

经济立法作为法律现象和治理模式在新民主主义革命时期就已出现。中国共产党在领导经济工作的早期实践中便以政治力量为支撑、以救亡图存为宗旨，进行了经济立法的初步尝试。当时主要采用的外在规则借鉴型的经济立法模式，在新中国成立后的前30年里也一直在沿用。进入改革开放和经济体制改革阶段，经济立法作为政策名词和法律术语，被普遍运用于经济体制改革与发展、法律体系建构与完善之中，并以“加强经济立法”的表述形式出现在党内法规、人大报告、政府公文、法律规范之中。从1981年《关于加强经济立法工作的几点建议》中“经济法规是国家用来保护和完善社会主义生产关系、促进生产力发展的有力工具”的工具论到1996年“九五”计划中“把经济立法放在重要位置，用法律引导、推进和保障社会主义市场经济的健康发展”的有机论，1992年党中央作出的建立社会主义市场经济体制的决定成为关键的

---

① 参见张希坡：《革命根据地的经济立法》，吉林大学出版社1994年版，第1页。

② 潘伟杰：《当代中国立法制度研究》，上海人民出版社2013年版，第90页。

转折点。[①] 为与党的十四大报告和新党章中有关社会主义经济制度的阐述相统一,1993年全国人民代表大会对《宪法》进行了修改,"经济立法"在宪法规范层面得到了确认。"加强经济立法,完善宏观调控"[②]作为宪法主张,对国家角色进行定位的同时,也为抓紧制定有关社会主义市场经济方面的法律提供了最高法律依据。2008年国务院发布的《中国的法治建设》白皮书在"规范市场经济秩序的法律制度"板块中作出了"改革开放以来,在从计划经济体制向市场经济体制转变过程中,中国不断加强经济立法和相关立法,符合社会主义市场经济要求的法律制度已基本形成"的表述,并回顾了社会主义市场经济法律体系在民事法律制度、市场主体法律制度、市场管理法律制度、宏观调控法律制度等方面取得的成就。2011年国务院发布的《中国特色社会主义法律体系》白皮书在法律体系的完善部分提出了"继续加强经济领域立法"的要求,并从民事商事、财税金融、宏观调控、经济安全等法律制度层面给出了完善目标。这些探索反映了在中国共产党领导全国人民进行现代化建设的生动实践中,经济立法作为重要的制度变量,已经成为国家经济治理的重要手段。

中国共产党在运用经济立法进行经济治理的过程中,也注重其与党的政策、国家战略、经济社会发展规划之间的协调配合,四者之间相互联动,组成了一个具有稳定性、系统性的制度组合(如图1所示)。《中共中央关于加强党的执政能力建设的决定》提出,"党领导经济工作,主要是把握方向,谋划全局,提出战略,制定政策,推动立法,营造良好环境"。[③] 中国共产党领导经济工作的运行体系主要围绕党的政策、国家战略、经济立法和经济社会发展规划之间的协调配合而展开。改革观和发展观作为影响经济改革、经济发展和经济运行方向的决定性因素被融入党的政策之中,通过党的政策转化为国家战略、经济立法和经济社会发展规划。与此同时,国家战略、经济立法和

---

① 1981年9月3日,国务院经济法规研究中心《关于加强经济立法工作的几点建议》的报告中提出,"经济法规是国家用来保护和完善社会主义生产关系、促进生产力发展的有力工具。在国民经济调整时期,正确运用经济立法,对于保障调整任务的顺利实现和巩固经济改革的成果,具有重要的现实意义";1996年3月17日,第八届全国人民代表大会第四次会议通过的《国民经济和社会发展"九五"计划和2010年远景目标纲要》在"深化经济体制改革"板块的第七点"加快经济立法"中提出"把经济立法放在重要位置,用法律引导、推进和保障社会主义市场经济的健康发展。继续制定和完善规范市场主体和市场行为、维护市场秩序、改善和加强宏观调控、建立和健全社会保障制度、促进对外开放等方面的法律。制定和完善振兴基础产业和支柱产业、规范政府行为、保护环境资源、保护知识产权等方面的法律";1992年10月,中国共产党第十四次全国代表大会正式提出建立社会主义市场经济体制的目标。

② 《宪法》(1993年修正)第15条第2款规定:"国家加强经济立法,完善宏观调控。"

③ 中共中央党校教务部编:《十一届三中全会以来党和国家重要文献选编:一九七八年十二月—二〇〇七年十月》,中共中央党校出版社2008年版,第552页。

经济社会发展规划又对党的政策进行不同层面的确认、细化、解释和实施。在国家战略、经济立法、经济社会发展规划三者之间，国家战略指引并规范经济立法和经济社会发展规划，经济立法和经济社会发展规划吸收并转化国家战略，经济立法与经济社会发展规划之间则互为依据。

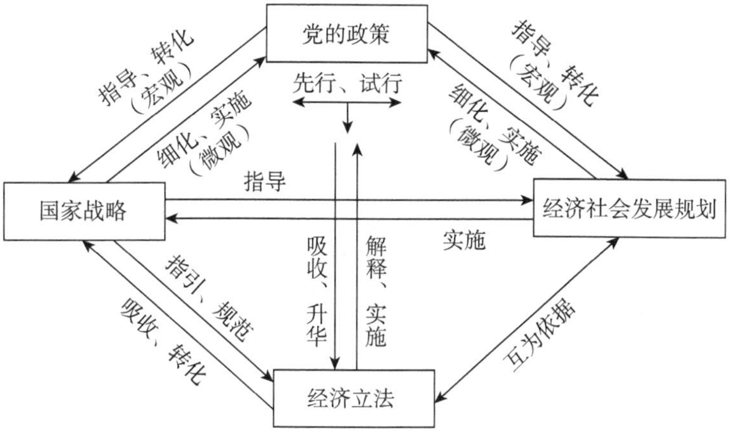

图 1　中国现代化进程中四大重要制度变量关系

（二）中国共产党运用经济立法领导经济工作的逻辑起点

经济立法在处理我国基本矛盾和特殊矛盾时具有极强的目的性和思想性。从抗日战争阶段的经济自给到计划经济时期的经济自足再到社会主义市场经济期间的经济自立和自强，虽然每个历史时期都有其阶段性的经济发展使命，但是民生为本、强国为要、法治为基一直是中国共产党领导中国经济建设过程中贯穿始终的三大主题，并以此逻辑起点深入经济立法的过程之中。

其一，民生为本。中国共产党从创立之初就以全心全意为人民服务、保障和改善民生为己任，以创建独立自主、自力更生的社会主义现代化强国为目标。① 民生为本就是把人作为发展的根本目的，通过在经济社会生活中赋予人以所有权、经营权、平等权、发展权等基本权利，以及明确国家在改善人民生活品质、提高社会建设水平上的法定职责来达成。从土地革命时期以《井冈山土地法》所规定“打土豪、分田地”，到革命根据地时期《中央政府关于查田运动的训令》所要求的“查田运动”，再到解放战争和新中国成立初期《中国人民政治协商会议共同纲领》（以下简称《共同纲领》）所规定的“耕者有其田”，根除封建地主土地所有制、解放农民群体劳动力是这一阶段土地立

① 参见中国革命博物馆：《中国共产党党章汇编》，人民出版社 1979 年版，第 147 页。

法的核心目的。① 改革开放以后原《民法通则》、原《物权法》、《农村土地承包法》和《民法典》中对家庭联产承包责任制与家庭承包经营权的规定充分肯定了不同阶段农村改革的成果,创新了农业生产经营方式,提高了农民生活水平。《国家基本公共服务标准(2021年版)》《基本医疗卫生与健康促进法》的颁布是我国对基本公共服务均等化的法治化和制度化升级,《乡村振兴促进法》则服务于脱贫攻坚与乡村振兴的发展目标。这一系列经济立法都是量化、保障和改善民生的体现。

其二,强国为要。以经济建设为中心是兴国之要,全面建成社会主义现代化强国,实现国家富强、民族振兴与人民幸福是中国发展的核心使命。快速工业化和全面工业化作为立国之本和强国之路,是民主革命时期国贫民弱的经济困局下解放和发展生产力的客观要求与必然选择,也是新中国成立后一以贯之的实体经济建设思路和国民经济与社会发展规划中的固定主题。1921～1948年,通过工农联盟、公营工业、私营工业、合作社工业、技术专家优待和敌伪工业处理制度等方式,力图实现从农业国到工业国的转型。1949～1978年,通过计划经济制度、工业经济体系、公有制体制、国营企业形式、农村集体经营模式等方式,力图实现以工业化为主体的现代化。1979～2021年,通过商品经济制度(市场经济制度)、公有制为主体的多种所有制经济形式、对外开放、城镇化(城市化)、统分结合的农村家庭承包经营模式、"分税制"、现代企业制度等方式,力图实现以新型工业化为主体的现代化。在以工业化为主体的社会主义现代化强国建设实践中,经济立法通过落实战略规划的下沉式立法、吸收改革实践成果的上升式立法、以经济发展中的问题和变化为导向的回应式立法,在国民经济发展的不同阶段对现代化建设给予了持续而有效的制度支持。

其三,法治为基。法治是传统国家向现代国家转型的制度基础和先决条件,②尊重法治与可持续的经济发展之间存在明确而紧密的因果关系。法治为一个国家提供了经济生活所需要的稳定的投资环境、规范的市场秩序和有效的监管体系,经济法治化水平也成为国家作为商业场所时国际声誉和信用度的评判指标。③ 对于通过政治革命建立起现代国家的中国来说,以制定法的立法模式建构现代国家的经济治理法律体系和经济社会法律秩序是从中国共产党领导革命以来便一直坚持和延续的路径传统。④

---

① 参见赵效民:《中国革命根据地经济史:1927—1937》,广东人民出版社1983年版,第93、292～293页。

② 参见潘伟杰:《法治与现代国家的成长》,法律出版社2009年版,第17页。

③ See Micheal Ogwezzy, *The Applications of the Rule of Law Approach to Economic Development*, Journal of International Law, Vol. 22, p. 191－232(2010).

④ 参见潘伟杰:《当代中国立法制度研究》,上海人民出版社2013年版,第15页。

“法治为基”对经济立法的要求不仅是提供具有回应性、综合性和开放性的规范体系，促成与维护市场秩序，还要反过来推进经济改革和引导经济发展以体现其价值判断与价值追求，成为支撑工业文明和市场文明的自主性力量。经济改革从“经济法制”到“经济法治”再到“法治经济”的演变，蕴含制度文明从治理工具到治理理念再到治理理想的发展，由表及里，体现了中国共产党在领导经济建设过程中的观念成长和诉求升级。社会主义市场经济体制的构建和依法治国方略的部署深化了中国现代化进程的内涵，把经济与法律紧密融合并不断推向更高层次的状态，形成了以法律为规范形式、以良法善治为价值理念、以依宪治国和依法行政为核心、以法律的实施和保障体制为依托的国家治理和社会治理的和谐体系。

二、中国共产党领导经济立法的历史周期划分

“历史是至关重要的。它的重要性不仅仅在于我们可以向过去取经，而且还因为现在和未来是通过一个社会制度的连续性和过去连接起来的。”①“立法不只从社会经济生活中汲取源泉，也从先前时代的立法与成果中汲取养料。”②经济立法是具有承继性和连贯性的，新中国成立初期的许多经济立法思想和经济立法成果都源自建党后、新中国成立前的这段时期。因此，对我国经济立法的审视需要放在一个长时间的历史进程之中。从 1921 年中国共产党建党开始系统回顾和梳理我国百年间的既往经济立法，能够让我们对经济立法的认识更加全面和丰满。

（一）1921～1948 年：以土地革命和工业发展为中心的经济立法萌芽期

建党后、新中国成立前这一时期的经济立法是在既有本国反动势力压迫，又有外国帝国主义侵略的内外交困的时局背景下开展的。1921～1924 年中国共产党成立初期这段时间，党的经济主张主要是通过包含财政经济斗争纲领的文告予以宣示。这些财政经济斗争纲领提出对外应取消列强在关税、货币等方面的经济特权来恢复国家经济主权和经济独立，对内应加强分地予农、改革税制等方面的经济平权来复苏国内经济生机和经济活力，宣示了中国共产党在经济上的根本立场和政策主张。③ 1925 年爆发的省港大罢工，开创了工人阶级制定经济管理法规的先河，形成了一系列涉及复工复业、工农联盟、工商联合、财政金融、交通事业等方面的经济管理法规，是中国共产党

① ［美］道格拉斯·C. 诺思：《制度、制度变迁与经济绩效》，刘守英译，上海三联书店 1994 年版，第 1 页。

② 郭道晖主编：《当代中国立法》，中国民主法制出版社 1998 年版，第 13 页。

③ 1921～1924 年，中国共产党发布了《中国共产党对于时局的主张》《中国共产党第二次全国代表大会宣言》《关于收回海关主权问题的通告》等包含财政经济斗争纲领的文告。

领导人民制定的最早的经济法规。在这些经济法规的统筹和作用下,中国共产党领导人民运用多种斗争方式,有效瓦解了帝国主义的经济强权,实现了对内团结工农商、促进区域经济独立发展的目的。①

伴随全国若干农村革命根据地的开辟,农业生产成为经济建设的中心任务。推动农业发展就必须提高农村生产力,提高农村生产力就必须解放农民群体的劳动力,就必须根除封建地主土地所有制这一中国农村的沉疴。在中国共产党领导下,土地革命在各个革命根据地广泛地开展起来。1928年12月由湘赣边界党的第二次代表大会制定、湘赣边界工农兵政府颁布的《井冈山土地法》是中国共产党领导下的第一部成文土地法,用法律的形式对"耕者有其田"制度进行了明确。之后制定的《兴国土地法》在《井冈山土地法》基础上对没收土地的范围进行了修改。1931年11月,中华苏维埃共和国临时中央政府在江西瑞金成立。中华苏维埃第一次全国代表大会通过了《中华苏维埃共和国宪法大纲》和《关于经济政策的决议案》,明确了经济立法的基本方针,即集中经济力量保障革命战争物资供给和改善人民群众生活,这也为全国苏维埃地区的经济政策提供了法律依据。《关于经济政策的决议案》包括工业、商业、财政和税则、市政四个方面的经济决议,并把工业发展放在首位,强调"一切经济命脉,实行国有""竭力促进工业发展"的经济发展理念。② 在此基础上,工农民主政府制定了一系列涉及农林工商、水利交通、财税金融等方面的经济法规,形成了以《中华苏维埃共和国土地法》、《中华苏维埃国有工厂管理条例》、《中华苏维埃共和国工商业投资暂行条例》和《合作社暂行组织条例》为支柱的、初具规模的经济法规体系,对保障战时物资供给、改善人民生活、发展苏区经济起到了重要的作用。③ 抗日战争时期的陕甘宁边区,中国共产党在"发展经济、保障供给"的边区经济建设基本方针的领导下对这一系列经济法规进行了修正与拓宽。

解放战争时期,革命根据地的分布已经由散点发展为片区,从农村走向城市。革命力量的扩大使中国共产党的战略方针从"以农村包围城市"转向"由城市领导农村",实行城乡兼顾发展,经济立法的重心也逐渐从农业向工业偏移。④ 1946年4月,中共中央制定了《中共中央关于工业政策的决定(草案)》,明确了在公营工业发展、私营工业奖励、合作社工业扶持、技术专家优待和敌伪工业处理的方针和办法。1947年10月,

---

① 参见张希坡:《革命根据地的经济立法》,吉林大学出版社1994年版,第12~43页。

② 参见中共江西省委党史研究室:《中央革命根据地历史资料文库·政权系统6》,江西人民出版社2013年版,第71~73页。

③ 参见刘建业主编:《中国抗日战争大辞典》,北京燕山出版社1997年版,第853~854页。

④ 参见张希坡:《革命根据地的经济立法》,吉林大学出版社1994年版,第201~202页。

中共中央正式公布施行了《中国土地法大纲》，一方面，吸取土地改革历程中的经验教训，修正了土地制度；另一方面，保护国民经济中的其他成分，规定了对民族工商业的保护。[①] 1948年8月，华北临时人民代表大会通过《华北人民政府施政方针》，在经济方面明确了发展农业、工商业和交通运输业，改革税制的方针。华北人民政府在此基础上制定了一系列与农业生产计划和指示、工商营业管理相关的法规，建立了统一全国的财政管理制度和货币制度，经济立法逐渐从各解放区地方分散立法整合为中央集中立法。[②]

中国共产党在新民主主义革命时期的立国理想、革命需求和经济主张，主导了建党后、新中国成立前这段时期经济立法的初步探索，形成了以革命性、应急性、局部性和自给性为特点、以土地革命和工业发展为中心的经济立法萌芽期，在保障战时供给的同时，为苏区、边区和解放区的经济生活与经济发展提供了制度支持。革命时期的经济立法虽然集中体现了党对经济关系的理解和经济建设的定位，但是战争局势和革命情势为经济立法的开展带来了相当大的困难与限制。这一时期的经济立法探索与实践并不成熟和稳定，更侧重于社会效果而非规范作用。正因如此，相较经济立法，这一时期经济政策在贯彻和实践党的经济主张和经济方针工作中的作用更显著。

（二）1949～1978年：以工业化、公有制和计划经济为重心的经济立法初创期

在解放战争接近尾声时，国家财富与主要物资被国民党反动派大量转移，生产力的衰弱、生产工具的落后和生产资料的短缺造成了国民经济的凋敝，增加了新中国成立后恢复经济的难度。新中国成立前夕颁布的、具有宪法性质的《共同纲领》围绕当时经济社会中各经济成分之间最突出的4组矛盾，规定了“以公私兼顾、劳资两利、城乡互助、内外交流的政策，达到发展生产、繁荣经济之目的”的新中国经济建设根本方针，提出新中国的任务主要是解决从农业社会向工业社会的转型（工业化）问题，展现了党和国家领导人对恢复经济的通盘规划和部署。[③] 这一时期的经济立法主要是围绕农村层面的农业土地、城市层面的工商管理、国家层面的财税金融三大领域展开。以党中央1953年提出“一化三改”和1960年提出“八字方针”的两个时间为节点，这一时期可以进一步细分为恢复期、改造期和调整期。在恢复期，国家制定了《土地改革法》《暂行海关法》《新解放区农业税暂行条例》《关于决策制度、预算审核、投资的施工计划和货

---

① 1947年9月通过的《中国土地法大纲》第12条规定，“保护工商业者的财产及其合法的营业，不受侵犯”。参见中共中央党校党史教研室选编：《中共党史参考资料》（六），人民出版社1979年版，第330页。

② 参见周叶中、江国华主编：《在曲折中前进：中国社会主义立宪评论》，武汉大学出版社2010年版，第240～243页。

③ 参见《中国人民政治协商会议共同纲领》，人民出版社1952年版，第9～10页。

币管理的决定》等经济法律,以重建国民经济和进一步推进土地改革。在社会主义改造期,1954年颁布的《宪法》把"逐步实现国家的社会主义工业化,逐步完成对农业、手工业和资本主义工商业的社会主义改造"这一过渡时期的总任务纳入"序言"之中并明确了我国基本经济制度,①同时围绕"一化三改"制定了《公私合营工业企业暂行条例》、《国家经济建设公债条例》、国务院《关于改进财政管理体制的规定》、国务院《关于改进工业管理体制的规定》、国务院《关于改进商业管理体制的规定》等经济法规,通过法律制度安排落实过渡时期的总路线。在调整期,围绕1960年中共中央在全面建设社会主义时期提出的恢复与发展国民经济的"调整、巩固、充实、提高"的"八字方针",相继制定了《农村人民公社工作条例修正草案》等经济法规,对经济进行重建。1966～1975年立法工作的停滞和经济建设的停摆,直至1976年才开始逐渐恢复。

新中国成立以后,在新的系统性国家法律制度建成之前,党中央采用执行党的政策、继续沿用人民政府制定的原有法律、加快制定新的法律的方式,巩固人民政权、维护社会稳定、恢复国民经济和继续完成民主革命遗留的任务。② 这一时期经济立法呈现集中性、计划性和改造性的特点,形成了以国营经济为主导、建立和发展公有制与计划经济体制为目标的经济立法初创期。

(三)1978年至今:以中国特色社会主义现代化建设为核心的经济立法推进期

改革开放以来,经济立法始终是党领导下的国家立法工作的重点。为恢复经济运行的法律秩序和提供经济改革的保障机制,经济立法呈现规模化、系统化的发展态势,经历了从经济法规体系到市场经济法律体系再到中国特色社会主义法律体系的演进过程,形成了以中国特色社会主义现代化建设为核心的经济立法推进期。这一时期也是我国经济法治实践最活跃和最生动的时期。

1. 经济法规体系阶段,时间上从1978年持续至1992年。经济法规体系的建设和完善是在我国改革开放全面展开背景下,"七五"和"八五"计划期间所提出的经济立法

---

① 参见田克勤、于文藻主编:《中国共产党七十年:1921～1991》,吉林文史出版社1991年版,第406～407页。

② 1949年2月发布的《中央关于废除国民党〈六法全书〉和确定解放区司法原则的指示》体现了中国共产党治理国家的法律观:"在人民的新的法律还没有系统地发布以前,则应该以共产党的政策以及人民政府与人民解放军所已发布的各种纲领、法律、命令、条例、决议作依据。在目前,人民的法律还不完备的情况下,司法机关的办事原则,应该是:有纲领、法律、命令、条例、决议规定者,从纲领、法律、命令、条例、决议之规定;无纲领、法律、命令、条例、决议规定者,从新民主主义政策。"参见饶鑫贤等主编:《北京大学法学百科全书:中国法律思想史·中国法制史·外国法律思想史·外国法制史》,北京大学出版社2000年版,第1047页。

目标。[①] 这一阶段的经济立法“以需定立”，呈现综合性和探索性的特征。一方面，对经济法和民法没有作出严格的区分。综合民事关系和国民经济管理关系，把政府经济行为、市场交易行为和企业组织行为囊括在经济法规之中，如1981年颁布的原《经济合同法》就对计划经济关系与商品交易关系进行了结合性调整，为经济生活中纵向经济关系与横向经济关系的调节提供了制度纽带。另一方面，打破既有体制束缚，释放个体经济活力。通过民商事法律制度的牵引和有针对性的经济立法，解决当时经济体制探索中所遇到的经济法律问题，如1986年颁布的原《民法通则》吸收了法人制度，为国有企业改革提供了组织形式保障。同时，原《民法通则》规定了个体工商户和农村承包经营户两大特殊自然人主体，巩固了经济改革与实践探索的成果。此外，原《企业破产法（试行）》设计了企业退出市场的机制，《全民所有制工业企业法》规定了厂长负责制，原《中外合资经营企业法》《外资企业法》《中外合作经营企业法》（以下简称三资企业法）构建了新型的企业组织形式，为旧体制束缚的经济单元解套，为释放企业活力创造条件。

2. 市场经济法律体系阶段，时间从1993年持续至2008年。[②] 市场经济法律体系的建设和完善是在我国改革开放加快发展背景下，基于1993年《宪法》修改后对建立社会主义市场经济体制和加强经济立法的迫切要求而提出的经济立法目标。这一阶段的经济法律增量明显，形成了一波为市场经济集中立法的高潮，并带有强烈的功能性特征，重点解决市场的内部构造和政府的宏观调控，以及政府与市场关系等市场经济中的重大法律问题，以保障市场经济体制的建立及其有效运行。这一时期，在市场主体立法方面，按照市场主体传统组织形式的三分法，分别制定了《公司法》、《合伙企业法》和《个人独资企业法》。在市场秩序立法方面，逐步廓清了市场与政府的边界，市场自发秩序交由以原《合同法》、《证券法》、《票据法》和《企业破产法》为主体的民商法进行维护，市场管理秩序交由以《反不正当竞争法》《消费者权益保护法》《产品质量法》为主体的经济法予以建立。在宏观调控立法方面，形成了以《预算法》《中国人民银

① 参见全国人大财政经济委员会办公室等编：《建国以来国民经济和社会发展五年计划重要文件汇编》，中国民主法制出版社2008年版，第287、331页。

② 市场经济法律体系的建设存在3个重要的时间节点：1993年11月14日，中国共产党第十四届中央委员会第三次全体会议通过的《中共中央关于建立社会主义市场经济体制若干问题的决定》指出，新阶段的法制建设目标是“遵循宪法规定的原则，加快经济立法……本世纪末初步建立适应社会主义市场经济的法律体系”。1997年3月10日，在第八届全国人民代表大会第五次会议上作出的《全国人民代表大会常务委员会工作报告》指明，“社会主义市场经济法律体系框架已初具规模”。2008年2月28日，国务院新闻办公室发表的《中国的法治建设》白皮书中提出，“符合社会主义市场经济要求的法律制度已基本形成”。

行法》《价格法》,以及各行业法为主体的宏观调控法律体系。在社会保障立法方面,制定了《劳动法》和《劳动合同法》等法律。同时,在对外开放领域制定了《对外贸易法》。市场经济法律体系对中国特色社会主义法律体系的形成和社会主义市场经济的有序运转,起到了骨干性的支撑作用。

3. 中国特色社会主义法律体系阶段,时间从1997年持续至今。① 中国特色社会主义法律体系的全面建立是在改革开放深入推进背景下,依据依法治国方略提出的立法目标,并经历了初步形成、基本形成和宣告形成的渐进过程。② 该法律体系由宪法统帅的七大法律部门组成,在这一体系结构中,经济立法呈现强烈的法律部门性特征。法律体系中的部门性虽然对民商法和经济法进行了区分,但并不妨碍两个法律部门在维护市场秩序方面的配合。这一时期,随着骨干性经济法律的陆续出台,经济立法进入平稳发展时期,主要围绕完善市场主体和中介组织、市场交易、宏观调控、市场监管和对外开放等领域,制定了维护我国基本经济制度的原《物权法》和《企业国有资产法》、保障市场机制有效运行的《反垄断法》、促进循环经济发展的《循环经济促进法》以及一系列税法等法律,同时对《公司法》《证券法》等既有法律进行了调适与修改。中国特色社会主义法律体系将市场经济法律体系纳入更高级、更广阔的综合性法律体系之中,是对经济立法的再凝练与再升华,使经济立法的宏观定位更加清晰,立法目标更加明确,并强调经济立法与社会立法、民事立法、刑事立法的全面协调。在2011年中国特色社会主义法律体系形成之后,经济立法在现代财政、营商环境、电子商务、外商投资、区域经济、乡村振兴、粮食安全等领域持续推进与不断完善,对新型工业化、信息化、城镇化、农业现代化的经济社会发展目标,以及经济社会发展所带来的新挑战、新风险、新问题进行了全面的立法回应。中国特色社会主义法律体系不断调适、补充和完善的过程,充分体现了中国共产党"坚守初心、尊重规律、开放包容、自主创新"的领导经济工作的基本品格。

---

① 1997年9月,党的十五大报告首次明确提出"到2010年形成中国特色社会主义法律体系"的立法目标。2011年10月,国务院新闻办公室发布的《中国特色社会主义法律体系》白皮书指出,"到2010年底……中国特色社会主义法律体系已经形成""在新的起点上完善中国特色社会主义法律体系,是推进中国特色社会主义制度发展完善的内在要求,也是今后立法工作面临的重要任务"。在这个阶段中,市场经济法律体系与中国特色社会主义法律体系之间在相当长的一段时间内是共同建设、彼此支持、相互促进的关系,并且最终以中国特色社会主义法律体系充分吸收市场经济法律体系的建设成果为标志。

② 参见朱景文:《中国特色社会主义法律体系的形成与完善:结构、原则和制度阐释》,中国人民大学出版社2013年版,第4~5页。

三、百年经济治理中经济立法重点调节的五大关系

建党百年来，中国共产党基于对不同时期经济国情的深刻理解，正确认识和准确把握中国社会基本矛盾，把经济立法重点调节的对象锁定在与经济发展密切相关的工业与农业、城市与农村、中央与地方、政府与市场以及国内与国际这五大关系上。

（一）工业与农业：工业化与现代化主导下的产业转型升级

工业与农业作为国民经济中的两大支柱产业，两者关系是否协调不仅关涉工农业自身的发展状况，还会对国家经济基本盘产生举足轻重的影响。是故，正确认识和处理工农关系成为中国共产党领导经济建设过程中的首要课题。我国工业与农业的关系在经济立法的调整下经历了"重农育工—以农养工—工农并进—以工哺农"的渐变过程。

中国共产党从民主革命时起便深刻认识到工业对现代国家形成的重要性。① 虽然革命初期的经济立法是以土地革命为主线、以恢复和发展农业为根本，但也并未为了短期的政治目标和特殊的环境压力而摒弃工商业上的法制构造。随着革命局势的变化和经济政策的调整，服务于不同阶段的农业生产和工业生产的管理法规不断增多，"重农育工"成为民主革命时期协调工农业关系的主体基调。② 新中国成立初期，《共同纲领》所树立的工业国理想决定了"以工为主"的经济发展主线，并以工业化的目标形式延伸至其后的宪法规范构造之中。在依靠高度计划组织方式和强力行政控制的早期工业体系建设阶段，基于"优先发展重工业"的工业化指导思想，农业产出作为"中间投入"环节，以商品粮和工业原料的形式供应于工业生产，并保持持续输送，高度集体化的农业部门成为工业体系的依托。在这一阶段，我国有关土地改革、农业生产合作社、农业税收等方面的农业立法均以促进农业生产、加强社会主义工业化为主要

---

① 1944 年 5 月 22 日，毛泽东同志在《中共中央办公厅为职工代表大会代表举行的招待会上的讲话》中着重强调了工业化之于中国的现实意义，"要打倒日本帝国主义，必须工业化；要中国的民族独立有巩固保障，就必须工业化。我们共产党员是要努力于中国的工业化"。

② 在第二次国内革命、抗日战争和解放战争 3 个不同时期，农业生产法规和工业生产管理法规都是经济立法的首要和重要组成内容。其中，农业生产管理法规主要包括确权、耕种、开荒、合作互助等，如《井冈山土地法》（1928 年）、《劳动互助社组织纲要》（1933 年）、《晋察冀边区垦荒单行条例》（1938 年）等；工业生产管理法规主要涵盖管理制度、工作条例、发展方针等，如《苏维埃国有工厂管理条例》（1934 年）、《边区卫生材料厂暂行章程》（1940 年）、《关于公营工业的发展方针》（1946 年）等。相较农业而言，革命时期的工业立法并不多，主要是通过指令性生产计划对公营工厂进行管理。

宗旨。①“以农养工”的国民经济发展路线虽然加快了我国现代工业体系的建设进程，但也造成了农业生产与农村发展自身的乏力。工业体系的快速扩张对当时的农业基础产生了一定的消蚀性影响，工业化导向下的农业生产资料外流和“剪刀差”模式下的工业资本积累，导致了工农业部门间的比例失调，“三农”问题已现雏形。在此之后，党中央开始认真反思和积极调整国民经济发展方针，“以农业为基础，以工业为主导”的战略思想自1962年在党的八届十中全会提出后，便不断地在党中央的经济政策中深入与深化。②“工农并进”指导思想的核心在于修正工业增长方式，将农业从抑制型发展模式中解放出来，成为独立发展、自我增强的产业部门，并以此确保国民经济根基的稳定与可持续发展。这一时期，以全民所有制工业企业改革为主导的工业立法和以农村经济体制改革为主导的农业立法服务于各自的本体，实现了工业和农业的全面发展。③2004年，党的十六届四中全会提出把“以工促农、反哺农业”作为新时期处理工农关系的准则。“以工哺农”，是指以工业化、新型工业化和信息化推动农业现代化，这既是国家工业体系日臻成熟的体现，也是农业产业发展方式转型的标志。2006年原《农业税条例》的废止宣告在我国延续2000多年的农业税时代的终结，是我国从农业国向工业

---

① 1950年6月28日中央人民政府委员会第八次会议通过的《土地改革法》第1条“立法目的”条款规定，“废除地主阶级封建剥削的土地所有制，实行农民的土地所有制，藉以解放农村生产力，发展农业生产，为新中国的工业化开辟道路”。1955年11月9日全国人民代表大会常务委员会第二十四次会议通过的《农业生产合作社示范章程》第1条“立法目的”第2款规定，“发展农业生产合作社的目的，是要逐步地消灭农村中的资本主义的剥削制度，克服小农经济的落后性，发展社会主义的农业经济，适应社会主义工业化的需要”。1958年6月3日全国人民代表大会常务委员会第九十六次会议通过的原《农业税条例》第1条“立法目的”条款规定，“为了保证国家社会主义建设，并有利于巩固农业合作化制度，促进农业生产发展，根据中华人民共和国宪法第一百零二条‘中华人民共和国公民有依照法律纳税的义务。’的规定，制定本条例”。1960年4月11日经第二次全国人民代表大会第二次会议讨论通过《全国农业发展纲要》开篇提出，“这个纲要是在我国第一个到第三个五年计划期间，为着迅速发展农业生产力，以便加强我国社会主义工业化、提高农民以及全体人民生活水平的一个斗争纲领”。

② 参见赵晓雷：《中国工业化思想及发展战略研究》，上海财经大学出版社2010年版，第65~66页。

③ 在工农并进时期，以保障和促进农业发展为立法目的专门立法包括《农业技术推广法》(1993年)、《农业法》(1993年)、《乡镇企业法》(1996年)、《种子法》(2000年)、《农村土地承包法》(2002年)等，其他涉及农村经济体制改革和保障农村生产经营组织、农业劳动者合法权益的立法包括原《民法通则》(1986年)、《土地管理法》(1986年)、《水法》(1988年)、《电力法》(1995年)、《气象法》(1999年)、《渔业法》(1986年)；以加快工业发展为立法目的的专门立法包括《国营工业企业暂行条例》(1983年)、《全民所有制工业企业法》(1988年)、《全民所有制工业企业承包经营责任制暂行条例》(1988年)、《全民所有制工业企业转换经营机制条例》(1992年)等，其他涉及国有企业改革的立法包括《公司法》(1993年)、《审计法》(1994年)、《企业国有资产监督管理暂行条例》(2003年)等。

国转型、以工业带动农业、从农业税体系过渡到工业税体系的重大突破。在此之后，机械化、科技化、标准化、信息化等先进社会生产力形式，以基本建设、科研开发、质量保障、推广应用、信息服务等方式，融入农业立法之中，通过资源要素的配置和生产方式的革新，加快传统农业的改造进程和现代农业的建设步伐。①

（二）城市与农村：从分割到融合的均衡型社会发展模式

城市与农村是以区域为基础的社会产业分工的结果，两者关系的调整一直是中国革命和现代化进程中不断探索的重点和难点问题。城乡关系与工农关系高度重叠并且相互渗透，工业化和城市化之间带有某种程度的一致性和协调性，工业化在分配资源时具有明显的向城市集中的趋势，而农村则是农业经济发展的依托和载体。工农关系在一定程度上决定了城乡关系的基本走向。我国城市与农村的相互关系，在经济立法的调整下经历了“乡村本位—城乡二元—城乡统筹—城乡融合”的变迁。

在民主革命的中前期，以农村为根据地的地理格局和农村包围城市的战略布局，决定了当时经济建设面向的主体是广大农村和若干小中城市，经济立法也主要围绕农村的土地制度展开，并以此激发农民的积极性和革命热情。民主革命后期，根据地从农村拓展到城市，城市开始成为党的工作重心，并以“城乡互助”的政策继续巩固工农联盟。新中国成立后，为完成从落后农业国向现代工业国的转型，党的经济建设聚焦构建独立的现代工业体系。“优先发展重工业”的“一五”计划指导思想、1955年《农村粮食统购统销暂行办法》所确立的农产品统购统销流通制度以及1958年《户口登记条例》所确立的城乡户籍分割管理制度等，在推进工业化进程的同时也加剧了城市和农村关系的割裂，造成了农村社会经济的边缘化。② 改革开放以来，为改变城乡二元经济结构，缩小城乡鸿沟，经济建设目标系统的优先序列被重新安排，以农业农村现代化为主导的农村改革成为国家经济工作中的重要议题。随着家庭联产承包责任制的实践创造、农产品流通与定价的市场化改革以及乡镇企业的异军突起，经济立法稳步跟进改革进程和配合改革需求，在土地、经营、贸易、金融等领域对农民基本权利进行有效

① 2004年颁布的《农业机械化促进法》以“为了鼓励、扶持农民和农业生产经营组织使用先进适用的农业机械，促进农业机械化，建设现代农业”为立法宗旨；2007年颁布的原《耕地占用税暂行条例》以设立新税种的方式保护农村耕地；2010年发布的国务院《关于促进农业机械化和农机工业又好又快发展的意见》通过支持农用工业的发展来推动“以工促农”；2012年修改后《农业技术推广法》在其“立法目的”条款中增设了“增强科技支撑保障能力，促进农业和农村经济可持续发展”的内容并修改了农业技术推广的职责、机构、保障和法律责任等方面的问题；2021年颁布的《乡村振兴促进法》在“总则”部分的第6条规定“坚持以工补农”的立法原则并贯彻到具体规范内容之中。

② 参见张岩松：《统筹城乡发展和城乡发展一体化》，载《中国发展观察》2013年第3期。

保障,对农村改革成果予以及时的确认,对农业经济发展提供有力的制度支持和激励。[①] 在农村改革取得成果后,城市改革也开始有条不紊地推进。以国有企业改制为切入口的现代企业制度建立,以经济特区设置为窗口的对外开放实践,以城市社区建设为接口的基层组织职能调整,这些具有极强回应性、开放性、综合性和示范性的经济立法,为城市发展中培育工业文明和塑造市场机制创造了条件。2002年党的十六大提出的"统筹城乡经济社会发展"主张,成为处理城乡关系和破解二元结构的核心思路。[②] 在此期间,农业税的废止使国家与农民的关系发生了从"取"到"予"的根本性转折,强农支持和惠民保障的力度也在不断加大。2019年,在城乡统筹发展的基础上,党中央提出了城乡融合发展的战略方向,力图在弥合城乡差距过程中,加强城乡间的发展互动。这一时期,耕地保护立法、粮食安全立法、乡村振兴立法不断出台,以法律手段战略性地调整农村发展方式,整体性地筹划城乡融合进路,形成具有均等性、一体性、互补性的城乡发展格局。以人为本的新型城镇化和农业现代化战略,既充分发掘了农业生产价值和农村经济潜力,又实现了城乡间的协调联动和相互促进。

(三)中央与地方:统一性与积极性协调下的财政体制变革

中央与地方关系是与国家统一、民族团结、社会稳定和经济发展密不可分的重要命题,中央集权与地方分权之间的矛盾始终是决策者需要长期面对和谨慎处理的重大问题。百年来的发展变迁中,我国中央与地方关系的基本格局并未发生太大改变,对单一制国家结构形式的根本遵循和两个积极性的充分调动,始终是央地关系的主基调,这也使我国中央与地方关系整体上呈现统一、规范、高效、协调的总态势。

民主革命时期,中央与地方关系的处理采用的是中央集中领导模式。中华苏维埃共和国时期的财政法规明确了财政统一原则,规定根据地各级财政收入均由中央集中统一管理,同时建立预决算、会计、审计和国库制度,保障工农民主政府有计划地安排收支。[③] 抗日战争时期,各边区以及解放战争时期各解放区政府虽然各自制定了一系

---

① 参见洪银兴:《中国共产党领导建设新中国的经济发展思想演进》,载《管理世界》2021年第4期。

② 参见杜志雄、肖卫东:《用科学的理论和决策调整城乡关系——中国共产党调适城乡关系的百年探索和实践经验》,载《中国领导科学》2021年第2期。

③ 1931年12月《中华苏维埃共和国暂行财政条例》规定,"为实行财政统一,一切国家税收概由国家财政机关(中央及各省、县区财政部及城市财政科)按照中央临时政府所颁布的税则征收,地方政府不得自行规定税则或征收"。1932年12月,中央工农政府人民委员会颁布了《统一会计制度训令》和《会计规则》;1932年11月,中央工农政府颁布了《国库暂行条例》;1934年2月,颁布了中华苏维埃共和国《审计条例》。参见张晋藩、张希坡主编:《中国法制通史》(第10卷),法律出版社1999年版,第213~215页。

列的地方经济管理法规,但也都是在中央经济方针和决定指导下开展和实施的。新中国成立初期,在完成社会主义改造后,我国开始实行高度集中的计划经济体制。财政管理上的“统收统支”和物资调配上的“定价配额”把中央与地方关系塑造成了“政府的政府”关系,高度中央集权模式使地方成为僵化的中央命令执行者。1956 年,伴随国家行政体制改革和工业管理体制改进,原本由中央包揽的经济管理权开始有选择地下放给地方。然而,与央地关系结构改革相伴而生的是区域利益催化下的经济跃进。盲目且重复的地方生产在引发资源浪费的同时又扰乱了经济建设秩序,使中央不得不部分收回下放的经济管理权并重新审视央地关系。[①] 1970 年的经济体制改革为下放经济管理权限而再次对央企进行洗牌,但到 20 世纪 70 年代中期权力再度集中,权力收放的两次反复也反映了计划经济体制固有的惯性。1978 年改革开放拉开了财政体制改革的序幕,从“财政分灶吃饭”到“财政大包干”,通过不断放宽地方政府和行业管理者的经济决策权来调动地方经济发展的积极性。1982 年《宪法》首次规定了央地职权划分的基本原则,强调兼顾全局统一性和地方积极性,并进一步渗入之后的经济立法之中。[②] 然而放权让利下的地方分权也造成了“诸侯经济”的局面,财政收入的地方分流导致了我国财政实力分布的“弱干强枝”,中央宏观调控能力被削弱的同时,也抑制了统一、开放、竞争、有序的商品经济体制的建立。1993 年的“分税制”改革是具有历史性意义的财政体制变革,在政府间的利益博弈中建构了规范的、稳定的、均衡的分配结构,使中央与地方关系基本定型,并通过 1994 年制定的《预算法》进行了巩固。随着党的十八大提出的国家治理体系与治理能力现代化战略构想的实施,中央和地方间的职能明晰与职责划分被提上议事日程。2016 年国务院发布《关于推进中央与地方财政事权和支出责任划分改革的指导意见》后,我国陆续出台了关于基本公共服务、医疗卫生、科技、教育、交通运输、生态环境、应急救援等领域的中央与地方财政事权和支出责任划分改革方案,对经济社会生活中重要领域的央地间财政关系作出了具体的安排和划分,“责任化自治”成为中央与地方关系的新特征。在“统一的多民族国家”的宪法体制统领下,单一制、“分税制”、“一国两制”、民族区域自治、特别行政区、自由贸易区、功能性行政区等富含中国特色的制度设计在保障国家统一性和凝聚力的同时,也为地方积极性和主动性的发挥预留了空间及增强了活力。

---

① 参见钱周伟:《新中国 70 年中国共产党处理中央与地方利益关系的探索与经验》,载《中共成都市委党校学报》2020 年第 2 期。

② 《对外贸易法》(1994 年)第 4 条规定,“国家实行统一的对外贸易制度,依法维护公平的、自由的对外贸易秩序。国家鼓励发展对外贸易,发挥地方的积极性,保障对外贸易经营者的经营自主权”。

(四)政府与市场:从否定到肯定的市场经济体制机制选择

政府与市场关系不是静态的、固定的,而是动态调整的。新中国经济法律制度的变迁史实质上就是政府与市场关系的变革史与法律调整史,政府与市场关系这条线索一直贯穿于其中,并在经济立法的调整下经历了“政府代替市场—政府开放市场—政府发展市场—政府服务市场”的渐进变动过程。

中国共产党对政府与市场关系的认识与把握,能够通过历次宪法修改中经济体制条款的相关变动而展现出来。从1949年具有临时宪法性质的《共同纲领》规定在国家统一的经济计划内恢复和发展公私经济各主要部门,到1954年《宪法》明确国家运用经济计划指导经济建设和发展,从中可见“计划”一直是当时经济治理的主要线索。在对革命根据地高度集中的战时命令体制予以延续和对苏联中央计划、快速工业化模式的效仿中,新中国建立并实行了计划经济体制,政府与市场之间也呈现单向度的替代关系。1982年《宪法》第15条的经济体制条款,明确了计划经济与市场调节在保障国民经济协调发展中的主辅地位。这一融入了市场因素的宪法经济体制变动,源自改革开放所带来的历史性转折。从1978年党的十一届三中全会开始,党中央对国家经济系统的运作原则与管理制度进行了重大调整,并在1978～1992年提出了从计划经济到有计划的商品经济再到社会主义市场经济的运行构想。政府与市场关系在这段改革实践中进行了大幅度调整,经历了从“主辅之分”到“内在统一”再到“两相结合”的市场化程度不断加深的过程。1993年《宪法修正案》作出了“国家实行社会主义市场经济”的规定,我国经济体制实现了对市场经济的定位从调整式修补到改革式替换的重大变革,形成了以市场为导向的体制改革根基。与此同时,以建立现代企业制度、赋予公有制经济与非公有制经济同等地位、保护私有财产权为核心,在改革加速期制定的一系列促进经济发展的立法,为市场经济建设铺平了道路。“充分发挥市场在资源配置中的决定性作用,更好发挥政府作用,推动有效市场和有为政府更好结合”,这是党的十九届五中全会对社会主义市场经济体制中政府与市场关系的新定位,也凸显了我国政府与市场关系发展的新高度。

现代市场经济是政府与市场同构与同在的市场经济,从“政府开放市场”到“政府发展市场”再到“政府服务市场”,在市场化不断加深的过程中,政府在经济社会发展中的价值与作用并没有被否定,而是借助经济立法不断调整政府与市场的边界。经济立法通过以民商法为载体对市场主体赋权和维权,以经济法为载体对政府管理授权和限权的双重方式调节政府与市场关系,在不断强化市场机制作用的基础上,以对政府经济权力进行控制为前提,对危害市场秩序的行为加以法律规制,推动政府与市场的功能互补。此外,经济立法遵循“市场第一性,政府第二性”的市场经济基本价值判断,在尊重现代市场制度自发形成的普遍性规则体系基础上，针对中国经济社会发展中的基本矛盾和特殊问题，提供相应的专门法律制度安排。当前，新的生产力、新的市场构成、新的投资者需求、新的风险机理，对政府经济职能转变与政府经济职权转型提出了新要求，政府与市场关系也面临新矛盾、新问题与新挑战。2020年中共中央、国务院《关于新时代加快完善社会主义市场经济体制的意见》提出了“按照包容审慎原则推进新经济领域立法”的新要求，也体现了中国共产党在新形势下通过经济立法来调节政府与市场关系的一贯主张。

（五）国内与国际：国际化方针引领下的市场化、法治化、便利化

国内与国际关系的核心是处理好独立自主与对外开放之间的矛盾。开放思想是中国共产党经济思想的重要组成部分，以此作为战略方针，中国共产党在百年来的国际国内关系探索实践中，形成了对外开放的基本国策和发展理念。① 经济立法是中国对外开放的重要法律标志，其不仅需要满足中国国内经济发展的要求，还要为融入国际经济体系提供法律支持。在经济立法的调整下，我国国内与国际关系经历了“战时联合—国内统制—对外开放—扩大开放”的变动过程。

民主革命时期，救亡图存的共产主义运动与民族独立斗争是国内与国际关系的主基调。这一阶段设立对外贸易局和颁布对外贸易法规，主要是为了打破敌人经济封锁和活跃根据地经济，贸易活动主要还是国内不同区域之间的经济交往，并未正式步入国际贸易的轨道。② 新中国成立以后，发达国家对中国经济的封锁使新中国对外贸易受阻，有限的对外经济联系决定了这一时期中国经济发展是以国内市场为主体的半封闭格局，而后随着外交策略的调整逐渐得到改善。③ 这一阶段虽然制定了一些涉外行政法规，但是对外贸易仍未融入国际经济秩序之中。1978年实施改革开放后，我国制定了大量调整涉外经济关系的法律规范，建立了贴近国际市场运作逻辑的涉外规则体系。2001年加入世界贸易组织，是中国经济发展进程中的标志性事件，其对我国的经济生活、经济规划、经济立法都产生了系统性影响。为了落实世界贸易组织的要求和融入国际经贸规则体系，使中国能够进入统一的对外经济活动的法律空间，经济立法

---

① 参见任保平、秦华：《中国共产党百年开放思想的实践探索与理论创新》，载《政治经济学评论》2021年第4期。

② 1933年4月28日，中华苏维埃共和国中央政府在《关于设立国民经济部的第十号训令》中指出：“扩大对外贸易，发展苏区的国民经济，打破敌人的经济封锁，这在目前激烈发展的国内战争环境下，有第一等重要意义。”参见刘勉玉：《中国共产党经济政策发展史》，湖南人民出版社2001年版，第93～95页。

③ 参见张幼文：《70年中国与世界经济关系发展的决定因素与历史逻辑》，载《世界经济研究》2019年第7期。

进行了符合国际化要求的相应改造。《反不正当竞争法》、《公司法》、三资企业法、《海关法》等一系列法律,以“扩大国际经济合作和技术交流”“促进对外经济贸易和科技文化交往”“促进社会主义市场经济的健康发展”为立法目的,有力推动了中国经济发展的现代化、市场化、法治化、国际化进程。① 从经济特区到自由贸易区,从三资企业法到外商投资法,以经济立法的形式保护开放、促进开放、扩大开放的红线,始终贯穿于我国改革开放的进程之中。在未来相当长的时间里,外在变量影响下的国际国内关系将成为对执政党和中国社会的巨大考验。中国经济高速发展的成就中,既包含改革红利,也包含开放红利,开放与包容已经成为中国经济社会发展的必然选择。经济立法应当在吸收、改良、发展的立场上,持续性地向国际化标准靠拢,与全球市场规则保持统一。唯有这样,才能使生产力发展和经济社会进步始终处于良性循环的系统之中。党的十九届五中全会通过的《中共中央关于制定国民经济和社会发展第十四个五年规划和二〇三五年远景目标的建议》提出了“加快构建以国内大循环为主体、国内国际双循环相互促进的新发展格局”的国际国内经济关系战略。“双循环”战略旨在通过整合区域市场、带动全国市场、参与国际市场,实现国内市场与国际市场的联动与协同发展。

四、中国共产党领导下国家经济治理与经济立法的百年成就

经济立法是中国共产党的治国理政智慧与现代法治理念的有机结合。从国家治理体系角度考察,经济立法自身就是一种治理手段,其推动了中国经济体制改革和构造了经济社会的运行保障系统。百年来,中国共产党在经济治理实践中,注重从中国国情出发,注重从中国最基本的社会矛盾出发,注重利用经济立法手段,逐渐形成了由基本经济制度体系、现代产业体系和宏观调控体系组成的国家经济治理框架体系。

---

① 在为加入世界贸易组织的前期准备阶段,以“促进对外经济贸易和技术合作”为立法目的的经济立法包括《海关法》(1987年、2000年、2013年、2016年、2017年、2021年)、《标准化法》(1988年、2017年)、《进出口商品检验法》(1989年、2002年、2013年、2018年、2021年)等;以“扩大国际经济合作和技术交流”为立法目的的经济立法,包括《中外合资经营企业法》(1979年、1990年、2001年、2016年)、《广东省经济特区条例》(1980年)、原《中外合作经营企业法》(1988年、2000年、2016年、2017年)等;以“促进社会主义市场经济发展”为立法目的的经济立法,包括《商标法》(1982年、1993年、2001年、2013年、2019年)、《反不正当竞争法》(1993年、2017年、2019年)、《消费者权益保护法》(1993年、2009年、2013年)、《公司法》(1993年、1999年、2004年、2005年、2013年、2018年)、《对外贸易法》(1994年、2004年、2016年、2022年)、《合伙企业法》(1997年、2006年)、《证券法》(1998年、2004年、2005年、2013年、2014年、2019年)等。

（一）建立开放、包容、发展的基本经济制度体系

社会主义基本经济制度是中国共产党对适合中国国情的经济社会体制的创造性凝练。我国基本经济制度是在不断总结经验和吸收优长的实践过程中，通过自我革新、自我发展、自我完善的方式逐渐形成的。保持社会主义的根本属性，充分发挥各种资源要素的作用，坚持开放、包容、发展的基本品格，是我国基本经济制度的精神指引。中国特色社会主义基本经济制度的内核是在坚持公有制和按劳分配的社会主义根本制度基础上，承认以发展市场经济为主体的现代性追求。公有制经济和非公有制经济同时为基本经济制度包容吸收、平等保护，克服了"非此即彼"的二元对立思维模式，为两种所有制经济的共同发展、共同繁荣提供了根本制度保障。

在经济决策层面，社会主义基本经济制度从党的十五大以生产资料所有制为主体内容的单一表述，转变为党的十九届四中全会以所有制、分配制度和经济运行机制为组成内容的体系构成，充分吸收了党和人民在经济体制改革探索与发展进程中取得的成果，表明了我国基本经济制度体系的开放性、包容性和发展性。在宪法经济制度层面，有关所有制、分配制度和经济运行机制的条款在历次修宪中的变动，可以反映出我国基本经济制度发展和完善的动态过程。在经济立法层面，我国宪法和部门法之间相互支持，《民法典》以物权通则中的一般规定形式对我国基本经济制度进行了独特的法律确认，完善了基本经济制度的宪法实施基础。

（二）建立以工业化和国有企业为主体支撑的现代产业体系

工业化是中国共产党领导中华民族进行现代化建设中贯穿始终的历史任务和发展目标。在中国共产党的领导下，中国人民逐步建立起独立、完整的现代工业体系。中国共产党之所以把快速工业化和全面工业化作为其在经济发展过程中一直坚守的目标，是因为抓住了中国社会发展中最基本的矛盾，通过完整工业链的建造实现在高度工业化条件下的自给自足。从早期的《国营工业企业暂行条例》（已失效）到现行的《全民所有制工业企业法》，我国工业化的主要任务是通过国有企业来完成的，国有企业也在完成工业化的使命中逐步完善自我。

我国国有企业的改革与发展是一个不断探索、不断吸收、不断升级的过程。从最初的放权让利到现代企业改造再到国有资产管理，国有企业改制释放了国有企业的能量，把国有企业逐步塑造成拥有独立存续和经营能力的现代经济实体。在实施路径上，通过经济立法形成了除《公司法》外国有企业特有的生产、经营、管理、考核、监督和保护环环相扣的制度链条，找到了一条与市场经济相互协调、相互融合、相互支持的发

展路径。[①] 实践表明,国有企业在公共产品的供给与保障、经济社会风险的防范与抑制等方面,具有特殊功能与特殊效果。工业化体系和国有企业在合力促进我国经济发展的同时,也共同保障了我国国民经济基本格局的稳定和安全。

(三)建立以发展规划和风险防范为核心的宏观调控体系

百年经济治理与经济立法的实践表明,中国共产党在政府和市场关系上,展现了独特的人类智慧,创造了独特的中国经验。中国共产党通过党中央的集体领导、科学决策,针对中国经济社会发展中的基本矛盾以及特殊问题,建立、实践、积累了一套经济治理经验和经济立法方法,在基本经济制度的制度优势基础上,形成了稳健、审慎、有序的宏观调控体系。我国宏观调控体系的运行机制是以党的纲领性文件规定的目标为先导,在国民经济和社会发展规划、中央年度经济工作会议和全国人大常委会立法工作计划的统筹安排下,通过具体经济立法和经济政策加以落实,将宏观调控机制程序化、规则化、法治化,确保宏观调控体系的时效性、指导性、针对性,维护宏观经济的安全、稳定与发展。中国特色社会主义法律体系中,以宪法为核心、以财税调控法、产业调控法、金融调控法等为主体的宏观调控法律制度框架已经基本定型。在宏观调控体系的发展和完善上,中国共产党在经济冷热交替、危机风险扩张的考验面前,深刻认识到经济基本盘稳定与宏观调控体系之间的紧密联系,摸索出了一条逆周期调节的宏观经济稳健发展之路。

五、结语　中国共产党领导经济立法的基本品格

经济立法是中国共产党调整经济社会关系和应对经济社会变化的能动性工具。通过梳理建党以来我国百年经济立法的历史周期和总结中国共产党领导下经济治理成就可以看出,我国经济立法体系并不是自发形成的,而是中国共产党领导人民有目标、有构想、有规划、有步骤地建构起来的,是一个事先设计、事中调整、事后完善的运行系统,并形成了坚守初心、尊重规律、开放包容、自主创新的党领导经济立法的基本品格。(1)坚守初心。中国共产党从创立时起就以全心全意为人民服务、保障和改善民生为己任,以创建独立自主、自力更生的社会主义现代化强国为目标。民生为本、强国为要、法治为基,是中国共产党领导人民进行经济建设过程中牢牢把握的三大着力

---

① 我国国有企业发展的经济立法支持包括《预算法》《公司法》《全民所有制工业企业法》《企业国有资产法》《全民所有制工业企业转换经营机制条例》《全民所有制工业企业承包经营责任制暂行条例》《全民所有制工业企业厂长工作条例》《企业国有资产监督管理暂行条例》《企业国有资本与财务管理暂行办法》《企业国有资本保值增值结果确认暂行办法》,以及在2003年国资委成立后颁布的一系列与国有企业负责人薪酬、绩效考核制度、董事会监事会等管理、考核、监督有关的法规。

点，是中国经济立法始终坚守的基本出发点。(2)尊重规律。“治大国若烹小鲜”，治理国家需要尊重社会发展法则。党的十一届三中全会以来，中国共产党科学地处理政府与市场关系，坚持市场在资源配置中起决定作用的市场经济根本原则，同时以积极的政策工具和行动机制更好地发挥政府的引导、协调、保障作用。尊重商品经济规律、尊重市场经济规律、尊重科学技术进步规律、尊重国际交流与合作规律、尊重法治规律的理念深深植根于中国共产党的经济治理逻辑之中，成为经济立法的重要遵循。(3)开放包容。通过经济立法的调整和巩固，我国基本经济制度在不断总结经验和吸收优长的过程中，完成了自我革新、自我发展、自我完善。公有制经济与非公有制经济作为中国特色的物权形态，受到宪法与民法典的法律保护。从《中外合作经营企业法》(已失效)到《外商投资法》和《海南自由贸易港法》，以经济立法为支撑的我国开放型经济体系已经形成。中共中央、国务院《关于新时代加快完善社会主义市场经济体制的意见》提出的“按照包容审慎原则推进新经济领域立法”主张，既体现了对新兴产业业态的包容理念，也体现了中国共产党在面临新形势新任务新挑战前提下，逐渐建立起来的兼具包容性和发展性的经济安全法律观与新型风险防范观。(4)自主创新。中国共产党在经济治理与经济立法中，不机械照搬、不因循守旧，而是用自我开拓、自我创新的精神与实践，科学地处理了所有制、分配制度、经济运行机制三者之间的关系，创造性地建立了中国特色社会主义基本经济制度。在国有企业的改革实践中，国有企业与市场机制相互协调、相互融合、相互支持，走出了一条中国特色的国有企业之路。在宏观调控体系的建立和完善方面，中国共产党面对经济冷热交替、风险危机扩张的考验，通过自主探索和实践，形成了以国家战略和经济社会发展规划为目标、以逆周期调控为重点、以风险管理为核心、以综合性运用多种经济政策工具为手段的稳健、审慎、有序的宏观调控体系，走出了一条中国特色的宏观经济稳定发展之路。

论经济法中的行为责任*

潘 宁**

摘 要:经济法中的行为责任,是指经济法主体因违反经济法规定而应承担的与“行为”有关的非经济性法律后果,是与经济责任、声誉责任并列的责任形态,此三责任共同构成了责任内容视角下的经济法责任体系。经济法中行为责任的形式表述具有主体差异性,适用上具有必然性和优先性。这些特殊性反映了其体系化的重要性。对此,可以从4个逻辑维度建构经济法的行为责任体系:依据责任法源,经济法中的行为责任可被分为财税法中的行为责任、金融法中的行为责任和竞争法中的行为责任等类型;依据责任主体属性,经济法中的行为责任可被分为调制主体的行为责任和调制受体的行为责任;依据责任内容,经济法中的行为责任包括约束行为责任和强制行为责任;依据承责原因,经济法中的行为责任包括行为本身责任和行为影响责任。

关键词:经济法责任;行为责任;责任形态特殊性;责任体系

经济法理论要不断走向成熟,就必须有自己的责任理论,就需要通过拓补来逐渐形成较完善的经济法责任理论。① 法律的首要功能是一种责任的分配,责任是法律规范的核心。② 然而,传统的“三种责任说”或“四种责任说”在法学理论界的支配地位以及“大民事”的司法体制建构等使经济法责任理论研究成为“难垦之域”,独立的“经济法责任说”有其理论逻辑但却面临“未能出圈”的现实窘境。

---

* 本文是国家社科基金重大专项课题“税收立法的核心价值及其体系化研究”(课题编号:19VHJ008)的阶段性成果。

** 北京大学法学院经济法学博士研究生。

① 参见张守文:《经济法责任理论之拓补》,载《中国法学》2003年第4期。

② 参见邓峰:《论经济法上的责任——公共责任与财务责任的融合》,载《中国人民大学学报》2003年第3期。

拓补经济法责任理论的重要且紧迫的切入点在于责任形态理论,[①]即关注经济法独特的具体责任形式并确认其类属。2003年前后,经济法学者就以独立性问题为中心对经济法责任之称谓、经济法责任的独立性与经济法部门法地位关系、独立性与特殊性关系等问题展开了热烈讨论,抛开关系认识上的分歧,经济法责任形式的特殊性仍在这些讨论中被各方学者视为一个重要问题。比如,有些学者认为,经济法责任形态的特殊性是拓补经济法责任理论的重要方面,是客观回答经济法"责任的客观性"问题的必由之路,[②]经济法责任独立性论证就是要寻找责任形式、责任功能、责任适用机制等方面的特殊性表现。[③] 对此,尽管还有些学者指出,不必过于功利地执着于独立性问题,但其仍然主张经济法责任独特性研究的重要性。[④] 对于经济法责任形式的特殊性,学者主要从两个角度展开研究:一是基于经济法责任独立性问题实质就是法律责任的分类问题[⑤]的认识,提炼责任形式类属的特殊性,通过突破传统责任类属理论来揭示经济法责任形式的特殊性;二是找寻最具经济法特色的具体责任形式,如惩罚性责任等。即便如此,在将近20年后的今天,其他部门法学者和法理学者仍然没有提及过"经济法责任",但经济法责任当中很多具体的新的责任形式却受其关注,尤其是民法学者研究消费者保护法中多倍赔偿责任,行政法学者试图扩张行政处罚种类,将一些经济法领域常见的责任形式纳入其中。[⑥] 由此可见,发展经济法责任形态理论是重要且紧迫的事项。

行为责任是经济法中具有代表性的一种责任类别,但既往文献对此类责任中具体责任形式研究较少。一方面,不同部门法所采取的法律责任的形式均有其特点,行为

---

① 责任形态理论的概念出自张守文教授的概括,"一般而言,研究责任理论大略涉及到承责基础理论、责任形态理论、责任构成理论、归责原则理论、责任证明理论、责任竞合理论、责任免除理论"。参见张守文:《经济法理论的重构》,人民出版社2004年版,第442页。

② 参见张守文:《经济法责任理论之拓补》,载《中国法学》2003年第4期。

③ 参见汪莉:《论经济法责任的独立性》,载《政治与法律》2007年第3期。

④ 经济法责任的独特性,是指经济法责任有不同于传统三大责任形式的特殊性方面,它不否认对传统三大责任形式的依赖及密切联系。参见李国海、卢伟:《论经济法责任之独特性——兼评"经济法独立责任论"》,载张守文主编:《经济法研究》第14卷,北京大学出版社2014年版。

⑤ 参见翟继光:《论经济法责任的独立性》,载《当代法学》2004年第4期。

⑥ 比如,在《行政处罚法》修订的相关讨论中,诸多学者对第8条发表了修订意见,其中比较有代表性的一种不同于以往行政法学者态度的观点认为,受到风险问题、信息问题的影响,应当将行政处罚种类保守性和封闭性认知转向一种开放式风格,去吸纳一些"黑名单""违法事实公布""责令限期改正"等新型规制手段的概念归属问题。参见熊樟林:《行政处罚的种类多元化及其防控——兼论我国〈行政处罚法〉第8条的修改方案》,载《政治与法律》2020年第3期。实际上,这些被列举的形式正是过去经济法实施中经常出现的责任形式。

责任具有现代性的法部门中责任的代表性形式。例如,对于生态环境损害行为来说,尽管赔偿损失责任也是重要的责任形式,但优先适用的是生态环境修复责任;①又如,经济法中产品召回、结构控制、行为控制等行为责任形式丰富了法学关于责任形式的理论,对经济法的发展和完善也起到至关重要的作用。② 另一方面,过往经济法学者更多关注责任形态理论中的责任类属,对于具体责任形式的研究相对较少,而且少量的具体责任形式的研究常常聚焦惩罚性责任(有学者称为"激励性报偿""多倍赔偿责任"③)这种具体责任形式的经济法属性。④

基于此,本文拟阐释经济法中行为责任的内涵、特殊性并构建其体系,尝试对经济法责任形态理论略作拓补。本文延展的具体路径是:首先,提出"责任形态特殊性"问题,论证行为责任是一种特殊的经济法责任形态。其次,因为这种特殊性使经济法上的行为责任具有突出重要性,加之经济法立法统合的现实需要,进一步提炼出行为责任体系。

一、经济法中行为责任的特殊性

(一)行为责任概念界定与特殊性问题提出

与既往文献从经济行为违反的部门法规范属性⑤、承责主体、追责目的⑥、原因行

---

① 参见徐以祥:《〈民法典〉中生态环境损害责任的规范解释》,载《法学评论》2021年第2期。

② 参见岳彩申:《中国经济法学30年发展的理论创新及贡献》,载《重庆大学学报(社会科学版)》2008年第5期。

③ 刘水林认为,多倍赔偿责任这种形式在不同法部门具有不同功能,应有不同的语词概念,在民法中就是民事的"惩罚性赔偿"责任,在经济法中就是"激励性报偿"责任。参见刘水林:《论民法的"惩罚性赔偿"与经济法的"激励性报偿"》,载《上海财经大学学报》2009年第4期。

④ 比如,徐楠轩和陈乃新认为,《消费者权益保护法》上的双倍赔偿原则类似英美法上的加重赔偿(aggravated damages),其与惩罚性赔偿(punitive damages)存在明显区别。惩罚性赔偿是经济法的一种具体责任形式,其真正目的是削弱经济实力,使其放弃继续侵害的同时杀鸡儆猴,而且通过赔偿奖励消费者实施经济法,进而实现整体利益公平合理再分配。参见徐楠轩、陈乃新:《论惩罚性赔偿——经济法具体责任研究》,载《南华大学学报(社会科学版)》2004年第1期。又如,金福海指出,惩罚性责任在性质上属于经济法责任,"民事责任说"若将其纳入则与民法基本理论发生矛盾。参见金福海:《论惩罚性赔偿责任的性质》,载《法学论坛》2004年第3期。

⑤ 比如,吕忠梅将经济法律责任的形式分为经济法上的行政责任、经济法上的民事责任和经济法上的刑事责任。参见吕忠梅:《经济法律责任论》,载《法商研究(中南政法学院学报)》1998年第4期。

⑥ 比如,张守文指出,按照承责主体的不同,可以把经济法责任分为"调制主体的责任"和"调制受体的责任",或者细分为国家责任、企业责任、社团责任、个人责任等;按照追责目的,可以分为赔偿性责任和惩罚性责任。参见张守文:《经济法责任理论之拓补》,载《中国法学》2003年第4期。

为[①]等维度研究责任形态问题不同，行为责任是从责任内容的维度[②]来看待责任形态问题的，研究者对此形态责任的概念和内涵存在不同认识。有研究者在责任形式四分的基础上提出了“经济行为方面的责任”的概念，认为这种责任是经济法义务违反人以其经济行为受到某种限制作为代价承担责任的方式，通常表现为强制整顿、强制停业、吊销生产许可证或营业执照、强制解散、限制从事某些经济活动的资格等；[③]类似地，有研究者将诸如强制整顿、停业、吊销许可证、吊销营业执照、强制解散等具体形式概括为“经济行为制裁”；[④]有研究者提出“行为罚”的概念，认为“行为罚”是指宣告行为无效，或者强制实施某种行为；[⑤]有研究者则提出“强制履行义务责任”的概念，认为其指国家司法机关或者政府经济管理机关迫使市场主体履行经济法义务的责任形式，具体方式主要有强制许可实施、强制划拨、强制退还等。[⑥] 即使对于那些明确使用“行为责任”概念的研究者来说，“行为责任”背后的内涵也存在差异。比如，有的研究者认为，行为责任，是指限制违法行为人的某些行为，包括民事责任中的停止侵害、恢复原状、消除影响、恢复名誉，行政责任中的责令停产停业、暂扣或吊销许可证或营业执照，以及刑事责任中的管制、监禁等；[⑦]有的研究者认为，行为责任，是指根据经济法的规定强

---

① 比如，在传统部门法学研究中，违约责任、侵权责任、缔约过失责任等概念都是从责任发生的原因行为角度提出的。

② 行政法学领域的处罚种类学说和经济法学者提出的经济性责任与非经济性责任二元划分，均是从责任内容维度来研究责任形态问题。

③ “四分说”，是指经济责任、经济行为方面的责任、经济信誉方面的责任和经济管理行为方面的责任。参见漆多俊：《经济法基础理论》（第5版），法律出版社2017年版，第188～191页。

④ 参见蒋悟真、冯辉：《经济法责任研究的逻辑起点与理论框架论略》，载《吉首大学学报（社会科学版）》2004年第4期。

⑤ 参见李晓辉：《经济法国际化发展趋势下对经济法责任研究的反思》，载漆多俊主编：《经济法论丛》第20卷，武汉大学出版社2011年版。

⑥ 参见李中圣：《经济法责任论略》，载《法律科学》1993年第4期。李建华：《论经济法责任的构成要件及承担方式》，载《法制与社会发展》1995年第6期。焦富民：《论经济法责任制度的建构》，载《当代法学》2004年第6期。

⑦ 参见焦海涛：《经济法责任制度再释：一个常识主义立场》，载《甘肃政法学院学报》2016年第3期。随后，单飞跃和余骁引用了王先林对行为责任的界定指出，“行为责任即限制违法行为人的某些行为”，并通过统计60部经济法律指出，经济法中行为责任的具体形式包括消除危险、恢复原状、消除影响、责令停产停业、暂扣或吊销执照、吊销许可证、行政拘留、责令改正、责令退还、责令限期拆除、排除妨碍、修理或重作或更换、责令停止违法行为、采取补救措施、从业资格限制。参见王先林：《经济法学专题研究》，法律出版社2013年版，第76页；单飞跃、余晓：《经济法法律责任：语义、规范及其整体谱系——基于法律文本的实证分析》，载《现代法学》2017年第3期。

制经济法律关系的主体作出某项具体的行为,以实施该行为作为承担法律责任的形式,对于市场主体来说,主要是产品召回及企业分拆,对于行政主体来说,是一种类似于“实际履行”的行为责任。①

鉴于研究者在不同的分类层次使用不同概念研究了不同范围内的与“行为”有关的责任形态,为展开后文的特殊性探讨并建构“行为”中心的责任体系,有必要首先界定经济法责任中“行为责任”的概念与内涵。笔者认为,经济法中的行为责任,是指经济法主体因违反经济法规定而应承担的与“行为”有关的非经济性法律后果。第一,在讨论经济法责任的语境下,“责任”宜采“后果说”。对于法理学者构建的“五种责任说”来说,经济法学者较多采纳“义务说”、“代价说”和“后果说”。② 相较之下,笔者认为“后果说”因其更具包容性而更合适。理由是诸如“警告”“免于处罚的违法事实公布”“信用减等”等情形难以被“义务”这一词汇的语义所涵盖,而且这类责任形式更接近于“后果”而难谓“代价”。因为这类责任形式主要以影响责任主体的主观方面来发挥功能,对于客观方面的影响十分有限,而且“后果”的字面意思是行为或不行为之后的结果,现在常常用于表述负面的结果。这不仅能够更好地涵盖多样的经济法责任形式,而且也体现了以负面性结果为主的特点。第二,行为责任是以责任内容来命名而不是以原因行为来命名的。以责任内容命名的行为责任,是指法律后果是约束责任主体的行为或者强制责任主体行为。如果从发生原因来看,以《反垄断法》中涉及的责任情形为例,行为责任可能是违反经营者集中责任,也可能是行政垄断责任等情形。第三,尽管责任主体赔付或者缴纳金钱从广义来看也是一种积极的行为要求,但这里的行为责任中是排除这些金钱给付义务型责任的。第四,责任内容与“行为”有关,是指约束责任主体的行为或者强制责任主体进行某行为。约束责任主体的行为如责令停止违法行为、强制停产停业等;强制责任主体进行某行为如强制许可实施、强制分拆、强制召回、责令限期整改等。前述责任形态学说要么侧重约束行为,如“经济行为方面

---

① 参见季奎明:《经济法中特殊法律责任的类型化研究》,载《福建论坛(人文社会科学版)》2013年第7期。

② “义务说”认为,经济法责任,是指经济法主体因违反经济法律法规而应承担的特殊义务,代表性学者的观点,参见刘瑞复:《经济法学原理》,北京大学出版社2000年版,第161页。“代价说”认为,经济法责任,是指人们违反经济法规定的义务所应付出的代价,代表性学者的观点参见漆多俊:《经济法基础理论》(第5版),法律出版社2017年版,第186页。“后果说”认为,经济法责任,是指经济法主体在违反经济法律规范时,应当对国家或者受害者承担相应的法律后果,代表性学者的观点,参见潘静成、刘文华主编:《经济法基础理论教程》,高等教育出版社1993年版,第330页;石少侠主编:《经济法新论》,吉林大学出版社1996年版,第56页;张守文:《经济法理论的重构》,人民出版社2004年版,第430页。

的责任”以及限制行为的“行为责任说”;要么侧重强制行为,如“强制履行义务责任”和强制行为的“行为责任说”。因此,这里是对上述责任形态学说的一种综合提炼。

由于部门法式的责任划分在整体上是一种“异面”划分,不仅会有许多遗漏,而且在局部上还可能存在一些交叉。[①] 这些交叉的法律责任方式显示了其种类和数量的有限性,[②]但法律责任的对象和责任形式仍随着部门法调整目的的特定需要处于发展变动中。行为责任也在传统部门法和现代部门法间存在某种交叉。比如,民法中的继续履行、消除影响、恢复原状等和行政法中的责令改正等与经济法中的实际履行、强制分拆、强制召回、责令改正等在责任方式上如出一辙,只是因所涉活动领域的差异而发展出了带有细分领域特色的具体形式。因此这种责任形式的特殊性是“经济法是与经济领域有关的法”这一特征在责任领域当中的反映。[③] 进一步地,从责任形态理论来看,这里的特殊性源于分类依据的层次差异,换言之,所谓的强制分拆不过是某种意义上恢复原状的子形式,而强制召回不过是某种意义上消除影响的子形式,因此这种特殊性的论证并不充分。

那么,经济法中的行为责任是否具有显著的特殊性?对此,较多的经济法学者从实质功能和表述形式两方面阐述了相似的肯定判断。一方面,关于经济法中行为责任在功能实现上的特殊性。有学者指出,如果超额或者少额赔偿的财产责任依然是民事、行政侵权的延伸,需要满足损害结果的要件,那么行为责任则兼有预防性的功能,有时不要求损害结果客观发生,因此行为责任在经济法责任中最具特殊性,是经济法责任体系无法被传统三大责任体系完全吸收的有力证据。[④] 还有学者认为,这种行为强制是经济法上一种具有创新意义的责任形式,具有独特的经济效率性,可能产生良好的博弈效果,获得调制受体的自觉配合和主动服从,因此具有重要的制度价值。[⑤] 但遗憾的是,这些陈述缺少足够论证。另一方面,关于经济法中行为责任在表述形式上的特殊性。尽管既往研究尚少关注,但曾基于经济法责任这一整体的视角来探讨责任表述形式的特殊性。有研究者指出,经济法责任的形式特征主要有三:一是几乎所有

---

① 参见张守文:《经济法责任理论之拓补》,载《中国法学》2003 年第 4 期。

② 法律责任方式在现代社会中基本定型的观点,参见史际春、姚海放:《再识“责任”与经济法》,载《江苏行政学院学报》2004 年第 2 期。

③ 这里并非说经济法就是经济领域的法律规范的总和,而是指出经济法调整的调制关系都处于经济领域的这一特点。

④ 参见季奎明:《经济法中特殊法律责任的类型化研究》,载《福建论坛(人文社会科学版)》2013 年第 7 期。

⑤ 参见李志刚:《调制受体法律责任体系的重构》,载《法学》2007 年第 6 期。

的经济法律文件中都专设有“法律责任”一章,且规定有两种或两种以上的责任形式;二是法律责任条款占整部法律总条款数的比重较大,并且罚款这一责任形式在法律责任中居于主导地位;三是经济法责任基本上遵循行政责任在先、民事责任居中、刑事责任在后,市场主体责任在先、主管机关责任在后的规律。尽管观察所使用的统计方法尚存少许疏漏,①但其数量、顺序的分析视角对于探讨特定责任形态的特殊性存在启发意义。基于此,下文对经济法上的行为责任也纳入了数量、顺序维度的观察,与此同时,笔者还创新地融入了程度、概率维度的观察,由此揭示了经济法上行为责任形式表述的主体差异性、引致行为责任的必然性以及适用优先性。

笔者试图论述的是:从形式表述上看,不同于民法中的主体相似抽象性和行政法中的主体相似具体性,经济法中行为责任具有鲜明的主体差异性;从与原因行为的对应关系来看,不同于经济法中具有间接调整属性的经济责任和声誉责任多与原因行为呈或然性关系,经济法上的行为责任多与原因行为呈现必然性关系;从与其他责任的关系来看,对违反某项特定的经济法规定来说,当同时存在包括行为责任在内的多类责任时,行为责任时常处于优先顺位,而经济责任往往处于劣后顺位。此三维度特殊性的详细描述及其成因分析如下。

（二）行为责任形式表述的主体差异性

从责任形式表述的具体程度来看,当责任主体为调制主体时,经济法中的行为责任表述多更抽象,而为调制受体时,行为责任表述则多偏向具体。具体而言,对于调制主体来说,行为责任常常表述为“改正”“消除影响”,限定词较少,责任主体承担责任的具体形式具有更大的弹性。例如,《反垄断法》第61条规定:“行政机关和法律、法规授权的具有管理公共事务职能的组织滥用行政权力,实施排除、限制竞争行为的,由上级机关责令改正……”《预算法》第94条规定:“各级政府、各部门、各单位违反本法规定举借债务或者为他人债务提供担保,或者挪用重点支出资金,或者在预算之外及超预算标准建设楼堂馆所的,责令改正……”《产品质量法》第67条规定:“市场监督管理部门或者其他国家机关违反本法第二十五条的规定,向社会推荐生产者的产品或者以监制、监销等方式参与产品经营活动的,由其上级机关或者监察机关责令改正,消除影响……”对于调制受体来说,同样是实质上的一种“改正”,可能会被表述为停止某具体行为,实质上的一种“消除影响”则可能会被表述为限期进行某具体行为。也就是说,

① 罚款主导地位的结论是基于罚款责任条款占整个法律责任条款的比例在50%这一数据得出,但是每条法律责任条款大多规定两种或以上的责任形式,所以不同时统计其他类责任的比例而直接推出罚款占据主导地位的结论难谓周严。参见郑鹏程:《经济法责任特征新论》,载李昌麒、岳彩申主编:《经济法论坛》第7卷,群众出版社2010年版。

责任主体在实际承担责任时对具体责任形式的选择弹性较小。例如,《反垄断法》第58条规定:“经营者违反本法规定实施集中……由国务院反垄断执法机构责令停止实施集中、限期处分股份或者资产、限期转让营业以及采取其他必要措施恢复到集中前的状态,处上一年度销售额百分之十以下的罚款;不具有排除、限制竞争效果的,处五百万元以下的罚款。”1994年《广告法》第37条规定:“违反本法规定,利用广告对商品或者服务作虚假宣传的,由广告监督管理机关责令广告主停止发布、并以等额广告费用在相应范围内公开更正消除影响,并处广告费用一倍以上五倍以下的罚款……”

这种特殊性源于经济法的主体组合特点,不同的部门法有不同的主体组合。民法的主体组合是“自然人与法人”,主体间是均质和无差别的。民事主体的责任由不确定的指引①引致,即因平等民事相对方请求而生,请求内容具有可选择性。相应地,承担责任的具体形式既包括法定的,也包含意定的,所以条文表述上较概括,留出较多的私人协商的灵活空间。行政法的主体组合是“行政主体与相对人”,主体间是不对等的纵向关系。出于控权的需要,行政法规范中对行政相对人的责任形式表述较具体,以此防止行政主体权力肆意。经济法的主体组合是“调制主体与调制受体”,主体间是区别于民法“横向”关系与行政法“纵向”关系的“斜向”关系。② 一方面,由于经济法和行政法都具有公法属性,调制主体在很多时候形式上也是行政主体,其依法行使调制权的过程也需控权,所以对调制受体行为责任的表述也会多偏向具体。另一方面,经济法中的调制与传统行政存在较大差别,调制义务的内容本身仅能概括而难以事先具体描述。责任触发机制往往是自我审查,调制主体会有选择性地承担责任,所以调制主体承担的责任形式在规范文本中多抽象表述。

(三)引致行为责任的必然性

从与原因行为的对应关系来看,经济法上的行为责任多是必然性关系。具体而言,如果某违法行为违反某项经济法规范,如果对此存在行为责任,那么一般是当某原因行为出现后必然引致某一项经济法上的行为责任。然而,经济法中其他类型责任的适用则可能是或然的。比如,《反垄断法》第58条中停止实施集中、限期处分股份或者资产、限期转让营业以及其他必要措施恢复到集中前状态这些行为责任是必然的,但罚款这种形式的经济责任却是或然的。《价格法》第45条规定:“地方各级人民政府或者各级人民政府有关部门违反本法规定,超越定价权限和范围擅自制定、调整价格或

---

① 法是通过规定人们在法律上的权利和义务以及违反法律规定应承担的责任来调整人们的行为的,调整就是确定性的指引和不确定的指引两种情况。参见张文显:《法学基本范畴研究》,中国政法大学出版社1993年版,第44页。

② 经济法主体组合理论,参见张守文:《经济法理论的重构》,人民出版社2004年版,第259页。

者不执行法定的价格干预措施、紧急措施的,责令改正,并可以通报批评……"这里的行为责任是必然的,但是对于"通报批评"形式的声誉责任而言,责任承担却是或然的。《证券法》多数条款中的行为责任和经济责任都是必然的,但对于经济责任来说,也有诸如第184条①这样的或然性对应关系。此外,在其他部门法如民法中,某原因行为出现后,因为请求权人的请求备选项并不唯一,也并不必然引致行为责任。比如,《民法典》第715条第2款规定,"承租人未经出租人同意,对租赁物进行改善或者增设他物的,出租人可以请求承租人恢复原状或者赔偿损失",当承租人未经同意实施了在租赁物中增设他物这一行为后,并不必然引致其承担恢复原状的行为责任,当且仅当出租人选择请求其恢复原状时才以此形式承担责任。

引致行为责任的必然性源于经济法的公法属性和行为这种责任内容的特殊性。从本质上说,经济法是"第一次的"国家法,法主体中的调制主体是公权者。经济法以权力意思为主但有限承认意思交涉,主要着眼保障社会公益②、弥补私法在市场经济领域调整的空缺、兼顾效率与公平而对市场经济进行的宏观调控和市场规制。所以从传统的法律分类上说,经济法应属于公法。③ 对于经济法来说,一旦某行为具有此法意义上的不法性,责任主要通过行政主体责令而非私人交涉的方式施加。由于行政主体行权得受法律控制,一般来说法律规定会有意控制责任施加过程,所以责令内容的种类、范围和幅度都是确定且稳定的,不法的原因行为与责任形式也多呈现必然而非或然的对应关系。这种必然对应关系在经济法的行为责任上体现更突出。经济法上时常呈现违法行为所得与损失间极不对等且损失难以计量的情况,所以经济责任难以直接具有弥补损失的属性,其更多是以违法所得为依据进行多倍处罚,从而从责任主体角度来看具有一定惩罚属性。相较之下,行为责任更具有直接弥补损失的属性。一般来说,行为产生了经济法上的对某种社会公益的影响或者影响预期时,只得通过停止或者进行特定的行为才能消除或减弱这样的影响或者影响风险。如果某原因行为不必然引致一项行为责任,那么恐怕会出现个人被处罚款但对社会的损失仍在继续的状态。

---

① 《证券法》第184条规定:"证券公司承销证券违反本法第二十九条规定的,责令改正,给予警告,没收违法所得,可以并处五十万元以上五百万元以下的罚款……"这里罚款这种经济责任就是或然性关系。

② 私法是"第二次的"国家法,法主体都是非公权主体,是关于彼此有对等力量的意思相交涉的规律,主要着眼保护个人利益。公法是"第一次的"国家法,法主体最少有一方是国家或公权者,是关于具有优越权力意思与只在权力所承认限度内发生微弱意思交涉的规律,主要着眼保护国家或者社会公共利益。参见[日]美浓部达吉编著:《公法与私法》,黄冯明译,中国政法大学出版社2003年版,第33~39页。

③ 参见张守文、于雷:《市场经济与新经济法》,北京大学出版社1993年版,第80页。

（四）行为责任适用的优先性

从与其他责任的关系上看，对违反某项特定的经济法规定而言，当同时存在包括行为责任在内的多类责任时，行为责任时常处于优先顺位。比如，《银行业监督管理法》第47条规定："银行业金融机构不按照规定提供报表、报告等文件、资料的，由银行业监督管理机构责令改正，逾期不改正的，处十万元以上三十万元以下罚款。"此处将改正责任作为银行业金融机构违反提供报表、报告文件、资料相关规定的优先责任形式，只有当责任主体未能如期承担此行为责任时，方才引致数值数距式罚款形式的经济责任。又如，《税收征收管理法》第68条规定："纳税人、扣缴义务人在规定期限内不缴或者少缴应纳或者应解缴的税款，经税务机关责令限期缴纳，逾期仍未缴纳的，税务机关除依照本法第四十条的规定采取强制执行措施追缴其不缴或者少缴的税款外，可以处不缴或者少缴的税款百分之五十以上五倍以下的罚款。"此处将缴纳税款责任作为纳税人或扣缴义务人违反按期足额缴纳或解缴税款的规定的优先责任形式，只有当责任主体在收到税务机关责令后仍未如期足额承担缴纳义务时，方才引致倍率数距式罚款形式的经济责任。此外，《反垄断法》上也存在类似的行为责任优先适用的制度构造：对于具有或可能具有排除、限制竞争效果的经营者集中来说，拟行为的市场主体可能会承担禁止集中行为的责任，或者是履行减少集中对竞争负面影响的特定行为责任；第53条通过中止/终止调查制度创造了一个主动承担行为责任的责任减免机会。

这种行为责任适用的优先性同样源于行为责任相对于其他类型责任的特殊性。责任通常是行为或者不行为引致的，所以以约束行为或者强制行为的方式来回应当下的不法性，对于解决已然产生的问题是最直接和紧迫的。相较而言，罚款这种形式的经济责任是间接和远期方式。一方面，通过罚款规范来给调制受体以巨大经济代价的预期，这种潜在的威慑使其不违反经济法规范；另一方面，对违法行为实际科以的罚款，是使责任主体吸取教训的经济惩罚。尽管承担责任时需符合过罚相当原则，但本质目的是面向远期。此外，有研究者指出，罚款因无须耗费额外社会资源的转移支付而是一种有效率的责任形式，①但从效果来看，经济责任有时也会因"罚款即价格"而失灵。比如，一项日托中心进行的实验研究揭示了以罚款代表的经济责任的失灵。日托中心的家长常常迟来接孩子，这迫使老师在放学后留下来，于是研究者对迟到者实行了罚款制度，结果迟到父母的数量显著增加，而且当研究者取消罚款后，迟到现象没有减少。②

---

① ［美］加里·S.贝克尔：《人类行为的经济分析》，王业宇、陈琪译，三联书店上海分店、上海人民出版社1995年版，第68页。

② See Uri Gneezy & Aldo Rustichini, *A Fine is a Price*, Journal of Legal Studies, Vol. 29:1, p. 1 – 18 (2000).

由此可见,如果没有行为责任的优先性,经济法中诸如罚款形式的经济责任可能变相合理化违法行为,助长私人效益导向的"理性违法",难以实现经济法提高社会整体效益的调制目的。

二、经济法行为责任体系

(一)提炼经济法行为责任体系的必要性

上述分析揭示了经济法中行为责任的特殊性,其中,对应关系的必然性和适用优先性表明了建构行为责任理论的重要性,而表述形式具体程度的主体差异性意味着需要理论上梳理形式及其类属的层次体系,这也是经济法行为责任理论的重要组成部分。提炼经济法上行为责任体系不仅具有重要性,而且也具备现实必要性。

首先,经济法的立法统合需要提炼经济法上的行为责任体系。国家治理的现代化离不开各类制度的体系化和相关立法的系统化,对于具有现代性的重要部门法的经济法来说,其也需要基于解决现实问题的需要,对相关经济法规范进行"系统整合"。[①] 经济法学的前辈学者从30多年前即开始为此努力,从纲要、基本法等设想,再到近年来围绕制定经济法通则展开的系列重要探讨,无不显示出了立法统合问题的重要性。经济法的立法统合应做好理论准备,经济法责任理论是其中重要组成部分,无论是何种称谓之下的设想,当中都涉及法律责任专章及经济法责任方式专门条款,因此需要对承担经济法责任的方式进行体系化的提炼。但是,以目前代表性研究者提出的责任体系方案[②]来看,"传统+独特"或者是"一般+特别"这种割裂式的体系建构,似乎仍然没有走出传统责任形态理论的禁锢,异面划分问题也未得到很好解决,行为责任重要性地位也未能凸显。对于行为责任来说,现行经济法的法律文件当中语词使用存在一些模糊和混乱之处,因此也有必要对行为责任体系进一步细化。[③]

其次,就行为责任而言,民法法典化进程中行为责任的提炼缺乏明晰的逻辑层次,难以为经济法中的行为责任体系建构提供较好参考,因此经济法中的行为责任体系建构研究不仅是完善经济法责任理论的重要步骤,也可为其他部门法乃至法理学中责任

---

① 参见张守文:《经济法的立法统合:前提与准备》,载《学术界》2020年第6期。

② 程信和教授的责任体系是一般法律责任与特别法律责任二元体系。一般法律责任分为民事责任、行政责任和刑事责任;特别法律责任包括经济效益责任、经济安全责任、任职经济责任和非经济形式责任。具体责任形式,参见程信和:《经济法通则原论》,载《地方立法研究》2019年第1期。

③ 焦海涛指出,我国现行法中普遍采用的"责令改正"实际上就是一种行为责任,只是一个比较模糊的概念,可能涵盖停止、撤销、重作等含义,所以有必要对行为责任进一步细化。参见焦海涛:《经济法责任制度再释:一个常识主义立场》,载《甘肃政法学院学报》2016年第3期。

理论探讨提供一定知识贡献。《民法典》中总则编“民事责任”一章中对承担民事责任的方式的提炼,分则当中具体责任规定的表述都存在逻辑不够周严的问题。例如,《民法典》第179条第1款将承担民事责任的方式列举为11种:停止侵害;排除妨害;消除危险;返还财产;恢复原状;修理、重作、更换;继续履行;赔偿损失;支付违约金;消除影响、恢复名誉;赔礼道歉。《民法典》第237条规定,造成不动产或者动产毁损的,权利人可以依法请求修理、重作、更换或者恢复原状。实际上,这里的修理和重作是恢复原状的一种行动方式,而更换则是以一种同类物替代的方式恢复原来的权益状态,并不能够与恢复原状在逻辑上形成并列关系。

(二)经济法行为责任体系的4个逻辑维度

基于以上重要性和必要性,本文在明确行为责任在经济法系统中的“相邻关系”的基础上,尝试建构经济法中的行为责任体系。在建构体系之前,应当先确定建构体系的逻辑,即确定分类的根据。根据法理学的法律责任分类理论,法律责任分类至少有如下4种重要的根据:责任法源、责任主体、责任内容、承责原因。[①] 如图1所示,下文以此为逻辑基础建构经济法的行为责任体系。

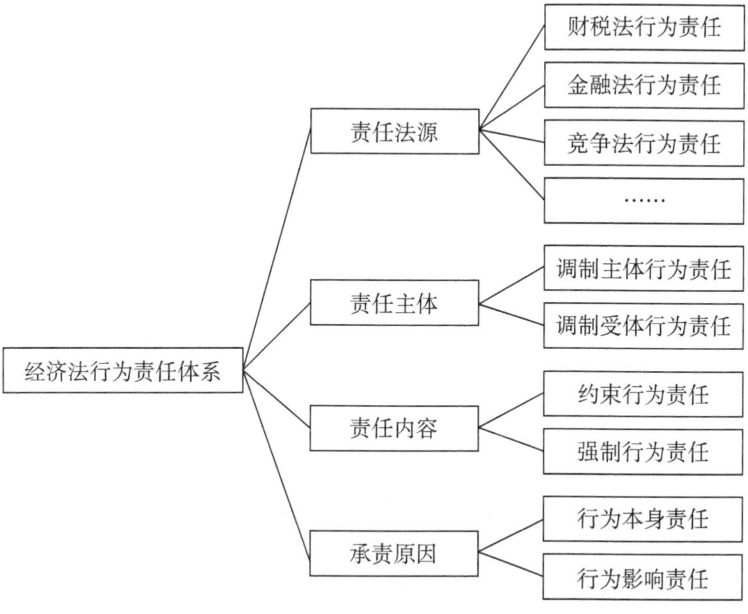

图1 经济法行为责任体系

① 参见张文显主编:《法理学》(第5版),高等教育出版社2018年版,第169页;舒国滢主编:《法理学导论》(第2版),北京大学出版社2012年版,第163页。

首先,责任法源,是指责任的法律依据,体现的是部门法视角下整个法律责任体系的建构逻辑,也是经济法责任区别于其他部门法责任的依据。此种逻辑被传统的法律责任理论视为最基本的建构依据,对于经济法中的行为责任体系建构也具有重要意义。经济法中的行为责任体系也可以承袭此部门法视角,按照经济法系统中的亚部门法构成,将其分为财税法行为责任、金融法行为责任和竞争法行为责任等部分。财税法中的行为责任如预算法设定了改正预算收入上缴方式、改正开支范围和开支标准的行为责任,税收程序法设定了限期办理纳税申报和报送纳税资料的行为责任等。金融法中的行为责任如停止发行、停止承销、改正虚假或误导投资者的宣传推介活动、按规定披露信息、依法处理非法持有的股票、市场禁入等。竞争法中的行为责任如停止实施集中、限期处分股份或资产、限期转让营业以及采取其他必要措施恢复到集中前的状态、改正滥用行政权力实施排除、限制竞争行为的行为等。

其次,责任主体属性,是指承担责任主体的法律属性。该逻辑常见于既往经济法学研究中,只是不同于传统责任理论中自然人责任、法人责任和国家责任三分法,经济法学常用范畴是调制主体责任与调制受体责任。而且,此逻辑可被进一步用于经济法中行为责任内部体系的建构,用以更好地理解经济法内部不同属性主体之间行为责任的差异性。具体而言,从责任主体属性角度来看,经济法上的行为责任可以被分为调制主体的行为责任和调制受体的行为责任。以税法为例。调制主体的行为责任如对作为调制主体的税务机关来说,有限期改正被改变的税收征收管理范围和税款入库预算级次,退还查封、扣押纳税人个人及其所扶养家属维持生活必需的住房和用品,依法撤销擅自作出的税收开征、停征或减税、免税、退税、补税等决定等;调制受体的行为责任如按规定限期设置或恢复账簿或保管记账凭证和有关资料,按规定限期将财务会计制度、处理办法和核算软件报送税务机关,按规定限期重新安装或修复税控装置等。

再次,责任内容,是指法律后果的具体内容,经济法中的行为责任与经济责任、声誉责任正是以责任内容为逻辑阐释的经济法责任体系。具体而言,行为责任,是指那些以约束行为或强制行为为法律后果的责任,如停止违法行为、强制停业、市场禁入、吊销营业执照、拆分、资产剥离、实际履行等;经济责任,是指那些具有直接的经济后果的责任,如罚款、没收违法所得、惩罚性赔偿等。值得一提的是,尽管行为责任和声誉责任都可能进一步涉及不同程度的经济后果,如约束行为和声誉损伤会导致不利的经济后果,强制实施行为也会有经济成本,但这些都是间接的或者次生的。这里责任内容视角下的经济责任仅是指诸如金钱给付等以直接经济后果为内容的责任形式;声誉责任,是指以降低社会评价为法律后果的责任,如通报批评、列入黑名单、信誉评估降级、公告违法事实、记过、降级等。

责任内容的逻辑不仅适用于解释经济法中行为责任的外部关系，而且适用于其内部体系建构。根据法律后果的内容是约束或禁止责任人进行某行为还是强制责任人进行某行为，行为责任可以被分为约束行为责任和强制行为责任。约束行为责任，是指责任主体的特定行为在当下或未来被约束，如责令停止违法行为就是针对持续状态的违法行为而言的一种行为责任形式；又如，暂扣、吊销证照或终身市场禁入是通过剥夺行为资格的方式约束特定行业内的未来一定期限内或者无限期经营行为。也就是说，一些分类理论当中的“资格罚”属于这里行为责任中的约束行为责任。强制行为责任，是指责任主体被要求积极实施特定行为，这种要求既可能源于法律规范的直接规定，也可能在行政过程中产生。比如，《食品安全法》第35条规定的召回，1994年《广告法》第37条规定的投放纠正性广告，《反垄断法》和《证券法》规定的强制处分股份等权益，《银行业监督管理法》第47条规定的按规定提供文件资料，《税收征管法》第93条规定的按规定设置、保管账簿凭证资料、按规定报送等。

最后，承责原因的建构逻辑，是指依据可责性产生的主客观原因划分责任类别进而建构责任体系。对于承责原因这一责任体系建构逻辑而言，一方面，根据主观过错在法律责任中的地位将法律责任分为过错责任、无过错责任和公平责任，[①]这一主观方面的视角仍然可被用于理解经济法责任体系；另一方面，对于经济法中行为责任意义重大的还有客观原因归责法。经济法中的行为责任除具有制止功能外，还具有预防功能，损害结果并不必然是责任要件。也就是说，依据客观方面的承责原因，行为责任包括行为本身责任和行为影响责任。具体而言，行为本身责任，是指行为本身即具有经济法上的违法性，只要存在行为而不论有无实质影响即承担责任，承担责任的目的是扭正行为本身。行为影响责任，是指之所以要承担某种形式的责任是在于某行为产生的负面影响，承担责任的目的是消除这些影响。以《反垄断法》为例，只要达到《反垄断法》规定的申报门槛，经营者若要集中就必须履行申报义务，否则就构成未依法申报而违法实施的经营者集中。此种违法实施行为的责任承担不以是否具有实质排除、限制竞争效果为前提，所以是一种行为本身责任。当经营者依法进行了申报，但是在评估过程中，如果拟行的集中被认定具有实质排除、限制竞争效果，则可能会基于有限的意思过程而形成一种弹性的次生行为义务。比如，针对这种对竞争性市场结构的负面影响应当进行分拆、资产剥离等结构性救济，或者是提供接入等行为性救济等。当经营者实施集中却未按决定内容履行条件义务时，就会产生停止实施集中或者限期处分股份、资产等消除或减轻负面影响的行为影响责任。

---

① 参见马长山主编：《法理学导论》，北京大学出版社2014年版，第106页。

三、结语

责任形态理论是拓补经济法责任理论的重要且紧迫的一个研究切入点,行为责任又是经济法中具有代表性但又缺少充分研究的责任类别。鉴于此,本文通过界定经济法中行为责任的概念、阐释其内涵,挖掘其表述形式、对应关系和适用上的特殊性以及建构其体系,尝试对经济法责任形态理论略作拓补。这种拓补对完善经济法责任理论、对经济法立法统合都具有重要意义。

具体而言,本文将经济法中的行为责任界定为经济法主体因违反经济法规定而应承担的与“行为”有关的非经济性法律后果,指出其是与经济责任、声誉责任并列的责任形态,此三者共同构成了责任内容视角下的经济法责任体系。在此基础上,本文从数量、程度、概率和顺序维度揭示出了经济法中行为责任的 3 点特殊性:形式表述的主体差异性、引致行为责任的必然性和适用优先性。

这些特殊性反映了经济法中行为责任体系化的重要性,同时结合经济法立法统合需要、行为责任体系论的不完善等原因,本文进一步从 4 个逻辑维度提炼了经济法中的行为责任体系。第一,依据责任法源,经济法中的行为责任可以被分为财税法中的行为责任、金融法中的行为责任和竞争法中的行为责任等。第二,依据责任主体属性,经济法中的行为责任可以被分为调制主体的行为责任和调制受体的行为责任。第三,依据责任内容,经济法中的行为责任可被分为约束行为责任和强制行为责任。约束行为责任,是指责任主体的特定行为在当下或未来被约束;强制行为责任,是指责任主体被要求积极实施特定行为。第四,依据承责原因,经济法中的行为责任包括行为本身责任和行为影响责任。行为本身责任,是指行为本身即具有经济法上的违法性,只要存在行为而不论有无实质影响即承担责任,承担责任的目的是扭正行为本身。行为影响责任,是指之所以要承担某种形式的责任是在于某行为产生的负面影响,承担责任的目的是消除这些影响。

【市场规制法】

我国《反垄断法》修正的亮点和问题

王晓晔*

摘　要：《反垄断法》修正从宏观角度强化了竞争政策基础地位，引入公平竞争审查制度；从微观角度强化了数字经济反垄断，增加了“安全港”规则，加大了对违法行为的处罚力度。但是这些条款也有很多值得商榷和改进之处。法律修正不仅应当“纳新”，还应当“吐故”，包括删除一些理论上有问题和实践中长期“空置”的条款。

关键词：反垄断法；竞争政策；数字经济；行政罚款；知识产权

2022年6月24日，十三届全国人大常委会第三十五次会议通过了《关于修改〈中华人民共和国反垄断法〉的决定》，修正后的法律于2022年8月开始实施。修正后的《反垄断法》8章70条，较过去新增13条。总则和法律责任部分新增和修改得最多，垄断协议部分修改的幅度也比较大。修正的亮点和重点主要有强化竞争政策基础地位、强化平台经济反垄断、引进“安全港”规则以及加大违法行为的处罚力度。限于篇幅，本文第一至第四部分评析本次修正的亮点和重点，第五部分分析本次修正应考虑但未考虑的几个重要问题，最后是本文结论。

一、强化竞争政策基础地位

（一）强化竞争政策基础地位

这次修正的最大亮点是第4条增加了“强化竞争政策基础地位”的表述。这显然是基于国家近年确立了竞争政策在资源配置和调节市场供求中占基础性地位的经济政策。例如，2018年年底召开的中央经济工作会议指出，“强化竞争政策的基础性地位，创造公平竞争的制度环境”。2019年第十九届四中全会的决定强调，“强化竞争政

---

* 法学博士，深圳大学特聘教授、博士研究生导师，中国社会科学院法学所研究员。

策基础地位,落实公平竞争审查制度”。2020年中共中央、国务院《关于新时代加快完善社会主义市场经济体制的意见》也强调:“完善竞争政策框架,建立健全竞争政策实施机制,强化竞争政策基础地位。”①上述这些中央文件说明,为了与社会主义市场经济相适应,竞争政策与产业政策相比已经处于优先适用的地位。也就是说,除《反垄断法》第8条指出的“国有经济占控制地位的关系国民经济命脉和国家安全的行业以及依法实行专营专卖的行业”外,其他经济领域调节供求和配置资源的基本方式是市场机制和竞争机制,从而也说明反对垄断和保护竞争的《反垄断法》在我国社会主义市场经济体制中发挥越来越大的作用。

(二)引进公平竞争审查制度

《反垄断法》强化竞争政策基础地位的另一重要内容是引进了公平竞争审查制度。该法第5条规定:“国家建立健全公平竞争审查制度。行政机关和法律、法规授权的具有管理公共事务职能的组织在制定涉及市场主体经济活动的规定时,应当进行公平竞争审查。”公平竞争审查制度是2016年国务院《关于在市场体系建设中建立公平竞争审查制度的意见》提出的。该意见指出:“为规范政府有关行为,防止出台排除、限制竞争的政策措施,逐步清理废除妨碍全国统一市场和公平竞争的规定和做法,现就市场体系建设中建立公平竞争审查制度提出以下意见。”国家市场监督管理总局、国家发展和改革委员会、财政部等5部委2021年6月还联合发布了《公平竞争审查制度实施细则》,核心内容是在涉及市场准入和退出、商品和要素自由流动、影响生产经营成本、影响生产经营行为四个方面提出了公平竞争审查的18项标准,目的是坚持全国一盘棋,明确在没有法律、行政法规或者国务院特殊规定的情况下,不得设置不平等的市场准入、退出条件,不得违法给予特定经营者优惠政策,要切实打破地方保护和区域性小市场,建立和维护全国统一、开放、竞争、有序的市场体系。② 这也就是说,除非是出于国家经济安全、整体经济利益和社会公共利益的考虑,对市场上开展经营活动的企业无论国有企业还是民营企业,也无论中国企业还是外国企业,都应当公平地参与市场竞争,平等地得到法律保护。

公平竞争审查是为了避免和减少政府部门出台违反公平竞争原则的规章制度,它与《反垄断法》禁止行政垄断的规定一样,也是约束政府行为。与《反垄断法》事后审查行政性限制竞争的不同之处是,公平竞争审查是对行政垄断行为的事先防范,即把政

---

① 王俊:《中央经济工作会议再提加强反垄断:推进公平竞争政策实施,提振市场主体信心》,载《21世纪经济报道》2021年12月10日。

② 参见国家市场监督管理总局等5部委《关于印发〈公平竞争审查制度实施细则〉的通知》(国市监反垄规〔2021〕2号)。

府滥用行政权力排除、限制竞争的行为遏制在萌芽状态。因为公平竞争审查制度与《反垄断法》禁止行政垄断的规定有极为密切的联系，这个制度的引进是对《反垄断法》的重大补充和发展。公平竞争审查进入《反垄断法》，并成为政府机关出台涉及市场主体经营活动规章制度必须进行的法律程序，进一步把政府行为装进制度的笼子里，从而有助于解决政府对市场的不合理干预和干预过多的问题。

（三）与竞争政策相关的两个重要问题

随着《反垄断法》强化竞争政策基础地位，有必要讨论反垄断法和竞争政策的直接目的。《反垄断法》第1条作为立法宗旨仅提出保护公平竞争，而不提及保护自由竞争，这是不完善的。我国竞争法学界绝大多数学者认为，反垄断法除保护公平竞争外，更是保护自由竞争。因为反不正当竞争和反垄断虽然都是规范市场竞争秩序，但二者保护的竞争有很大不同：反不正当竞争主要是反对经营者通过不正当手段攫取他人的竞争优势，违反诚实信用原则和商业道德，因此其价值理念是保护公平竞争；反垄断则是从维护市场的竞争性出发，禁止垄断协议，控制过大规模的经营者集中，禁止占市场支配地位企业的滥用行为，我国反垄断法还禁止滥用行政权力限制竞争，这些法律条款虽有维护公平竞争之意，但其主要价值理念是维护经济民主，保护企业参与市场竞争的自由权利。[①] “公平竞争”，主要是指“静态”竞争，因为不正当或不公平竞争主要指侵权行为，即侵犯善意经营者的正当权益；“自由竞争”则主要保护“动态”竞争，例如，控制企业并购明显是维护市场的竞争性，即保护企业参与市场竞争的自由权利。因此，反垄断法作为市场经济体制下反对限制竞争的法律制度，它不仅保护市场公平竞争，更重要的是保护市场自由竞争。

修正后的《反垄断法》第1条增加了“鼓励创新”。有人认为，这是《反垄断法》的重大发展，但一些学者并不认同。创新可以带来新技术和新产品，不仅有利于企业和消费者，而且有利于推动新的竞争，因此鼓励创新是国家正确的战略决策。然而，考虑到《反垄断法》的直接目的是反对垄断和保护竞争，如果将“鼓励创新”并列作为反垄断法的立法目的，执法中可能会出现“保护竞争”和“鼓励创新”哪个目的优先的问题。国家通过《反垄断法》和《反不正当竞争法》建立了市场竞争秩序，执法者由此可以规范企业的市场竞争行为。如果“鼓励创新”成为反垄断法的立法目的，这同样需要国家为提高企业创新力采取相关的措施。例如，根据熊彼特的观点，企业创新不仅需要成本，还

---

① 参见王晓晔：《反垄断法》，法律出版社2011年版，第25～33页。

要承担风险,国家因此有必要对创新性企业(一般是大企业)给予竞争保护。① 为提高企业创新力,政府还可能采取各种产业政策,尤其是财政补贴,而且"补贴王"一般都是国有企业。② 这说明,提高企业创新力不等于创新激励,"鼓励创新"和"保护竞争"在反垄断法中不能画等号。其实,最能体现"鼓励创新"的法律制度是知识产权法,因为知识产权本身就是对权利人创新活动的回报和鼓励。但是,考虑到知识产权与一般财产权一样,同样具有限制竞争的可能性,知识产权的行使就应当受到反垄断法的制约。③ 还有必要指出,如果以数字经济为由将"鼓励创新"作为反垄断法的立法目的,这可能也是一个错误。例如,人人都知道大数据对数字企业非常重要,聚集数据不仅有助于企业改进产品和服务,而且有助于开发新的商业机会。但是,为了遏制垄断和推动竞争,欧盟《数字市场法》禁止"数字守门人"扩大数据收集的规模和范围。④ 这个反垄断监管措施说明,在创新和竞争存在冲突的情况下,《反垄断法》把保护竞争作为首要任务,因为市场经济的本质就是通过竞争推动创新和经济发展。

二、强化数字经济反垄断

(一)强化数字经济反垄断的背景

数字经济,一般是指基于数据和互联网技术开展的经济活动。经过20多年的发展,我国网民的数量超过10亿人,数字经济占GDP比重超过38.6%。这一方面说明数字经济与民生的关系极为密切,另一方面说明数字经济也是国家经济发展和财富增长的重要源头。然而,各种数字服务如搜索引擎、社交网络和电子商务给人们带来很大便利的同时,数字大平台也给反垄断监管带来挑战,主要的问题是互联网平台明显存在直接和间接网络效应,平台经营者基于数据的收集和整合提供服务,鉴于大数据成为后来者进入市场的巨大障碍,结果就是平台经济领域存在赢者"通吃"现象,各种数字服务领域存在垄断或寡头垄断的现象。鉴于成功的数字企业为后来者留下的竞争空间越来越小,再加上各种排除限制竞争的问题,我国与欧盟、美国一样,近年来强

---

① Georgios Petropoulos, *The Relationship Between Competition and Innovation*: *How Important are Firms' Financial Constraints*?, http://www2.aueb.gr/conferences/Crete2015/Papers/Petropoulos.pdf.

② 参见《那些大吃着政府补贴的上市公司》,载映象网2014年8月6日,http://news.hnr.cn/sd/201408/t20140806_1428273.html。

③ 参见王晓晔:《〈反垄断法(修正草案)〉的评析》,载《当代法学》2022年第3期。

④ See European Regulation on Contestable and Fair Markets in the Digital Sector (Digital Markets Act), Art. 5.2 (b)(c).

化数字经济反垄断的呼声越来越高。① 典型案例是2021年国家市场监督管理总局对阿里巴巴在电商平台实施“二选一”的行为进行了严厉查处。② 国务院反垄断委员会2021年2月发布的《平台经济领域反垄断指南》也指出,要根据平台经济发展状况、发展规律和自身特点,并结合案件具体情况,强化竞争分析和法律论证,不断加强和改进反垄断监管。③ 这些立法和执法说明了国家要强化平台经济反垄断和防止资本无序扩张的态度和决心。在这种情况下,强化数字经济反垄断就成为《反垄断法》修正的重要内容。

（二）强化数字经济反垄断的主要内容

修正后的《反垄断法》总则第9条规定:“经营者不得利用数据和算法、技术、资本优势以及平台规则等从事本法禁止的垄断行为。”鉴于总则性规定一般涉及立法目的、调整范围、基本原则以及其他对整部法律起统领和指导意义的内容,这个条款对执法机关审理涉及数字经济的垄断协议、滥用市场支配地位以及经营者集中控制有重要的指导意义。

1. 禁止算法共谋

《反垄断法》没有提及“算法共谋”,但《关于平台经济领域的反垄断指南》提出通过算法和轴辐协议实现价格共谋的问题。④ 在实践中,同行业企业如果使用相同算法并根据整个行业的产出和需求制定各自产品的价格,这可能出现算法共谋。通过电商中介平台销售产品的生产企业如果使用算法或技术手段跟踪销售商的价格,其目的显然是维持统一的转售价格(RPM)。因为价格共谋或维持转售价格会抬高产品价格,损害消费者的利益,即便这里使用的算法或技术手段是中性的,这些行为仍应当适用反垄断法。例如,欧盟委员会近年审理的RPM大多是生产商通过技术手段跟踪销售商价格的案件。⑤

2. 禁止滥用市场支配地位

除《反垄断法》总则第9条外,第22条第2款规定:“具有市场支配地位的经营者不得利用数据和算法、技术以及平台规则等从事前款规定的滥用市场支配地位的行

---

① See Majority Staff Report and Recommendations from the House Antitrust Subcommittee, *Investigation of Competition in Digital Markets*, https://judiciary.house.gov/uploadedfiles/competition_in_digital_markets.pdf.

② 参见《国家市场监督管理总局行政处罚决定书》国市监处〔2021〕28号。

③ 参见国务院反垄断委员会《关于平台经济领域的反垄断指南》(国反垄发〔2021〕1号)。

④ 参见《关于平台经济领域的反垄断指南》第二章“垄断协议”。

⑤ See EU Commission Press Corner, *Antitrust*: *Electronics Manufacturers Fined for Resale Price Fixing*, https://ec.europa.eu/commission/presscorner/detail/en/IP_18_4601.

为。”这里包括禁止大平台企业通过数据、算法、技术以及平台规则实施不公平的高价行为以及不正当的低成本销售、拒绝交易、强制交易、搭售以及差别待遇等各种滥用行为。在平台经济领域,这些行为一般都会涉及数据交易,而且一般是与中小企业的数据交易。例如,国家市场监督管理总局对阿里巴巴在电子商务实施“二选一”行为作出的行政处罚决定指出:“当事人自2015年以来,滥用其在中国境内网络零售平台服务市场的支配地位,禁止平台内经营者在其他竞争性平台开店或参加促销活动,排除限制了相关市场的竞争,损害了平台内经营者合法权益,损害了消费者利益,阻碍了平台经济创新发展,且不具有正当理由,从而构成《反垄断法》禁止的滥用市场支配地位行为。”①这说明,大平台企业即便是以合同方式与第三方企业进行数据交易,也得以公平、合理和无歧视的条件开放数据。

除《反垄断法》第22条关于禁止滥用行为的规定外,国家市场监督管理总局2022年6月27日发布的《禁止滥用市场支配地位行为规定(征求意见稿)》还提出:“禁止具有市场支配地位的平台经营者……没有正当理由,在与该平台内经营者竞争时,对自身给予下列优惠待遇:(一)对自身商品给予优先展示或者排序;(二)利用平台内经营者的非公开数据,开发自身商品或者辅助自身决策。”②大平台企业给予自身优惠的行为一般被称为“自我优待”。上述征求意见稿禁止不合理的自我优待行为,显然是借鉴了欧盟法的规定。欧盟委员会2017年对谷歌公司罚款24.2亿欧元,理由就是谷歌在其购物平台提供的比价搜索服务中,优先展示其服务的搜索结果,而把竞争性比价搜索结果放在后面。③这个征求意见稿也提出,认定大平台企业“自我优待”行为违法的前提条件是“没有正当理由”,这说明与传统经济一样,认定数字经济领域的滥用行为不是适用“本身违法”,而是适用“合理原则”。

鉴于数字经济特点,《反垄断法》认定这个领域的市场支配地位应当补充一些特殊因素。例如,德国《反对限制竞争法》规定,在互联网多边市场条件下,应考虑网络的直接和间接效应,考虑用户使用多种服务的转换成本,考虑平台网络效应产生的规模经济,以及其他企业进入数据的难度和创新竞争的压力等。④ 如果平台企业收集和整合大数据是给不同用户群的供给和需求提供中介服务,还应当特别考虑中介服务的重要

① 《国家市场监督管理总局行政处罚决定书》国市监处〔2021〕28号。

② 国家市场监督管理总局《禁止滥用市场支配地位行为规定(征求意见稿)》,载国家市场监督管理总局网,https://www.samr.gov.cn/hd/zjdc/202206/P020220627329134239729.pdf。

③ Commission Decision of 27.6.2017, AT.39740 – Google Search (Shopping).

④ German Act against Restraints of Competition(GWB) amended in 2021, § 18(3a).

性。[①] 我国《关于平台经济领域的反垄断指南》在这方面也提出很多应考虑的因素，包括网络效应、规模经济、锁定效应、用户转向其他服务的成本等。[②] 增加数字经济领域应当考虑的特殊因素，有助于增强反垄断执法的针对性和科学性。[③]

3. 控制经营者集中

经营者集中有利于企业间优势互补，提高市场竞争力。但是，过度的集中则可能导致垄断性市场结构，损害竞争。因为数字经济领域的集中度本来就很高，大平台企业的并购活动不仅会迅速扩大互联网生态系统，而且可能对国家的政治、文化、社会等很多方面产生影响。所以，国家近年来很重视通过《反垄断法》控制大平台企业的资本扩张态势，目的是遏制它们的市场势力。

为了控制平台经济领域的经营者集中，《反垄断法》总则第 9 条禁止企业通过“资本优势”从事《反垄断法》禁止的垄断行为，这包括实施具有排除限制竞争影响的经营者集中。此外，第 26 条第 2 款还规定：“经营者集中未达到国务院规定的申报标准，但有证据证明该经营者集中具有或者可能具有排除、限制竞争效果的，国务院反垄断执法机构可以要求经营者申报。”该条第 3 款规定：“经营者未依照前两款规定进行申报的，国务院反垄断执法机构应当依法进行调查。”这些规定说明，国家对未达申报标准但可能具有排除限制竞争效果的经营者集中要加强审查，以避免和减少涉案企业市场销售额不大但其并购交易对市场竞争影响很大的情况，如 2016 年“滴滴并购优步（中国）案”的教训。滴滴并购优步之所以引人关注，是因为如下两方面：一方面，并购双方的经济体量都很大，优步（中国）估值 82 亿美元，滴滴估值 280 亿美元；另一方面，滴滴并购优步（中国）在网约车市场的份额会达到 90%，即这个并购明显会加强滴滴的市场势力。[④] 但是，因为这个并购双方的市场营业额没有达到国务院规定的申报标准，这个并购没有向商务部进行申报。[⑤] 出于这个教训，《关于平台经济领域的反垄断指南》指出：“执法机构高度关注参与集中的一方经营者为初创企业或者新兴平台、参与集中的经营者因采取免费或者低价模式导致营业额较低、相关市场集中度较高、参与竞争者数量较少等类型的平台经济领域的经营者集中，对未达到申报标准但具有或者可能具

---

① German Act against Restraints of Competition（GWB）amended in 2021，§18(3b).

② 参见《关于平台经济领域的反垄断指南》第 11 条。

③ 参见《关于平台经济领域的反垄断指南》第 3 条。

④ 参见孙冰：《优步中国会像快的一样“消失”吗?》，载《中国经济周刊》2016 年第 31 期。

⑤ 参见《滴滴回应商务部“并购申报”：没有达到申报标准》，载人民网，http://it.people.com.cn/n1/2016/0803/c1009-28607733.html。

有排除、限制竞争效果的,国务院反垄断执法机构将依法进行调查处理。”①国家市场监督管理总局在“腾讯收购中国音乐集团案”的行政处罚决定中也指出:“经营者集中未达到申报标准,但该经营者集中具有或者可能具有排除、限制竞争效果的,应事先向市场监管总局申报,未申报的不得实施集中。”②

修正后的《反垄断法》加强对大平台企业并购活动的监管是正确的,企业规模越大,就越应当承担更大的法律责任。然而,有必要指出的是,即便《反垄断法》对互联网企业的并购活动加强监管,但不应当以“一刀切”的方式对这些并购活动一律予以禁止。即从实体法的角度看,互联网领域的企业并购仍然应当进行经济分析:除考虑这些并购对竞争的影响外,还应当考虑它们背后的动机;不仅考虑并购方的动机,还应当考虑被并购方的动机,例如,防止企业破产或者实现优势互补等。考虑到过度严格的并购审查和审查标准可能堵死初创企业退出市场的正当途径,妨碍它们通过出售企业获取发展和创新所需要的资金,美国创业中心曾就众议院提出的《平台竞争与机会法案》发表反对声明指出:“禁止大公司收购初创企业的法案会损害美国企业的创业生态系统,威胁机会、创新和消费者选择。并购交易是初创公司的创始人、员工和投资者的关键性‘出口’,是一代初创公司资助下一代进行创新的飞轮,这个法案会损害美国的创业生态系统,并对美国经济的健康和活力构成严重威胁。”③这说明,人们一方面担心资本无序扩张会损害市场竞争,另一方面也担心过分严格的反垄断监管会扼杀数字经济的创新和竞争力。④ 2021年8月中央财经委员会发出的声音是:“加强互联网平台等大型科技企业的监管,防止垄断和资本无序扩张,这是个世界性难题,各国都在探索解决之道。我们坚持规范和发展两手并重,两手都要硬。”⑤考虑“规范”和“发展”有时候存在不协调之处,世界各国有必要在这方面进行合作,一道寻求解决这个“世界性难题”的方案。

---

① 《关于平台经济领域的反垄断指南》第19条。

② 《国家市场监督管理总局行政处罚决定书》国市监处〔2021〕67号。

③ See Center for American Entrepreneurship Warns that the Platform Competition and Opportunity Act Endangers America's Startup Ecosystem, https://startupsusa.org/press-releases/center-for-american-entrepreneurship-warns-that-the-platform-competition-and-opportunity-act-endangers-americas-startup-ecosystem/.

④ See Laura Kayali & Thibault Larger, 5 challenges to the New EU Digital Rulebook, https://www.politico.eu/article/5-challenges-to-the-new-eu-digital-rulebook/.

⑤ 朱恩民:《中央财办:共同富裕不是“杀富济贫”,整治互联网平台绝非针对民营企业》,载搜狐网2021年8月26日,https://www.sohu.com/a/485866356_313745。

三、引入“安全港”规则

修正后的《反垄断法》第 18 条第 3 款规定:“经营者能够证明其在相关市场的市场份额低于国务院反垄断执法机构规定的标准,并符合国务院反垄断执法机构规定的其他条件的,不予禁止。”国家市场监督管理总局2022 年6 月27 日发布的《禁止垄断协议规定(征求意见稿)》第 15 条第 1 款规定:“经营者与交易相对人之间达成协议,经营者能够证明符合下列条件,不予禁止:(一)经营者与交易相对人在相关市场的市场份额低于 15%,国务院反垄断执法机构另有规定的从其规定;(二)无相反证据证明其排除、限制竞争。”这些规定都是以市场份额标准作为豁免垄断协议的一个条件。

(一)欧盟竞争法的“安全港”

欧盟委员会 1970 年发布的《宽容通告》(De Minimis Notice)①建立了“安全港”制度,即禁止限制竞争的协议、决定或者协同行为是以它们对竞争的损害达到了“显著”程度为条件;如果根据协议当事人的市场地位可以判定其竞争损害达不到显著的程度,该协议就可以不适用《欧盟运行条约》第 101 条第 1 款的禁止性规定,为市场份额低于标准的企业所订立的体量级不大的协议提供了“安全港”。② 根据欧盟现行《宽容通告》的规定,进入“安全港”的协议包括竞争者之间的协议,条件是它们在相关市场的份额合计不超过 10%;也包括非竞争者之间的协议,条件是它们各自在相关市场的份额都不超过 15%;还包括协议当事人之间难以确定是横向还是纵向关系的协议,条件也是它们各自的市场份额都不超过 10%。③

欧盟《宽容通告》明确规定,进入“安全港”的协议是以它们对市场竞争损害达不到显著的程度为条件,因此,“安全港”规则不得适用于目的是妨碍、限制或扭曲欧洲内部市场竞争的协议,④特别是不得适用于竞争者之间直接或间接存在以下目的的协议:(1)固定产品价格;(2)限制产出或销售数量;(3)分割市场或客户。⑤《宽容通告》还

---

① European Commission has issued a series of De Minimis Notices in 1970 (OJ C 64), 1986 (OJ C 231), 1997 (OJ C 372), 2001 (OJ C 368), and 2014 (OJ C 291).

② See European Commission Notice on agreements of minor importance which do not appreciably restrict competition under Article 101(1) of the Treaty on the Functioning of the European Union (De Minimis Notice) (2014/OJ C 291/01).

③ See § § 8, 9, De Minimis Notice, 2014/OJ C 291.

④ See § 2, De Minimis Notice(2014/OJ C 291).

⑤ See Case C-226/11 Expedia, in particular paras. 35-37, Judgment of the Court (Second Chamber), 13 December 2012.

明确指出,无论现在还是将来,"安全港"规则也不得适用于欧盟委员会在其一系列集体豁免条例所指出的核心限制(hardcore restraints)。[①]例如,欧盟委员会《纵向限制集体豁免条例》明确规定,固定销售商价格或限定其最低销售价格的协议不能得到豁免。[②]欧盟委员会《纵向限制指南》还明确规定:"直接或间接、单独或与其他因素相结合的固定转售价格或者限定最低转售价格的协议属'核心限制',不能适用集体豁免条例,因为它们被推定违反条约第101条第1款,而且难以满足条约第101条第3款规定的豁免条件。"[③]这些规定说明,欧盟竞争法的"安全港",是指满足一定条件并由此可以排除它们存在竞争损害或无须评估具体市场情况即可认定其合法的规则。[④]

(二)《反垄断法》的"安全港"问题

《反垄断法》的"安全港"规定在涉及纵向协议的第18条。该条第1款禁止经营者与其交易相对人达成如下协议:(1)固定向第三人转售商品的价格;(2)限定向第三人转售商品的最低价格;(3)国务院反垄断执法机构认定的其他垄断协议。第2款针对上述(1)和(2)指出,经营者能够证明其不具有排除、限制竞争效果的,不予禁止。第3款属于前面所指的"安全港"规则,但书规定,"符合国务院反垄断执法机构规定的其他条件"。《反垄断法》引进"安全港"规则无疑是为了提高执法透明度,节约执法资源。但是考虑到下面几个问题,《反垄断法》设置的"安全港"规则不是很成功。

1.进入"安全港"的协议不安全

"安全港"规则建立在实证分析的基础上,即执法机关根据经验,如果确信某些事实可以说明某个范围的行为不大可能产生严重的竞争损害,那就可以通过建立"安全港"为企业提供执法透明度,即告知企业符合一定条件的协议不违法。如果"安全港"内的协议仍可能被认定违法,"安全港"就没有足够大的透明度,在实践中的作用就不大,因为它不能有效地帮助企业避免和减少违反反垄断法的风险。根据《反垄断法》第18条第3款的规定,适用"安全港"规则的协议除市场份额低于反垄断执法机构规定的

---

① See § 13, De Minimis Notice, 2014/OJ C 291.

② See Art. 4(a), Commission Regulation (EU) 2022/720 of 10 May 2022 on the application of Article 101(3) of the Treaty on the Functioning of the European Union to categories of vertical agreements and concerted practices.

③ Commission Notice Guidelines on Vertical Restraints, Section 2.10, Resale price restrictions.

④ 美国司法部和联邦贸易委员会《竞争者之间合作的反垄断指南》为竞争者之间的合作协议规定了安全区,即如果没有特殊情况,执法机构不会挑战竞争者之间下列情况的合作,即参与合作企业合计市场份额在可能受到该合作影响的各相关市场不超过20%。See Roundtable on Safe Harbours and Legal Presumptions in Competition Law-Note by the United States, DAF/COMP/WD(2017)85.

标准，还得“符合国务院反垄断执法机构规定的其他条件”，第 18 条第 2 款还规定经营者“能够证明其不具有排除、限制竞争效果”，这个“安全港”规则就不可能在很大程度上提高反垄断执法效率，因为“安全港”里的协议不安全。

2. “安全港”规则不能适用于横向协议

《反垄断法》的“安全港”规则放置在关于纵向协议的第 18 条，这说明它不适用于竞争者之间的横向协议。横向协议与纵向协议相比，其限制竞争的程度虽然比较大，但不能说竞争者之间的合作就没有“安全港”。例如，《反垄断法》第 20 条第 1 款指出，竞争者之间有很多类型的协议可以得到豁免，根据第 2 款的规定，其豁免的条件是“经营者还应当证明所达成的协议不会严重限制相关市场的竞争，并且能够使消费者分享由此产生的利益”。为了提高执法效率和当事人对其市场行为的可预期性，《反垄断法》从长远看也应就某些横向协议建立“安全港”制度。例如，欧盟委员会现行的《专业化协议集体豁免条例》规定，竞争者之间的专业化协议在下列条件下可以得到豁免：(1)协议当事人的市场份额共计不超过 20%；(2)协议中不存在核心限制。[①] 欧盟委员会现行的《研发协议集体豁免条例》规定，竞争者之间合作研发的协议在下列条件下可以得到豁免：(1)协议当事人在相关产品市场或者相关技术市场的份额共计不超过 25%；(2)协议中不存在核心限制。[②]

3. 维持 RPM 适用“安全港”不符合国情

在迄今的反垄断执法实践中，行政执法和司法针对 RPM 有两种不同的理念：行政执法一般认为它们违法，法院则一般认为合法。[③] 笔者在这方面支持行政执法的理念，即这种协议原则上违法，但当事人有抗辩权。我国原则上应当禁止 RPM，因为：一方面，这种协议不仅严重损害销售商之间的价格竞争，而且客观上会抬高产品价格，损害消费者利益；另一方面，豁免 RPM 不符合国情。我国颁布《反垄断法》较晚，企业界不仅普遍缺乏反垄断意识和竞争文化，而且生产企业普遍存在 RPM 的问题。例如，国家

---

① Commission Regulation (EU) No 1218/2010 of 14 December 2010 on the application of Article 101(3) of the Treaty on the Functioning of the European Union to certain categories of specialisation agreements.

② Regulation (EU) No 1217/2010 on the application of Article 101(3) of the Treaty on the Functioning of the European Union (TFEU) to certain categories of research and development agreements.

③ 典型案例，如上海市物价局 2016 年认定海尔重庆子公司维持转售价格的协议违法，广州知识产权法院 2016 年判决的“珠海格力子公司案”以及广东省高级人民法院 2018 年对该案的终审判决一致认定维持转售价格的协议合法。参见王晓晔：《转售价格维持的反垄断规制适用“合理原则”之批判》，载《法商研究》2021 年第 1 期。

发改委2013年处理的“婴儿奶粉案”几乎涉及奶粉行业所有的重要品牌。[①] 从2016年的格力空调和海尔空调两个案件看出,即便在市场集中度很高的行业,同样存在严重的RPM问题,即市场上几乎所有的家用空调全部包括一个高额的零售费。[②] 2019年北京市场监管局就联想公司的RPM作出了中止调查的决定。[③] 这个案件不仅说明,联想作为中国PC市场最大的生产企业,其各种产品包括零配件销售和维修服务长期使用RPM模式,而且说明了我国市场上RPM的严重程度。在这种情况下,我国《反垄断法》不应当对RPM适用“安全港”规则,因为进入“安全港”的协议原则上不会对市场竞争产生严重损害。

四、加重违法行为的处罚力度

修正后的《反垄断法》加重了对违法行为的处罚力度:一方面,反垄断法是禁止性规范,理应具有威慑力;另一方面,反垄断案件的经济体量比较大,甚至涉及整个行业或者市场,如果对违法行为的处罚没有威慑力,就不能起到惩罚违法者和教育其他企业的目的。《反垄断法》加重违法行为处罚力度主要表现在以下几个方面。

(一)加重违法经营者集中的处罚

这里是针对该申报未申报的经营者集中。修正前的《反垄断法》规定,违法实施的经营者集中除停止实施集中和采取必要措施恢复到集中前状态,可处50万元以下的罚款。[④] 鉴于该申报未申报的经营者集中不可能通过拆分方式恢复到集中前的状态,违法实施的集中充其量受到的行政处罚是50万元以下的罚款。在实践中,该申报未申报的经营者集中相当多发生在互联网行业。据统计,截至2020年9月,阿里参与的经营者集中531起,腾讯参与的756起。[⑤] 即便在并购活跃度下降的2019年,腾讯参与的121起,阿里81起,这些经营者集中大多发生在科技、金融、电商零售和文娱等领域。[⑥] 互联网领域如此多的企业并购没有遭遇反垄断法挑战,不能不说这方面的反垄

---

① 参见《多美滋惠氏等奶粉遭反垄断调查》,载新浪网2013年7月2日,http://finance.sina.com.cn/focus/nfqyztc/。

② 参见王晓晔:《转售价格维持的反垄断规制适用“合理原则”之批判》,载《法商研究》2021年第1期。

③ 参见《反垄断调查中止　因联想积极配合?》,载新浪网2019年11月19日,https://finance.sina.com.cn/stock/relnews/hk/2019-11-19/doc-iihnzhfz0353432.shtml。

④ 参见2007年《反垄断法》第48条。

⑤ 参见《企业布局生态圈:阿里向左,腾讯向右》,载虎嗅网2020年9月18日,https://www.huxiu.com/article/383056.html。

⑥ 参见《2019年并购报告:互联网巨头出手谨慎了》,载投资界网,https://m.pedaily.cn/news/451967,最后访问日期:2022年10月30日。

断执法存在问题。另外,50 万元的行政罚款对大企业微不足道,根本谈不到威慑力。在这种情况下,修正后的《反垄断法》第 58 条规定,“经营者违反本法规定实施集中……处上一年度销售额百分之十以下的罚款;不具有排除、限制竞争效果的,处五百万元以下的罚款”。

(二)引入个人责任

修正后的《反垄断法》引入个人责任。即在涉及垄断协议的第 56 条中规定:“经营者的法定代表人、主要负责人和直接责任人员对达成垄断协议负有个人责任的,可处一百万元以下的罚款。”这里的个人责任应针对本身违法的核心卡特尔,因为这种卡特尔的直接目的就是排除限制竞争。在这种情况下,对组织或参与核心卡特尔负有责任的企业领导或者高级雇员施加个人责任就具有合理性,因为施加个人责任可进一步加大对违法行为的威慑力。

(三)增加特别威慑条款

修正后的《反垄断法》第 63 条规定:“违反本法规定,情节特别严重、影响特别恶劣、造成特别严重后果的,国务院反垄断执法机构可以在本法……规定的罚款数额的二倍以上五倍以下确定具体罚款数额。”为提高反垄断法的威慑力,引入一个特别威慑条款是必要的;但考虑到法律稳定性和可预期性,考虑到该条款中“情节特别严重、影响特别恶劣、造成特别严重后果”的认定在实践中可能因为执法机关的自由裁量权而透明度不足,这里应通过细则性解释或者指导性案例予以说明。例如,《欧盟罚款指南》规定:“欧盟委员会或者成员国竞争执法机构认定企业违反《欧盟运行条约》第 101 条或第 102 条之后,如果认定企业是继续从事或重复相同或相似违法行为,这里可将所认定违法行为的基础罚金提高 100%。”①依据这个规定,即便执法机关确定罚款金额有自由裁量权,但企业对其违法行为的罚款幅度有可预期性。

(四)增加刑事责任

修正后的《反垄断法》第 67 条规定:“……构成犯罪的,依法追究刑事责任。”引入刑事责任有助于提高反垄断法的威慑力,问题是这里的刑事调查、起诉和对企业高管的刑事监禁都需要成本。现在除美国外,其他国家的反垄断法即便引入刑事监禁,但真正处以刑事监禁的案例少而又少,即这种规定实际上有名无实。② 鉴于反垄断案件具有很大的不确定性,可施加刑事责任的案件应限于本身违法的核心卡特尔。我国

---

① Guidelines on the Method of Setting Fines Imposed Pursuant to Article 23(2) (a) of Regulation No 1/2003, O.J. [2006] C 210/2, para 28.

② 参见王晓晔:《我国〈反垄断法〉修订的几点思考》,载《法学评论》2020 年第 2 期。

《刑法》规定,情节严重的串通招投标行为可处3年以下有期徒刑或者拘役。[①] 这说明对反垄断案件实施刑事责任在理论和法律实务上应当没有问题。

五、修正遗留的几个问题

有学者认为,《反垄断法》达到了“大修”的程度,因为增加了很多新条款。笔者认为,如果是大修,就应当把《反垄断法》系统和全面地梳理一遍,不仅应当增加执法中迫切需要的条款,而且也应当删除执法中不可能适用的条款,即从纳新与吐故两个方面做到与时俱进。这里讨论《反垄断法》应删除的两个条款,此外还讨论行政罚款的一个基本问题,即行政罚款的基数。

(一)豁免出口卡特尔

修正后的《反垄断法》一如既往豁免出口卡特尔,即第20条第1款第6项规定,“为保障对外贸易和对外经济合作中的正当利益的”,可不适用禁止垄断协议的规定。这说明,限制竞争的协议如果是为了推动出口贸易,可以从《反垄断法》中得到豁免。然而,一个不争的事实是,当今世界上大约140多个国家和地区颁布了反垄断法,且各国反垄断法和我国《反垄断法》一样,大多具有域外适用的效力,[②]《反垄断法》豁免出口卡特尔的规定对我国出口企业就不会有实质性的帮助,因为这些出口卡特尔即便不违反我国《反垄断法》,但在出口地可被视为违反外域的反垄断法。例如,2005年我国出口维生素的4家制药企业在美国遭遇到反托拉斯诉讼,且在一家联邦地方法院被开出1.62亿美元的罚单用于民事损害赔偿。经过几轮诉讼包括美国联邦最高法院的审理,该案最后认定我国出口企业胜诉,但其法律依据是“国际礼让”。[③] 即在我国出口企业不可能同时遵守我国政府的价格管制和美国《谢尔曼法》的情况下,美国法院考虑了“国际礼让”原则。这个案件说明,《反垄断法》豁免出口卡特尔的规定对出口企业没有意义。随着我国进一步扩大对外开放和参加国际合作,这个条款将来也没有适用的机会。需要指出的是,这个条款不仅没有适用的机会,而且还可能误导出口企业,可能使它们误认经本国反垄断法豁免的卡特尔在国外也是合法的。因此,《反垄断法》应当废除这个规定。

---

① 参见《刑法》第223条。

② 参见我国《反垄断法》第2条规定,“中华人民共和国境内经济活动中的垄断行为,适用本法;中华人民共和国境外的垄断行为,对境内市场竞争产生排除、限制影响的,适用本法”。

③ Ian Simmons et al., *International Comity Saves Vitamin C Defendants From $147 Million Judgment*, O'Melveny & Myers Alerts and Publications, 2016.

（二）豁免行使知识产权

《反垄断法》也一如既往地豁免行使知识产权的行为，即第68条规定："经营者依照有关知识产权的法律、行政法规规定行使知识产权的行为，不适用本法。"这个规定首先与法律实践相冲突，因为行使知识产权的行为被认定违反反垄断法的案件国内外屡见不鲜。例如，深圳市中级人民法院和广东省高级人民法院关于华为诉交互数字技术公司的判决，[①]国家发展和改革委员会关于高通公司的行政处罚决定等。[②] 另外，这个规定也不符合世界各国规制知识产权行使的反垄断基本原则。例如，美国司法部和联邦贸易委员会发布的《知识产权许可的反托拉斯指南》提出：反垄断法分析知识产权与其他形式财产权的思路是一样的，因此不应推断知识产权等于市场势力；鉴于知识产权许可一般有利于企业间的优势互补，它们一般不会违反反垄断法。[③] 欧盟委员会发布的《技术转让协议指南》也明确了处理知识产权法与竞争法关系的两个基本原则：一是知识产权专有权不等于知识产权可以从竞争法得到豁免；二是知识产权法与欧盟竞争法没有内在的冲突，因为它们的目的都是推动消费者福利和资源有效配置。[④] 在信息技术高度发达的今天，法律上和事实上的各种标准容易导致权利人在某些技术市场占支配地位。因此，一方面，国家要保护知识产权；另一方面，也应防止权利人的垄断寻租活动，即知识产权保护不能排斥竞争法的适用。简言之，《反垄断法》豁免行使知识产权的行为没有相关理论基础，这个实践中处于"空转"的条款没有必要保留下去。

（三）应明确"市场销售额"的范围

《反垄断法》还一如既往地规定，行政罚款的依据是"处上一年度销售额百分之一以上百分之十以下的罚款"，但"销售额"如何计算没有明确规定。国家市场监督管理总局反垄断局曾经对"销售额"作出如下表述："2018年机构改革前，执法机构在此问题上做法不完全统一，有的案件中以相关市场的销售额为罚款计算基数，有的以全部销售额为罚款计算基数。机构改革后，国家市场监督管理总局负责反垄断执法，高度重视规则统一，认真研究罚款计算基数问题，经商全国人大常委会法工委，在垄断案件

① 参见（2011）深中法知民初字第858号，（2013）粤高法民三终字第306号。

② 参见《国家发展和改革委员会行政处罚决定书》发改办价监处罚〔2015〕1号。

③ Antitrust Guidelines for the Licensing of Intellectual Property, Issued by the U. S. Department of Justice and the Federal Trade Commission in April 6, 1995; and the updated in January 12, 2017.

④ EU Guidelines on the application of Article 101 of the Treaty on the Functioning of the European Union to technology transfer agreements, 2014/OJ C 8, para. 7.

执法中原则上按照经营者的全部销售额作为计算罚款的基数。"①上述观点在具体案件中得到证实,例如,国家市场监督管理总局2021年对阿里巴巴在电商平台的"二选一"行为处以行政罚款的依据是,"对当事人处以其2019年度中国境内销售额4557.12亿元4%的罚款,计182.28亿元"。②

这里不讨论阿里巴巴案件中4%的罚款幅度,因为这是执法机关自由裁量权的范围。但是,行政罚款的基数即被罚款企业的市场销售额应当在一个合理的范围内。从法律角度看,这应当是指因违法行为而受到损害的范围。在反垄断案件中,这个范围应当指相关市场,包括相关商品市场和相关地域市场。③ 例如,欧盟委员会2006年发布的《关于征收罚款方法的指南》指出:"确定罚款基本金额时,委员会考虑企业在欧洲经济区(EEA)相关地域内,涉及直接侵权或间接侵权产品或服务的价值,通常使用企业上一营业年度参与侵权行为的销售额。"④英国竞争与市场监管局2018年发布的《因违反竞争法征收适量罚金的指南》也指出:"征收罚金有两个考虑,一是违法行为的程度和威慑的必要性;二是企业的相关销售额……相关销售额是指企业上一营业年度因违法行为受到影响的相关产品市场和相关地域市场的销售额。"⑤

这里重点讨论计算市场销售额应当考虑的相关商品市场。即在违法企业生产或销售多种商品或者服务的情况下,执法机关如果不考虑是哪些产品或者哪些服务存在违法行为,而是按照企业生产或者销售的全部产品或者服务计算销售额,可能会出现执法机关对企业合法经营活动进行罚款的情况。这种处罚不仅不合理,而且不合法,因为执法机关即便对企业其他经营活动存在质疑,但在未能依据证据作出处罚决定之前,这些经营活动得被视为合法,合法的经营活动就不应当处以行政处罚。因为从全球的角度看,很少看到反垄断行政罚款不考虑违法行为所属相关市场的情况,我国反垄断法应当考虑行政罚款计算市场销售额的方法,因为这不仅涉及企业重大利益,而且关乎反垄断执法的科学性和合理性。

---

① 国家市场监督管理总局反垄断局:《中国反垄断立法与执法实践》,中国工商出版社2020年版,第349页。

② 《国家市场监督管理总局行政处罚决定书》国市监处〔2021〕28号。

③ 参见《反垄断法》第15条。

④ EU Guidelines on the Method of Setting Fines Imposed Pursuant to Article 23(2) (a) of Regulation No 1/2003, 2006/OJ C 210/2, para. 13.

⑤ Guidance as to the Appropriate Amount of a Penalty by the Competition and Market Authority of the UK, 18 April 2018, paras 2.3, 2.11.

六、结语

《反垄断法》的修正从宏观角度强化了竞争政策基础地位，引入了公平竞争审查制度；从微观角度强化了数字经济反垄断，增加了“安全港”规则，加重了违法行为的处罚力度。但这些条款也有值得商榷和改进之处。从实际出发，人们不能寄希望一次修正就解决所有应解决的问题，因此《反垄断法》还会通过今后的修正继续得到完善和发展。此外，强化反垄断不仅需要修正法律，还应当强化反垄断执法。2021 年 11 月 18 日国家反垄断局正式挂牌，[①]这一方面说明国家重视反垄断法，另一方面也说明国家还需要对这个机构的组织建设和执法资源等各方面予以大力支持。例如，在公平竞争审查方面，因为这是政府在限制自己的权力，这个制度的实施肯定存在很多困难和阻力，因此需要增加反垄断执法资源和相关制度保障。简言之，为加强反垄断法治，国家不仅需要科学和合理地修正法律，而且需要采取措施，特别是通过深化经济体制改革，切实提高反垄断执法机关的独立性和权威性，使这个机构真正成为市场上公平自由竞争的守护者。

① 参见《国家反垄断局正式挂牌》，载新华网，http://www.news.cn/politics/2021－11/18/c_1128075788.htm。

公共数据垄断问题
及其反垄断法干预路径分析*

颜运秋** 谢凯洲***

摘 要：如何开放公共数据资源助力数字经济发展的问题备受关注。公共数据具备公物属性，涉及社会民生多个领域，覆盖面广，针对性强。不仅存在政府等主体对公共数据的垄断，也存在企业对公共数据的垄断。学界对公共数据垄断的成因、特征、产生的危害以及如何规制等问题缺乏系统研究。破解公共数据垄断问题是公共数据开放的必经之路，这要求必须了解公共数据垄断的全貌特点，继而厘清反垄断法干预路径。政府等主体垄断公共数据是对其履职等掌握海量公共数据的事实状态进行的描述，这种情况不受我国反垄断法的禁止。而当政府等主体该开放而不开放公共数据、歧视性开放公共数据以及仅向特定主体转移海量公共数据时，才属于违法行为。经营者更多是基于公共数据而实施垄断行为，这些行为也包括与政府等主体进行合谋而实施或受政府等主体的强制而从事垄断行为，当然受到我国反垄断法的规制。面对公共数据的特点及其垄断问题的复杂性，反垄断法必须完善干预的思路与方法。公共数据在获取、分析与使用层面上的竞争秩序需要竞争法治予以维护，反垄断法当为公共数据的开放使用保驾护航，同时反垄断法要在新业态、新模式和新技术的市场环境下不断进行自我审视、自我完善和自我发展。

关键词：公共数据垄断；政府垄断；关联经营者；反垄断法

---

* 本文是2021年度最高人民检察院检察理论研究课题“食药品安全民事公益诉讼惩罚性赔偿制度研究”（课题编号：GJ2021D31）和2019年度广东省普通高校省级重点科学研究应用研究重大项目“粤港澳大湾区营商环境与生态环境法治协同机制研究”（项目编号：2019－GDXK－0006）的研究成果。

** 法学博士，浙江农林大学文法学院教授、博士研究生导师。

*** 法学硕士，广东财经大学法治与经济研究所研究人员。

一、问题的提出

数据是数字经济时代中重要的生产要素,已然是经济发展的底层支撑。要为数字经济注入强劲的发展势能,就必须充分发挥数据这个“助燃剂”的重要作用,点燃其他参与要素的活力。海量的公共数据是这个时代发展的宝贵资源,关于如何开放公共数据资源助力数字经济发展的问题备受关注。2015 年 8 月国务院发布的《关于印发促进大数据发展行动纲要的通知》明确提出要开放公共数据并稳步推进,释放数据潜能。我国公共数据开放起步晚,大部分公共数据仍旧垄断在政府手中形成数据“孤岛”,阻碍了公共数据的共享与开放。我国的政府部门掌握的数据资源就占了社会数据资源总量的 80% 左右。① 近年来,我国不少地方逐步出台公共数据地方立法,相继开放公共数据,有序推进公共数据平台建设,经营公共数据的企业越来越多。海量公共数据的开放意味着竞争,掌握数量更多、更全面以及更及时的公共数据需要在获取层面抢占先机;公共数据的使用与变现需要通过强大的数据处理能力得以实现;基于公共数据创新衍生的产品与服务更可能开辟出蓝海市场,迅速获得竞争优势。公共数据的使用是公共数据价值释放的关键环节,在巨大的竞争利益面前,需要注重防范与规制扭曲的竞争行为。我国 2019 年首例“公共数据使用不正当竞争案”,②就暴露出关于公共数据如何合法使用的问题。不少学者也关注到我国公共数据的垄断问题,政府要将公共数据池的资源进行开放,而并非将这些数据资源垄断,③不仅是政府等主体对公共数据的垄断,还包括企业对公共数据的垄断。数据能够带来极大的利润,政府很可能为了利益而拒绝开放公共数据。政府对公共数据的垄断会带来很大的危害,所以,法律要起到真正的规制作用。④ 企业在与政府合作中而获得政府数据,其能够帮助政府收集有关数据,并且在提供存储或分析服务中进一步掌握这些数据,最终在政府数据的开放和再利用阶段实现垄断。⑤ 但就目前看来,对于公共数据垄断的成因、特征、产生的危害以及如何规制等问题还有待进一步研究。公共数据具备公物属性,涉及社会民生多个领域,覆盖面广,针对性强,这也使公共数据垄断带来的影响更广泛、深重,应当引

---

① 参见李克强:《深化简政放权放管结合优化服务 推进行政体制改革转职能提效能》,载中国政府网,http://www.gov.cn/premier/2016-05/22/content_5075741.htm。

② 参见《杭州铁路运输法院民事判决书》(2019)浙 8601 民初 1594 号。

③ 参见胡凌:《论地方立法中公共数据开放的法律性质》,载《地方立法研究》2019 年第 3 期。

④ 参见邹开亮、刘佳明:《大数据背景下公共数据资源运用探析》,载《安顺学院学报》2017 年第 5 期。

⑤ 参见曾彩霞、尤建新:《大数据垄断对相关市场竞争的挑战与规制:基于文献的研究》,载《中国价格监管与反垄断》2017 年第 6 期。

起重视。破解公共数据垄断问题是公共数据开放的必经之路,这要求必须了解公共数据垄断的全貌特点,继而厘清反垄断法干预的路径,充分实现公共数据社会价值与经济价值。

二、“公共数据垄断”问题考辨

(一)公共数据之“垄断”概念解读

垄断可以解释为独占,独占是一种控制的事实状态,是市场上竞争优势力量的反映。在经济学上,垄断是一种极端的竞争情形,解释为单一的卖者完全控制某一行业。这一卖者被称为“垄断者”,而垄断者则是其所在行业中的唯一生产者。① 但唯一卖者这种情形的完全垄断在当今是比较罕见的,大多集中在国家垄断性领域中,如国防工业、保密性的高科技行业等。而我国反垄断法当中的垄断却不同于经济学上的含义,这里的垄断则是指排除、限制竞争的行为。从行为规制论的角度看,反垄断法意义上的垄断是一种受规制的行为,无论是达成垄断协议、滥用市场支配地位、经营者集中,还是滥用行政权力限制竞争,都强调行为会产生排除、限制竞争的效果而受到法律规制。② 不可否认的是,市场经营者实施反垄断法意义上的垄断行为,在现实中往往具有一定的市场竞争优势,但这种优势与经济学中的垄断仍有较大的差别。

目前,多数学者是基于政府控制、掌握公共数据这一事实来解释公共数据垄断,也就是说,这种垄断还并不是真正意义上属于反垄断法语境下的垄断行为。政府等主体基于履职等行为掌握大量的公共数据,这是不争的事实。因此形成的数据“孤岛”也意味着公共数据被控制、占有的状态,这种状态就是政府垄断公共数据。可以看出,目前有关“公共数据垄断”的表述实际上是指向政府对公共数据的掌握、控制事实,而并非反垄断法意义上的垄断行为。基于公共数据实施垄断行为的研究还有较大的空白。政府等主体在掌握大量的公共数据的同时,很可能排他使用这些公共数据来获取利益,更有可能将这些数据资源提供给特定的市场经营者使其获得竞争优势。在公共数据开放的背景下,政府既是公共数据的开放主体,亦是公共数据的使用主体,还是公共数据开放的保障者,一旦公共数据开放不公平不公正,则很可能使基于公共数据的竞争发生扭曲。在大数据时代,海量公共数据不仅意味着竞争力,还对垄断力量与地位

---

① 参见[美]保罗·萨缪尔森、[美]威廉·诺德豪斯:《经济学》,萧琛译,商务印书馆2013年版,第159页。

② 垄断不当然受禁止也不当然有损竞争。相反,因行业特性、产业发展、社会福利及国家安全等需要,在某些领域对某些事项是容许垄断存在的。参见漆多俊:《经济法基础理论》,法律出版社2017年版,第248~250页。

的界定带来巨大的挑战。市场经营者如果通过公共数据的使用攫取到更多的利益,获得更强的竞争优势,就可由此实施反垄断法所禁止的垄断行为。公共数据的“垄断”概念存在差异,实施垄断行为的主体亦存在差异,这就使“公共数据垄断”问题的内在结构并非一元的公共数据集中控制的垄断法律问题。所以,应当对“公共数据垄断”的内生结构进行全面了解,划分研究的维度,更全面地分析垄断问题并找准法律规制的路径。

（二）公共数据垄断的存在:事实状态与理论适用的分野

“公共数据垄断”的内在结构可划分为二元层次,这是基于垄断概念的差异及实施垄断主体的差异而提出的。就公共数据本身而言,其掌握与控制而拒绝开放的事实构成第一种垄断;对公共数据进行使用而得以实施垄断,则是要讨论的第二种垄断。在分析公共数据的二元垄断问题之前,则要先能够确定“公共数据垄断”是存在且发生了的。就数据垄断问题的讨论来看,目前学界对于“数据垄断”命题是否成立,存在不同的观点。① 不可否认的是,公共数据本体在具有公物属性的基础上,其亦具备数据的一般特性。那么,对“公共数据垄断”存在与否的讨论,也可以从“数据垄断”讨论中的数据特性及其权属配置的角度出发。

在数据财产权的研究当中,无论是传统财产权安排,还是新型财产权的配置,都在试图破解数据的现实流通与其自身特性在法律权属解释上的困境。这些不同的权属配置方案都旨在妥当调整现实的利益冲突并能够在权属解释上具有普适性。但公共数据的公物性决定了在私法层面上财产权路径无法行得通,而“垄断”也并非必须经由此路径才能够得到确认。数据特性与私法权利的讨论都基于一个前提,即数据已然能够被使用。如果数据不能被使用而发挥价值,那么数据财产权的研究就不会那么紧迫需要,数据垄断亦无竞争意义,数据当然也不会成为一种生产要素。数据能够被使用必然说明数据必须经过一个能够达到可使用状态的处理过程,否则数据将无法发挥人类社会所期待的效用。数据被处理的过程必然处于一种被控制的状态之下,或者说是在某种条件下或某一时间点数据是能够被控制或者被掌握的。“垄断”如果是对数据能否被掌握或者被控制这种事实状态的评价,那么至少基于这种事实状态,“垄断”也当然能够达成。此外,从公共数据的权属角度也能为这种解释提供支撑。有观点就基于公共数据具有公产属性,故在权属上主张公共数据应当归全体国民所有,行政主体

① 否定“数据垄断”命题的观点,参见许可:《数据垄断真的存在吗?》,载《中国信用》2018 年第 1 期;曲创:《数据垄断的伪命题和真问题》,载《科技日报》2019 年 8 月 21 日,第 8 版。肯定“数据垄断”命题的观点,参见梅夏英、王剑:《“数据垄断”命题真伪争议的理论回应》,载《法学论坛》2021 年第 5 期。

行使支配权。[①] 有观点则基于公共数据是由政府等主体收集及处理这一事实,主张公共数据归属政府。[②] 还有观点主张自然人获得个人的数据权利,而作为数据控制者则因处理与使用数据可获得衍生的主体权利。[③] 这些观点都从赋权与确权角度出发,在第一种与第二种观点中,政府无论在形式上还是实质上,都能够掌握与控制公共数据,基于这一事实亦有垄断可能。按照第三种观点,自然人与数据控制人则能够获得公共数据私有化权利的保护,那么公共数据的垄断亦成为可能。

学者对数据的特性认识不尽相同,对数据的重复使用性、可复制性、非排他性及非竞争性有较多共识。而一旦确定数据具有前述属性,似乎数据无垄断之可能。公共数据具有数据的一般特性,同时公共数据还被认为是一种公共资源。那么,在公共数据开放的背景下,似乎公共数据垄断更加不可能发生。但事实并非如此,以数据特性来判断"数据垄断"之可能的思路本身就存在极大的缺陷。数据是以二进制为基础的比特或比特流,对数据的特性判断是完全基于这种物理形态,而并不考虑其他因素。比如,从数据的可获得性来看,数据因广泛存在与多栖性而易获取,但并不代表任何数据都易获得,而是要综合考量数据的收集与应用的场景。若是小部分的公开数据,在获取上确实方便简单,但如果是在复杂的商业市场中,数据的体量以及可获得的难易程度就要另当别论了。[④] 从数据自身的物理特性来看,数据确具有可获得性、可复制性等,但从事实角度看,数据的获得与复制等,必须建立在数据是开放且流通的基础上。所以,并不能在不考虑其他因素影响下,仅从数据物理特性就否认公共数据垄断的存在。公共数据在开放与流通环节,其本身数据特性才能显现。一旦被控制或无法流通,则会形成数据"孤岛",无法获得、无法复制,并且形成被动排他的局面。公共数据还属于一种公共资源,从应然角度看,公共数据应当归属全民所有,同样可以作为排除垄断存在的理由。但这一结论是基于公共数据权属的判断,也没有考虑现实的其他因素。公共数据的公物性使其必然要向公众开放,全民所有的权属路径亦属合理,但理论上的所有与实际上的占有之间的矛盾难以回避。公共资源属于全民所有,基于使用效益的考虑,国家与政府在此过程中必须出手管理、合理安排。所以,国家与政府对公

---

① 参见吕富生:《论私人的政府数据使用权》,载《财经法学》2019年第6期;曾娜:《政务信息资源的权属界定研究》,载《时代法学》2018年第4期。

② 参见赵加兵:《公共数据归属政府的合理性及法律意义》,载《河南财经政法大学学报》2021年第1期。

③ 参见余筱兰:《公共数据开放中的利益冲突及其协调——基于罗尔斯正义论的权利配置》,载《安徽师范大学学报(人文社会科学版)》2021年第3期。

④ 参见梅夏英、王剑:《"数据垄断"命题真伪争议的理论回应》,载《法学论坛》2021年第5期。

共资源进行控制与管理,再根据制度合理安排使全民享有该资源福利。在此基础上,国家与政府的控制与管理已然成为事实。

(三)公共数据垄断的成因

从公共数据开放的源头说起,政府等主体作为公共数据的事实控制者,不开放公共数据则意味着公共数据将会继续垄断在政府手中,这就是"公共数据政府垄断"问题。这一问题由多方因素造成,主要的一个因素,是管理主体的开放意愿不高。开放意愿的问题目前已有不少学者进行研究,并且在某些观点上已有共识。首先是垄断海量的公共数据能够带来利益,所以出于利益的考虑导致拒绝开放公共数据。① 其次是开放公共数据的风险与责任,开放意味着人力物力的投入,同时公共数据涉及政府工作以及民众生活的方方面面,开放过程中的数据处理、社会监督以及开放后的使用带来了很多不确定性风险与工作压力。还有学者提出,目前数据分析挖掘对于政府在工作中的帮助作用还未明显实现,这也使政府开放公共数据的意愿不强。② 另一个重要的因素,则是开放的范围及限度较模糊。目前国内有关公共数据的立法还未能统一明确政府等主体开放公共数据是一项活动还是一项公共服务,有学者也指出,这导致很多地方政府将公共数据开放视作一种可以逐步完善的服务,并没有职责化。因此,在开放范围并未完全界清的情况下,会有更多的数据放在不予开放的类别当中。③ 此外,公共数据涉及国家秘密、商业秘密以及个人隐私的开放限度亦是一个难题。政府部门在判断要开放的数据是否涉及商业秘密等的时候,可能因为专业知识有限而出现认定的错判,开放了属于商业秘密等的数据,还可能以保护商业秘密等数据为由来规避开放不属于商业秘密等的数据。④ 很明显,政府等主体不开放公共数据既出于自身利益的考量,也与目前的立法情况有关。这一问题处于公共数据开放的源头,是至关重要的一个环节,亦导致基于公共数据实施垄断行为问题的滋生。

数字经济时代,互联网经济在数据、算法、算力及算能的"强强联手"下发展迅猛,数据、流量、用户乃至衍生产品与服务的竞争日益复杂与激烈。大数据强调高度专业化能力处理数据资源,通过加工数据而实现数据的增值。数据资源越发成为经济发展的底层支撑,海量、多样、持续更新的数据在通过专业技术处理后能够发挥出难以预估的价值,衍生出更多社会产品,促进产业的升级发展甚至是催生新兴产业。数据是能

---

① 参见邹开亮、刘佳明:《大数据背景下公共数据资源运用探析》,载《安顺学院学报》2017 年第 5 期。

② 参见陈尚龙:《大数据时代政府数据开放的立法研究》,载《地方立法研究》2019 年第 2 期。

③ 参见胡凌:《论地方立法中公共数据开放的法律性质》,载《地方立法研究》2019 年第 3 期。

④ 参见赵龙文、孙倩倩:《政府数据开放中的商业秘密保护与利益协调》,载《图书馆学研究》2019 年第 4 期。

够被反复使用的,并且其价值不会随着使用而减少。① 这也说明了为何争夺和排他占有更多的数据能够获得竞争优势,数据竞争的序幕也由此拉开。公共数据因其体量庞大、涉及领域广泛而成为宝贵的资源。比如,"企查查"等平台及网站也因抓取、整合与推送公共数据而吸引广泛用户。公共数据开放存在三个层面的竞争,分别是数据的获取、数据的分析以及数据衍生的产品与服务。这些层面的竞争者都旨在通过公共数据实现更多的价值,或者说竞争的目的就是创造价值,而这些价值最终或私有化,或成为社会公共资源进入再转化阶段。经营者一旦在某一市场上具有市场支配地位,甚至达到垄断的状态而独占市场份额,那么他极可能是市场的定价者,这也意味着该经营者是产品的提供者,在供需平衡的前提下,经营者必须通过尽可能地降低成本(包括边际成本)来获得更大利润。利润只是经营者垄断市场所获取价值的一部分,经营者在获得垄断市场后还能够建立品牌,获得商誉、地区影响力、进入新市场的资源实力,还能够提供就业需求、履行企业社会责任、增进社会福利等。而假设在完全竞争的市场中,经营者只是市场价格的接受者。这也就说明了假如实现对公共数据的独占并充分处理与使用,那么该经营者很可能在公共数据衍生的产品或服务领域中获得垄断地位,也就能够攫取到更多的利益。当然,对公共数据的独占不仅只在其衍生产品或服务中能够获得竞争优势,在分析的过程中亦可能通过多种手段吸收到更优的数据分析能力来使其获得另一优势竞争能力。而垄断公共数据也并不当然就使垄断者在某一市场获得支配地位,但能够确定的是,出于攫取利益的目的从而垄断公共数据或基于公共数据实施垄断的行为是必然存在的。有学者提出,如果某数据持有主体拥有市场支配地位,其一旦拒绝开放所持有的数据,是否会构成我国反垄断法所禁止的滥用市场支配地位行为?② 这一问题确实引人深省,掌握海量公共数据是拥有干预市场权力的数据持有者,政府控制相关资源。所以,正如反垄断法中所禁止的滥用行政权力限制竞争的行为,政府既具备行政权力,还能够掌握海量的公共数据,在此基础上很可能实施行政性的垄断行为或协助经营者实施经济性的垄断行为。

三、公共数据垄断的类型与干预困境

(一)公共数据政府垄断

公共数据政府垄断可以分为四个层面。第一个层面是政府等主体掌握海量公共

① 参见[英]维克托·迈尔·舍恩伯格、[英]肯尼思·库克耶:《大数据时代:生活、工作与思维的大变革》,盛杨燕、周涛译,浙江人民出版社2013年版,第128~132页。

② 参见杨洁:《数字经济背景下的反垄断应对:欧盟经验与中国路径》,载《西华大学学报(哲学社会科学版)》2021年第4期。

数据但没有开放这一事实的垄断。在这一层面中,政府等主体由于对于公共数据的收集与处理具有合法性与合理性,从而形成集中优势。第二个层面是在公共数据开放的背景下,政府等主体对公共数据该开放而不开放或差别开放,只将海量公共数据转移给某些特定的经营者,使其形成或加强竞争优势。第三个层面是政府等主体运用行政权力允许并认可经营者利用公共数据实施垄断。第四个层面是具有行政权力的主体强制经营者利用掌握的公共数据获得或强化优势竞争地位,继而从事垄断行为。政府垄断公共数据的“垄断”意义,是指政府掌握大量公共数据这一事实。政府掌握与控制公共数据具有一定的特殊性。不可否认,政府等主体因其行政色彩,是公共数据的先天掌握者。在权属问题上,无论是公共数据归属于全民所有,还是将政府作为形式上的控制者抑或是行使支配权的角色,都无法改变公共数据在形成过程中,政府等主体就一直对其进行主动控制的状态。公共数据从产生到处理再到开放环节,政府等主体都处于主导的地位,更不存在与私主体之间在交易市场上进行交换。那么,即便公共数据的权属问题能够厘清,也无法改变政府对公共数据在掌握与控制上的先决事实。只有政府等主体真正对公共数据进行开放,公共数据的非竞争性与非排他性才能得以体现。在这种情况下,“公共数据归属政府”的观点也更能得到解释,在这种权属安排下,或许更能够促进政府开放公共数据。名义上的所有与实质上的控制本身就有矛盾性,实质上的控制意味着更主动的优势。公共数据真正意义上的开放并非一道履职命令能够实现的,其需要考量多个利益因素,只有从根源上找准开放的“痛点”,才能促进政府等主体更有意愿去主动开放公共数据。一旦存在差别开放、歧视性开放或者开放停滞、无开放意愿等问题,那么公共数据仍旧会被政府垄断。政府各单位之间沟通交流渠道的缺乏、处理技术落后等,会导致海量公共数据流动性差,也将使公共数据被动垄断在政府手中。[①] 但政府垄断公共数据并不当然被反垄断法禁止。公共数据被垄断在政府部门等主体手中,而这些主体所在的行业往往是属于自然垄断行业。比如,一个国家的供水、电力、煤气、热力供应、铁路等行业就属于典型的自然垄断行业。反垄断法规制的垄断行为是具有危害性的,会损害市场的竞争秩序与消费者的利益,甚至损害社会公共利益。

公共数据属于一种公共资源,公共数据被政府垄断与反垄断法中所规定的行政垄断有所区别,主要体现在以下 3 点:

第一,主体存在差异。从反垄断法的规定来看,构成行政垄断行为有两个必要条

---

① 参见邓崧、吕雨婷、杨迪:《数据垄断的演化与分类——基于国内公共数据与商业数据》,载《信息资源管理学报》2022 年第 1 期。

件:一是具有行政权力;二是滥用该行政权力进行排除、限制竞争。公共数据被掌握在行政机关、公共管理机构以及公共服务机构等主体的手中,而受政府委托或授权、与政府项目有关,使用纳税人资金、受公共财政支持而产生的数据以及涉及公共利益的有关数据也属于公共数据,这些公共数据也因特定的项目运营或进行某些事项等被掌握在特定主体的手中。不难发现,上述有不少主体虽没有行政权力,也未被授予行政职权,但因其参与某些特定的活动,从而能够获得对公共数据掌握的优势。同时,这些主体还具有多重身份。一方面,这些主体可能是某个领域的管理者或提供服务者的角色,还可能是某一事项或活动的参与者;另一方面,这些主体都是公共数据的使用者,其使用公共数据的行为亦要受到规范与监管。可见,公共数据被政府垄断更多是因这些主体进行公共事务管理、提供公共服务以及参与特定活动而获得对公共数据的掌握优势。政府对必要数据的收集天生就具有合法性与合理性,[①]在没有实施排除、限制竞争行为以及拒绝开放的情况下,并不被法律禁止。

第二,实施垄断的基础有差异。实施垄断,是指实施排除、限制竞争的行为。就行政垄断来看,其是基于主体所拥有的行政权力而进行的滥用,从而产生了排除与限制竞争的效果。这种行为具有明显的行政属性。而公共数据被政府垄断则不同,其并不依托于行政权力。政府对于公共数据的掌握是合法且合理的,并且不是通过滥用行政权力而获得,而是基于履职等过程的必要收集与处理行为。垄断这一事实只是说明公共数据主要被掌握在政府手中以及公共数据的流动性不足形成数据“孤岛”。但因此政府部门也可能实施排除与限制竞争的行为,但这些行为的实施基础并不完全基于行政权力,更多是基于其掌握公共数据的优势。在公共数据开放的背景下,政府可能拒绝开放公共数据,这一行为则违反公共数据开放的要求。而当政府基于公共数据实施能够产生排除与限制竞争效果的行为时,如果非基于行政权力实施,那么反垄断法亦难以干预。

第三,实施垄断的方式有差异。基于我国反垄断法的有关规定,行政垄断主要有6种表现:一是限定市场经营者的交易;二是地方政府设置贸易壁垒;三是不公平招投标;四是限定投资与经营;五是强制经营者从事垄断行为;六是制定垄断性质的规定。可见,这些行为大多是政府等主体通过设置条件来垄断优质的经营机会或排除平等的经营条件,有明显的地方保护主义色彩,最终让本地区的经营者获得更优的经营资源。而掌握公共数据的政府等主体基于公共数据实施排除与限制竞争的行为,并不是采取

---

① 参见邓崧、吕雨婷、杨迪:《数据垄断的演化与分类——基于国内公共数据与商业数据》,载《信息资源管理学报》2022年第1期。

限定经营机会的方式,而是通过直接参与经营或间接促进经营的方式。掌握公共数据的政府等主体不当然有限定经营机会的能力,更多是需要通过经济手段实施排除与限制竞争的行为。比如,与某些市场经营者合谋,通过分析与使用海量公共数据获得某一领域或某一行业的竞争优势继而实施排除与限制竞争的行为。还有将海量公共数据转移给特定的市场经营者,由其对数据进行分析与使用来获得竞争优势。这些市场经营者被称为"关联经营者",能否以及如何对其进行制裁还有待讨论。

(二)经营者基于公共数据的垄断

讨论经营者基于公共数据实施垄断的问题,需要先明确经营者基于公共数据的经营结构,以及经营者能否通过公共数据获得市场的优势竞争力量。数据交易被认为是解决数据"孤岛"问题的一种市场机制,①在数据资产化提出与发展的背景下,从事数据交易的经营者能够在其中获益。目前有学者提出公共数据交易市场,为推动公共数据交易的有效实现提出了一些方案。② 但公共数据开放有别于数据交易,数据交易针对的是具有私有商品属性的数据,③公共数据的开放前提是某些公共数据应当进行开放,释放数据价值。不应当开放的公共数据是坚决不能开放的,对其进行交易还可能是违法犯罪行为。基于公共数据的经营者主要可以分为两类:一类是对原始公共数据进行加工处理后销售,另一类是对公共数据进行使用的经营者。销售加工后的公共数据经营者市场是基于公共数据开放对公共数据进行的再优化整合。目前,我国公共数据开放是依附于各个地方的政府平台进行开放,这就会使公共数据的开放呈现分散化。考虑效率与集中优势的问题,对于某一类公共数据的收集需要从多个平台去识别与获取,同时因为格式等技术问题需要进行转化与处理。所以专门从事数据整合的经营者使原始公共数据得到增值而获得了市场需求。这些经营者主要将这些数据进行整合后销售给有需求的交易方,还会提供特定领域公共数据的更新传送服务。使用公共数据的经营者更多地专注基于公共数据开发出产品与服务,这些产品与服务可能是一种便民生活软件,还有可能成为解决方案供应商,专门对企业的需求进行分析并提供解决方案,能够帮助企业针对投融资、招投标、采购以及供应等问题作出决策。除上述的经营者外,还有从事数据分析服务的经营者,但由于数据分析活动往往与上述的

---

① 参见新玉言、李克编著:《大数据:政府治理新时代》,台海出版社 2016 年版,第 121 页。

② 参见张玉洁、王永贤:《公共数据资源交易模式及其催生的制度——以"对价—补偿"交易模式为分析视角》,载《辽宁师范大学学报(社会科学版)》2021 年第 2 期;赵加兵:《公共数据归属政府的合理性及法律意义》,载《河南财经政法大学学报》2021 年第 1 期。

③ 参见郑磊:《开放不等于公开、共享和交易:政府数据开放与相近概念的界定与辨析》,载《南京社会科学》2018 年第 9 期。

经营活动互相交织,并且基于数据开发产品与服务的企业往往需要强大的数据分析能力,这种经营活动可能呈现专门化的形态,也可能贯穿经营数据过程的各环节。通过对基于公共数据的经营结构分析,说明经营者很可能在上述的经营领域中获得竞争优势,而是否能够因为公共数据的持有与分析使用就认定经营者能够获得市场支配地位继而可能滥用该市场支配地位的问题,还需要作进一步的讨论。

我国有学者认为,仅基于获得更多的数据是不能够取得或维持市场优势地位的,原因在于数据的数量多少并不构成经营者的主要市场壁垒,同时数据数量对于市场力量的获得与维系是有限的。所以,即便经营者掌握大量数据,也不能当然认为这是限制、排除竞争而受到反垄断法的禁止。企业因数据获得竞争优势还需要考量数据的处理与分析能力,还有数据更迭下的获取速度等因素。① 对于公共数据能否带来市场支配地位的问题,需要综合判断在相关市场下的市场占有份额以及市场进入壁垒因素。此外,“必要设施原则”,也是一个重要的判断方法。“必要设施原则”,是指某一设施被认定为“必要”之后,该设施就应当在合理的条件进行开放。② 如“美国HIQ公司诉Linkedln公司案”,Linkedln公司所掌握的数据是HIQ公司核心业务继以开展的基础,最终法院裁定HIQ公司可以使用Linkedln公司的公开数据,Linkedln公司不得再对HIQ公司实施有关的禁止、阻碍行为。2021年12月,我国出现了首个因数据垄断而引起的纠纷案件。因北京微梦创科网络技术有限公司(以下简称微梦公司)拒绝数据使用的行为使湖南蚁坊软件股份有限公司(以下简称蚁坊公司)的经营出现危机,蚁坊公司以微梦公司滥用市场支配地位为由提起诉讼。这个案件已由长沙市中级人民法院受理。在国内的腾讯与网易的微博停运后,新浪微博的市场优势明显,而微梦公司限制蚁坊公司使用新浪微博相关数据的行为直接摧毁了蚁坊公司的商业模式,使公司的生存岌岌可危,损害其合法权益,很可能构成滥用市场支配地位行为。③ 在该案中,且不论微梦公司旗下新浪微博在国内微博平台的地位如何,如果微梦公司的新浪微博数据能够被认定为“必要设施”,则很可能能够认定微梦公司具有市场支配地位,而其拒绝数据许可的行为很可能就构成数据垄断行为。公共数据实际上不会出现经营者对经营者拒绝开放的情况,经营者所能获得的公共数据是那些被开放的部分,而公共数据是由政府等主体进行开放的,拒绝开放更可能是发生在政府垄断公共数据这一问

---

① 参见陈兵:《“数据垄断”:从表象到本相》,载《社会科学辑刊》2021年第2期。

② 一般来说,“必要设施原则”有4个条件:一是该设施对竞争不可或缺;二是该设施不可复制;三是该设施不存在拒绝开放的正当理由;四是开放该设施在技术上具有可行性。

③ 参见奇偶派、蚁坊软件:《数据垄断第一案!新浪微博因拒绝许可数据而被蚁坊公司起诉》,载微信公众号“大数据法律研究”2021年11月10日,https://mp.weixin.qq.com/s/9P3ebF0JTTwxXS0CG0mnqA。

题上。

从市场支配地位的认定逻辑角度进行讨论，要判断经营者是否具有市场支配地位，首先要对经营者提供的产品或服务的相关市场进行界定。相关市场包括相关产品市场、相关地域市场以及相关时间市场等因素的考量。相关产品市场实质上是对产品进行需求的替代考量，从而将产品市场界定在一个最大的可替代转换的范围内。前述对基于公共数据的经营结构分为两大部分，因此，在直接销售整合或加工后的公共数据资源活动中，该部分的经营者可以界定在一个相关市场当中；而基于公共数据开发的产品则应当根据该产品所在的领域以及在该领域中的可替代产品情况去作出相关市场的判断。对于直接销售数据的市场经营者来说，能够获得海量、及时的公共数据，无疑能够给其带来明显的竞争优势。这些经营者对于公共数据的整合与加工并不需要突出的数据处理与分析能力，如果能够获得其他同类经营者无法获取的公共数据，并更快获得与更新公共数据，那么就能够得到明显的优势地位。基于公共数据开发产品的经营者，公共数据也能够为其带来市场份额的提升以及设置市场壁垒的优势地位。公共数据在政府等主体没有开放的情况下无法从其他渠道获得，公共数据具有明显的针对性与特定性，对于其衍生的产品来说，其地位举足轻重。比如，就目前“企查查”等平台，其基于公共数据的经营特点非常明显，基本上是通过对公共数据的整合推送综合利用而创造了平台的使用价值。企业信用等信息是开放公示的，所以这些平台需要通过更好的数据分析技术以及提供更优的平台服务才能获得竞争力。在这种情况下，如果某些经营者能够比其他经营者获得数量更多、更及时的公共数据，整合并开发具有创新特色的产品，那么将能够迅速吸引用户的注意力，这种优势还会因为产品与用户之间的反馈作用形成间接网络效应从而得到巩固与深化。① 如果公共数据对这类经营者都无差别开放，那么公共数据此时是真正意义上的公共产品，经营者的优势竞争力则要更多考量其他因素。

企业很可能在与政府合作中而获得政府数据，并且在提供存储或分析服务中进一步掌握这些数据，最终在政府数据的开放和再利用阶段实现垄断。② 此外，政府等主体也可能将掌握的公共数据主动转移给某些经营者，此时这些经营者相对其他经营者来说，就在事实上获得对公共数据的垄断。经营者基于公共数据实施垄断行为的前提是经营者能够掌握或获得海量的公共数据，而且这些公共数据是排他使用的，因而才能

① 这种效应体现在更多用户的加入，产品得到更多使用反馈，从而不断优化自身，还能增加用户黏性。

② 参见曾彩霞、尤建新：《大数据垄断对相关市场竞争的挑战与规制：基于文献的研究》，载《中国价格监管与反垄断》2017 年第 6 期。

基于公共数据而获得竞争优势,继而滥用这种优势地位。经营者这种为了谋求市场的竞争优势,获得市场支配地位,继而实施滥用市场支配地位的行为,本身在市场支配地位的取得阶段就已经具有违法性,应受到限制或制裁。[①] 基于公共数据的垄断可分为两种情形:一种是对本身掌握的公共数据进行分析与使用获得优势地位,继而实施排除、限制竞争的行为;另一种是与政府等主体合作,通过公共数据的分析与使用来获得竞争优势,并且滥用这种优势地位。这些经营者暂且被称为"关联经营者"。在上述两种情形中,关联经营者因使用公共数据获得市场优势地位继而设置市场障碍,或以公共数据为驱动实施经营者集中。从经营者垄断力量的形成来看,经营者在参与特定项目或活动中收集公共数据的行为是合法且合理的,但这些数据在被其掌握后,如何存储与处理是需要解决的问题。而政府等主体将其掌握的公共数据排他性地转移给某些经营者的情形,需要考量这一转移行为的动机,才能判断这些受益经营者是否会受到法律的规制。有学者提出,行政垄断受益经营者的4种类型,[②]其中的"掩饰型""协作型""服从型"与经营者基于公共数据的垄断有些相似。首先,经营者如果基于自身收集的公共数据而获得竞争优势,继而滥用这些竞争优势来排除、限制竞争。这种类型的经营者还可能获得行政权力的认可或支持,此与"掩饰型受益经营者"类型相似。其次,与政府等主体合谋,通过公共数据的分析与使用来获得竞争优势,并且用这种竞争优势,此与"协作型受益经营者"类型有些相似。最后,具有行政权力的政府等主体让经营者利用政府或经营者掌握的公共数据,获得或强化优势竞争地位,继而从事垄断行为,此与"服从型受益经营者"类型相符。从经营者滥用垄断力量来看,这些行为大多属于经济性垄断,当然受到反垄断法的禁止,但因其实施垄断行为的原因力有差别,对这些关联经营者的责任应当作出区别安排。

(三)对我国现行反垄断法干预公共数据垄断问题的分析

公共数据作为一种公共产品应具有非竞争性和非排他性,为了公共利益的需要,其应当在保护国家秘密、商业秘密及个人隐私的前提下向公众无差别开放。公共数据的开放与使用,有利于盘活公共机关的数据资源,"取之于民"的公共数据通过使用以及建设公共目的性的监督机制,能够更好地"用之于民",充分发挥出公共数据的经济价值、社会价值与政治价值。[③] 而如果公共数据依旧被垄断在政府等主体手中,公共数

---

① 参见孙晋、李胜利:《竞争法原论》,法律出版社2020年版,第93~94页。

② 参见李国海、彭诗程:《制裁行政垄断受益经营者:动因、范式与规则》,载《法学杂志》2019年第8期。

③ 参见陈家宁:《大数据时代公共数据的公用性实现机制研究》,载《北京城市学院学报》2021年第1期。

据开放停滞,关联经营者不当获得公共数据在经营活动中使用从而获得优势竞争地位实施垄断行为,不仅使公共数据失去其公益价值,减损发挥的社会价值,而且公共数据的经济价值还会被攫取,沦为私人利益。公共数据的垄断问题亟须法律出手干预,规范公共数据的开放使用行为。反垄断法的干预不仅具有必要性,同时具备明显优势。我国的反垄断法就明确了维护社会公共利益的立法目的,这也契合了公共数据开放的目的之一。反垄断法的功能之一就是规范政府以公共权力干预市场竞争的行为,①这对于公共数据开放有重要意义。在公共数据开放的背景下,政府不只是开放主体,还是公共数据的收集、处理、管理的主体,同时亦是公共数据的使用者。在公共数据进入市场流通的过程中,因公共数据的获取与使用引发的竞争问题,还需要政府等主体进行干预。所以必须监督公共数据开放主体的开放行为。反垄断法对市场监督主体赋予的职责,能够在公共数据开放环节对市场竞争行为以及相关开放公共数据主体的行为进行监管。虽然反垄断法还有待完善相关监督主体的职责与压实有关责任,但将政府等主体在开放公共数据过程中不公平开放与限制竞争的问题交由反垄断法来解决是较妥当的。可将政府垄断公共数据的具体情形纳入反垄断法的行政垄断规定中进行分析,同时要求政府制定有关的公共数据开放文件或政策必须经过公平竞争审查,防止有限制或排除竞争的情况出现。公共数据开放使用中的垄断问题还给反垄断法带来了自我审视与发展的契机,从目前看来,反垄断法在干预公共数据垄断问题上存在以下不足。

首先,对垄断公共数据问题较难进行有效的干预。第一,公共数据的开放并不经由反垄断法进行规定,而是通过与公共数据有关的法律法规进行规定。我国目前各地方有关公共数据开放的立法已经逐步出台,但总体来看,还是无法形成有效的开放格局。第二,我国反垄断法中关于行政垄断的规定难以适用在政府垄断公共数据问题上。前文将政府垄断公共数据的特点与行政性垄断进行了比较,可以明确的是政府垄断公共数据能够不依赖行政权力,甚至某些主体都不具备行政权力,难以将其纳入行政垄断的有关规定中进行规制。第三,国务院在2016年6月颁布的《关于在市场体系建设中建立公平竞争审查制度的意见》(国发〔2016〕34号)规定了要对有关组织制定的相关文件进行审查。在该意见的指导下,有关主体在制定公共数据开放的相关文件时,需要自查相关规定是否会对产业发展等方面造成不公平的限制或阻碍。但自查的弊端较多,从公开度与透明性角度来说,实际的效果并不明显。启动司法审查时实际上还是落在反垄断法中行政垄断以及行政法的规定上,仍需在这些法律框架下对行为

① 参见孙晋、李胜利:《竞争法原论》,法律出版社2020年版,第9~10页。

进行分析。此外,我国的公平竞争审查制度在法律责任的规定上以一元责任形式为主,难以起到足够的震慑作用。

其次,对关联经营者行为未予区别干预。对于行政垄断中的经营者,有学者提出,应当对这些经营者进行类型化分析,并且对其法律责任进行区分,从而对这些经营者的行为进行更有效的规制。[①] 政府垄断公共数据虽然不同于行政垄断,但同样具有相似类型的经营者。这些关联经营者实施垄断行为的原因力有差别,因此法律责任的设定不能不加区分。我国的反垄断法并未对这些经营者所实施的垄断行为进行另外的制裁规则及法律责任设置,而是直接套用制裁经济性垄断的基本规则来制裁。[②] 同样,在政府垄断公共数据的问题上,关联经营者最终也是实施经济性的垄断行为,这些行为亦可以通过反垄断法规定的制裁经济性垄断的基本规则来进行制裁,但因此放弃对关联经营者类型的考量是不妥的。关联经营者可能因为参与政府项目或者其他合作及协议事项,能够在相关工作过程中获取公共数据,这部分的公共数据在项目的长期进行与合作中变得巨大。关联经营者很可能利用这些公共数据进行相关的经济活动。如果关联经营者通过其掌握的公共数据获得了市场竞争的优势地位,继而实施垄断行为,一方面应当受到反垄断法的制裁,另一方面亦需要承担一定的责任。而政府作为协作者身份,对关联经营者提供优质、全面、及时的公共数据,那么此时的政府即与关联经营者形成一种合作的状态,关联经营者如果基于公共数据实施垄断行为亦会受到反垄断法的制裁。政府利用行政权力强制性要求经营者利用有关的公共数据进行经营活动,并且获得优势竞争地位后从事垄断行为的关联经营者较特殊,对其直接适用反垄断法的有关规定较不妥,应当适当作出有区别的安排。

最后,现有的市场竞争力量判断标准不适应新形势。根据《反垄断法》第23条和第24条的规定,推定经营者具有市场支配地位是将市场占有份额作为标准,同时对于经营者是否具有市场支配地位的判断主要是考量市场份额以及设定市场进入壁垒的能力。根据国务院《关于经营者集中申报标准的规定》第3条的规定,对于经营者集中的申报,是采用营业额的标准,以此判断经营者实施集中对市场竞争带来的影响力。而随着数字经济的发展,互联网平台经济在不断深化其经济影响力的情况下,平台经济的市场支配地位判断以及垄断数据行为对反垄断法提出了巨大的挑战。近年来,学者也纷纷对传统市场支配地位的判断方法提出改进的建议,原因也是互联网垄断出现

---

① 参见李兆阳:《行政垄断下经营者责任的反垄断法规制》,载《太原理工大学学报(社会科学版)》2020年第3期。

② 参见李国海、彭诗程:《制裁行政垄断受益经营者:动因、范式与规则》,载《法学杂志》2019年第8期。

的新形态,原来确定相关市场的假定垄断者测试(SSNIP)、需求替代分析、供给替代分析等方法需要进行优化调整或寻找突破。① 在数据成为新型生产要素的现实下,加之互联网平台的双边市场特性与复杂的网络效应的结合,原来对于市场竞争力量的判断标准已经难以为继。2021 年 2 月出台的国务院反垄断委员会《关于平台经济领域的反垄断指南》第 11 条将数据问题纳入市场力量的考察范围。在市场支配地位的判断上,欧盟的法院虽然也将市场份额作为判断市场竞争力量的一个因素,但绝非决定性的。② 从目前看来,以数据为支撑的经营者不仅在互联网经济领域进行经营,还可能渗透到传统行业当中。此时,要判断这些经营者是否具有市场支配地位,光凭市场份额的判断恐怕已经无法奏效。而使用公共数据帮助经营者在原有的经营领域中获得或者进一步加强其市场支配地位的情况则更复杂,甚至这种情况并不属于基于公共数据实施垄断行为的范畴。而实施经营者集中的情况也有变化,获得海量公共数据的经营者想要进一步提升其市场优势地位,则很可能寻找市场上数据分析能力更好的经营者进行集中;又或者是数据分析能力强大的经营者寻找能够获得海量公共数据的经营者进行集中。这些情形下的集中对市场的竞争会带来更大的影响,也为滥用市场支配地位提供了更大的可能性,仅仅将营业额作为申报标准是无法有效规制这种行为的。可见,反垄断法现行的相关规则恐怕难以对垄断公共数据进行有力的规制。

四、反垄断法干预公共数据的路径优化

(一)公共数据开放中政府的行为规范

政府等主体在履职等过程中收集并掌握公共数据具有合法性与合理性。笔者认为,解决政府垄断公共数据问题并不能通过打破这种现实来实现,这并非妥善的方案。需要肯定的是,政府等主体仍是收集与处理公共数据的最佳主体,但政府等主体还是公共数据的使用者,并且很可能是公共数据开放与使用中的监督者。多重角色要求必须厘清政府等主体在公共数据开放中的职责是什么。政府虽然也作为公共数据的使用者,但因其与其他市场主体有很大的不同,政府这一角色必须从公共数据开放中抽离出来。笔者在上文倾向于将公共数据开放视作是政府等主体提供的一项公共服务。政府数据开放能够帮助政府更加响应公民计划,这种响应就是体现公共数据在开放后

---

① 参见周思翰:《互联网双边市场下的相关市场界定的困境和出路》,载《江苏商论》2021 年第 11 期;陈兵:《平台经济领域相关市场界定方法审视——以〈国务院反垄断委员会关于平台经济领域的反垄断指南〉第 4 条为中心的解读》,载《法治研究》2021 年第 2 期;黄彦钦:《多边平台相关市场界定方法构建与应用》,载《竞争政策研究》2019 年第 1 期。

② 参见万江:《中国反垄断法:理论、实践与国际比较》,中国法制出版社 2017 年版,第 121 ~ 124 页。

反馈的国民需求与社会问题的“痛点”，对于促进社会治理、社会福利与完善社会服务有重要意义。所以，政府在公共数据的收集、处理及开放等环节，要投放更多的人力物力，既要提供全面的公共数据，又要保证公共数据的质量与安全。从数据质量角度而言，政府应当保障开放的公共数据的准确性与一致性，还要注重其时效性。数据质量强调准确性与一致性，准确性，是指数据指向对象的真实程度；一致性，是指数据在流通过程中应当至少满足前后无矛盾的要求。只有符合这种质量的数据，才能充分发挥其可用性。时效性，是指数据更新的及时性及其变动实践的准确性。及时更新的数据能够让那些分析数据的主体获得其想要的价值，准确的数据变动时间则是让所有使用数据的主体能够追溯数据并进行比对。所以，一方面，要对公共数据进行采集、处理与使用；另一方面，要保护好这些数据，把握使用与管理之间的平衡。① 所以，政府一方面必须受到自己制定的法规政策的约束，②另一方面还需要有合理的责任追究制度来体现威慑力，促进政府等主体尽心尽力开放公共数据，释放公共数据的价值。

即使明确政府等主体在公共数据开放中的职责，也不能保证公共数据的开放就能够顺利进行，必须对政府等主体开放公共数据的过程进行有效的监督。当出现该开放而不开放公共数据问题时，需要通过相关的公共数据开放立法来解决。目前我国在国家层面还尚未出台有关公共数据开放的法律法规，但地方层面已有不少尝试。这一问题还需寄希望于国家出台有关的法律法规来进行统一解决，将政府开放公共数据确定为对社会公众提供的一项公共服务，必须保障公共数据的充分开放与及时开放。同时，还要重点关注有歧视、有差别地开放公共数据的问题，并对这些行为进行监督。有歧视、有差别地开放公共数据分为两种情形：一是为了减轻负担或责任，政府等主体有意对一些复杂或敏感的数据不进行处理与开放；二是政府等主体将海量公共数据悉数转移给特定的经营者，同时对其他经营者只开放一部分公共数据。这两种情形都严重违背了公共数据开放的原则，并与建设开放、透明、效率政府的理念背离。第二种情形更棘手，该差别开放行为难以评价为反垄断法中的滥用行政权力排除、限制竞争行为，只能对相关经营者实施的垄断行为进行事后规制，或者进行过程性的控制。面对上述两个问题，应当在相关公共数据开放立法中建立起事前预防机制，建立统一的国家公共数据开放平台，这一平台要实现与各政府主体的公共数据开放全流程对接，监测各政府主体掌握的公共数据数量以及处理流程的时效性与完整性。在各政府主体完成

---

① Sharon S. Dawes, *Stewardship and Usefulness*: *Policy Principles for Information-Based Transparency*, Government Information Quarterly, Vol. 27:4, p. 377 – 383(2010).

② 参见郑磊：《政府在数据治理中的两种角色：政策的制定者和数据的使用者》，载《探索与争鸣》2020年第11期。

对公共数据的收集、处理等环节后，就自动直接上传到国家的统一公共数据平台。这也要求必须提高国家的大数据能力，这一方案不仅可以破除公共数据开放的分散局面，提高社会公众获取的效率，而且通过国家层面的统筹协调可以提高各个政府部门开放公共数据的积极性，平台的监测能力还能够防范公共数据的不公平转移。此外，有必要建立政府部门公共数据开放的绩效指标评价，以此来提高政府等主体开放公共数据的意愿。同时，第三方的评估与公众参与监督是重要的一步。通过无关联的第三方对政府开放公共数据的情况进行审查与评价。还应建立起透明高效的举报、投诉办法，社会公众在获取与使用公共数据过程中发现有不公平不公正的情况时，可以向公共数据开放监管部门进行举报或投诉，该部门应当有专门的人员对群众投诉或反映的情况进行核实处理。成立专门的社会组织作为政府等主体与社会公众在有关公共数据开放的事项上的沟通桥梁，及时反映社会公众的需求，提出改进的建议。政府等主体应当重视社会公众在获取与使用公共数据过程中的意见，提高开放的效率与质量，真正做到为释放公共数据价值提供保障。

在前文所述中，政府垄断公共数据有异于反垄断法规定的行政垄断，并不能直接适用。但如果相关的情形能够解释为行政性垄断，就应当受到反垄断法的规制。第一种情形可能是政府等主体将其掌握的公共数据转移给特定的经营者，或排除某些经营者获得公共数据；第二种情形则可能设置地域性的歧视条件，使非本地域的经营者无法获得某些公共数据；第三种情形还可能通过行政权力强制经营者利用公共数据从事垄断行为或者认可、保护经营者利用公共数据实施垄断行为。虽然这些行为还需要进一步考量具体的操作手段再进行评价，但就现行法律来看，为了促进政府等主体公平公正开放公共数据，应将上述情形纳入反垄断法的规制范畴。就第一种情形来看，行政机关可能会以制定文件的方式来使特定的经营者能够优于其他经营者获得公共数据，还可能指定只能使用某些经营者提供的基于公共数据衍生的产品或服务等，这些行为应当被评价为《反垄断法》第 45 条所规定的行为，依据反垄断法规制政府等主体滥用行政权力实施垄断行为，并使其承担相应的法律责任。就第二种情形来看，政府等主体可能设置障碍使外地经营者无法获得本地域的公共数据，或使同样是基于公共数据衍生的产品或服务不能在某一地区自由流通等，这些行为应当根据更具体的操作手段被评价为《反垄断法》第 41 条至第 43 条所规定的行为。而第三种情形中的行为，则可适用《反垄断法》第 44 条进行规制。上述的情形仅是就现行《反垄断法》中的相关规定进行对比评价，并非完全适用，而且政府垄断公共数据的情形也并非仅限于上述 3 种情形。对于这种情况，应当将《反垄断法》中有关行政垄断的规定进行相应的解释与扩展，不能将目光仅放在商品市场或经营活动上。一切有限制、排除竞争的效果的涉及市场准入、产业发展、招商引资等的行为,都应当进行规制。这样,一方面能够更好地规制政府滥用行政权力的行为,另一方面还能与公平竞争审查制度进行衔接,相关行为有了更明确的评价根据。此外,对于提供公共服务的主体来说,即使不具备行政权力,但实质上实施了排除、限制竞争的行为,应当根据其实施垄断行为的具体手段以及其在相关市场的影响力进行综合评价,适当援引《反垄断法》第五章的相关规定进行规制。

(二)公平竞争审查制度的强保护

2020年5月11日,中共中央、国务院印发《关于新时代加快完善社会主义市场经济体制的意见》,明确要求维护市场的公平竞争,全面落实公平竞争审查制度,强化公平竞争审查的刚性约束,并修订公平竞争审查的有关制度。公平竞争审查制度是为市场提供公平竞争环境的重要基础。除国家垄断性的行业外,在市场竞争政策方面,应当落实公平原则,并注重社会公共利益的保护。从目前看来,我国的公平竞争审查制度还存在不足,应当加快其与反垄断法的衔接,同时对市场的公平竞争提供强保护。公平竞争审查制度的不足可以从宏观与微观角度进行概括。从宏观角度看,我国目前的公平竞争审查制度的效力阶层较低,主要通过意见文件进行规定,并未上升到法律层面。从微观角度看,存在三方面不足:一是审查方法不足;二是审查的对象与范围不够全面;三是有关责任的规定较模糊。我国公平竞争审查制度确定自查与第三方评估两种审查方法,但实际上自我审查的方法是最主要的,[①]但该方法难以获得社会公众的信任,同时行政性垄断案件更缺少公开度与透明性,发挥的作用较有限,行政性自我审查多遭受诟病。在审查的对象与范围上,由于规定较抽象,只列举了诸如市场准入、产业发展、经营行为规定等范围,在面对实务中数量庞大且复杂的文件时,难免会将与市场竞争息息相关的文件排除在外。[②] 同时,这也为逃避审查留下漏洞,但凡可以解释为不在规定之列的文件,都不必经过公平竞争审查。从2021年6月29日印发的《公平竞争审查制度实施细则》来看,其第六章对于监督与责任追究进行了规定,以行政处分的责任形式为主。从目前实践中的行政性自查结果来看,似乎都是一种“有则改之无则加勉”的结果,清理的数量之多,可见有违公平竞争规定的问题依旧严峻。[③] 在责任方面,如果不能引入合理的多元责任制度,恐怕公平竞争审查制度的震慑力仍旧不足,并难免有流于形式之嫌。

---

① 参见孙晋、李胜利:《竞争法原论》,法律出版社2020年版,第244~247页。

② 参见孙晋、李胜利:《竞争法原论》,法律出版社2020年版,第251~252页。

③ 参见张文礼:《公平竞争审查已清理82万份文件》,载《中国质量报》2019年4月10日,第1版。

在公共数据开放阶段,必须通过公平竞争审查制度进行强保护,应当审查政府对公共数据开放制定的有关文件,还要审查其他涉及市场主体经济活动的文件是否有关于公共数据的开放使用规定,其是否符合公平竞争的要求。公平竞争审查制度应当予以并轨衔接,落实到法律条文中去。在数据成为生产要素之际,应对具有管理公共事务职能的主体制定有关数据处理、使用、流通等文件涉及市场经济活动的部分进行公平竞争审查。公共竞争审查应当对数据竞争问题予以更多的关注,特别是在公共数据开放的环境下,政府等主体如何开放公共数据对市场经济发展以及市场竞争有重要影响。审查涉及市场经济活动并且与公共数据有关的文件时,应当启动第三方评估的审查方法。如前文所述,政府等主体在公共数据开放中的角色众多,同时利益交织复杂,启动行政性自查恐怕无法体现公允,难以令社会公众信服。公平竞争审查制度还应当区分事前与事后不同的责任力度。如果在审查阶段就发现有关文件不符合公平竞争审查制度的规定,那么依据实施细则应当停止执行或者进行调整。如果是文件在实施后才发现有违公平竞争审查制度的规定,同时造成了市场经营者的损失,应当及时停止执行或进行调整,还应当区分该文件是未经过审查还是已经过审查,再对相关责任人员进行处理。未经过审查应当责令原制定机关说明理由并作证明,如果发现有徇私舞弊的情况,应当对有关人员进行严惩。已经过审查应该由原审查主体进行举证,区分是否存在过错情形予以处理。由于可能存在造成市场经营者损失的情况,公平竞争审查制度可考虑建立补偿基金,或者是补偿制度。可以通过基金对市场经营者的损失予以补偿,或者是通过暂时性的安排,对特定的市场经营者予以政策倾斜补偿。

(三)对关联经营者的规制立场

关联经营者最终实施的是经济性垄断行为,这些行为大体上能够通过反垄断法进行规制。但因其实施行为的类型不同,如果一概无差别援引反垄断法有关规定进行制裁,确有不妥。笔者认为,应当依据关联经营者不同类型的行为确定规制的立场,适用轻重差异的制裁力度。

经营者因参与政府某些项目或活动而成为获得与掌握公共数据的主体,这一情形是合法合理的,但掌握的公共数据应当依据法律的规定进行妥善存储与处理,同时向公众进行开放。而如果这些关联经营者通过其掌握的公共数据获得了市场竞争的优势地位,继而实施垄断行为,则应当受到反垄断法的制裁。这一类关联经营者的产生,往往伴随政府等主体疏于履职的情况,还可能获得了政府等主体的认可或保护,比如,体现为行政机关制定相关文件进行保护。这一类关联经营者不仅在主观上有实施垄断行为的故意,而且实施垄断行为的手段更恶劣,往往伴随更严重的限制、排除竞争的后果,应当给予最严厉的制裁。具体来说,对此类关联经营者可以进行行政罚款,并且对其因实施垄断行为所得的财产进行没收,同时责令其停止相关的垄断行为,并视具体情形可要求其恢复原状。市场的受害主体也可以通过法律的手段,就相关损失要求关联经营者进行赔偿。在制裁标准上,应与反垄断法制裁经营者的相关情形相关规定保持一致,但应当审慎适用宽免制度与承诺制度。而对政府利用行政权力强制性要求经营者利用有关的公共数据进行经营活动,并且获得优势竞争地位后从事垄断行为的关联经营者则应当给予不同于前述关联经营者的制裁安排,制裁力度应当轻于前述关联经营者,并且还要综合考虑此类关联经营者在实施垄断行为过程中的获利程度与造成损害的程度。对此类关联经营者的违法所得可以没收,同时责令其停止相关的垄断行为,还应当根据具体的情形对其适用宽免制度或承诺制度,但不宜对其进行行政罚款。此类关联经营者实施或参与实施垄断行为是受强制力的结果,其在主体地位上有较大被动性,不宜令其承担除垄断行为获益外的财产罚。此类关联经营者还应承担损害赔偿及排除侵害等民事责任。政府还可能通过行政权力的安排,使本地区或者特定的经营者能够获得其提供的排他性公共数据。如果这类经营者能够通过获得的公共数据来实施垄断行为,无疑应当根据具体情形受到反垄断法的制裁。

(四)完善市场竞争力量的认定方法

经营公共数据衍生产品与服务的经营者可能专门使用公共数据进行市场竞争,亦可能渗入各个行业当中。在这种情况下,对基于公共数据进行经营活动的企业的市场地位判断面临较大挑战,在相关产品市场的界定上非常困难。如果没有界定相关市场,那么根本无从认定经营者基于公共数据实施滥用市场支配地位行为;反之,经营者即便实施了滥用市场支配地位行为,也无法认定就是基于公共数据而实施的。这个问题的难点在于,公共数据将融入各行各业的经营中去,除直接利用公共数据进行经营的企业外,在其他情况下很难去辨认经营者是否基于公共数据从事市场竞争。公共数据究竟在企业的竞争中起主要作用还是辅助性作用,对认定经营者是否属于基于公共数据实施滥用市场支配地位行为,是一个核心判断因素。对经营者相关产品市场的界定是解决这个问题的第一步。基于公共数据实施垄断行为的经营者所提供的产品与服务实际上与公共数据的融合具有广度与深度,目前有些基于公共数据经营的产品或服务则是完全通过整合公共数据进行再使用来获得经济价值。公共数据还可能是企业获得某一目标市场竞争优势的底层支撑,并不具体表现在其产品或服务中,其产品与服务实际上与一般产业的经营者所经营的类别是相同的。相关市场的界定方法其实不只有SSNIP法,单纯使用某一种办法只能是确定同类或同质或可替代的产品相关市场,却无法更进一步去认定是不是基于公共数据的市场经营。这样根本无法识别并解决经营者基于公共数据实施滥用市场支配地位的问题。笔者认为,界定的方法应当融通使用,但无论基于什么样的判定方法,对于可能基于公共数据获得市场支配地位的情形,应当划分为两种类型并注重4个因素进行相关市场的界定。从经营类型出发,如果经营者是通过对公共数据的整合处理进行销售的类型,应当将销售数据这一活动进行同质化的识别,按照经营者对公共数据开放平台的获取量以及访问频次进行监控,但这也需要国家建立起统一完整的公共数据开放平台,改变现有公共数据开放呈现分散化的形态,才能更好地进行把握。如果经营者经营基于公共数据衍生的产品或服务,或者还与前一类型的经营有所混合,那么则需要进行综合判定。需要考量的因素是:第一,经营者对公共数据的需求量;第二,判断市场对于该产品或服务的需求以及该产品或服务供给情况;第三,考察该产品或服务对其上下游市场的影响力;第四,考虑与其同质化的产品或服务的市场份额。通过对市场经营领域与类型的细分以及综合多个因素的考量,才能更有效地界定企业基于公共数据经营的产品或服务的相关市场。

市场份额是对企业在相关市场上的竞争力量的直观考量。这一标准是有效且直接的,只要经营者在相关市场上达到反垄断法规定的市场份额准线,那么得以推定该经营者具有市场支配地位。但在对经营者基于公共数据进行市场竞争的力量的判断上,市场份额是重要的,但并非唯一标准。即便经营者的市场份额低于反垄断法规定的标准,也不能直接说明其在相关市场不具有市场支配地位。而市场壁垒的考量是更重要的,市场壁垒能够有效设置并阻碍市场竞争,是重要的判断因素。市场壁垒的形成,则说明其他的竞争者无法进入该市场进行竞争。在这种情况下,该相关市场的竞争不足,设置市场壁垒的企业能够获得足够大的经营优势,包括对产品与服务的定价。在价格上升时,无其他经营者出现提供可替代的选择方案,市场的竞争就会被该经营者牢牢控制。滥用市场支配地位的具体行为,亦体现市场壁垒的有效性。如价格的垄断,无其他经营者的加入并提供产品,那么价格的替代选择不可能出现。能够成功实施拒绝交易行为更说明该相关市场上已经难以寻找到其他经营者提供的同类产品或可替代产品。所以说,当经营者设置市场壁垒是否能够有效阻碍其他潜在竞争者的进入是说明经营者具有市场支配地位的重要因素,也是其得以滥用市场支配地位的重要体现。基于公共数据进行市场竞争的企业,即便市场份额没有达到规定的标准,当相关市场中的竞争者极少甚至是不存在的时候,也要考虑该经营者是否具备基于公共数据设置市场壁垒的能力。

另外,“必要设施原则”是认定市场支配地位的一个重要方法。已有学者提出“必要数据”原则,也就是基于正当理由可以要求经营者开放那些“必要”的数据。[①] 笔者认为,公共数据符合“必要设施原则”的要求,应当确定公共数据为一种“必要设施”。公共数据“必要设施原则”有利于保障公共数据的开放与流通,促进其社会价值的实现。公共数据具有社会公益属性,无论是销售经过整合加工的公共数据,还是经营公共数据的衍生产品或服务,都很可能涉及公共利益。开放公共数据流通到市场竞争环节,是发挥公共数据经济价值的重要方面。假如经营者基于公共数据在获得市场支配地位后滥用这种竞争优势,不仅有损竞争秩序,还损了消费者以及社会公共利益。公共数据的开放意味这一资源是由全民共享的,是为促进社会的发展,释放其巨大的经济价值与社会价值。全民都可以无差别获得,那么公共数据必然是一种开放的可获取状态。公共数据作为一种必要设施,不仅有利于全社会关注公共数据使用价值的挖掘,而且还凸显公共数据开放的必要性,对政府等主体开放公共数据起到重要的推进作用。那些公共数据衍生的产品或服务如果符合“必要设施”的条件,则能够更直接快速判定其经营者具有市场支配地位,一旦实施滥用市场支配地位的行为,反垄断法就应当对这种行为进行规制。

五、结语

当数据成为新型的生产要素,成为人类社会发展的“石油”,公共数据的开放注定会是数字经济时代中浓墨重彩的一笔。公共数据开放与使用将给人类社会带来巨大的红利,在对其经济价值与社会价值充满憧憬的同时,亦要警惕这一与我们息息相关的资源会被滥用而造成损害。因公共数据使用而引起的不正当竞争纠纷已经显露,开放进程道阻且长。对公共数据的垄断问题更不可忽视,垄断问题如何更好地预防与解决还需要在理论上与实践中不断探索。政府等主体垄断公共数据是对其履职等掌握海量公共数据的事实状态进行的描述,这种情况不受我国反垄断法的禁止。而当政府等主体该开放而不开放公共数据、歧视性开放公共数据以及仅向特定主体转移海量公共数据时,才属于违法行为。经营者更多是基于公共数据而实施垄断行为,这些行为包括与政府等主体进行合谋而实施或受政府等主体的强制而从事垄断行为,当然受到我国反垄断法的规制。公共数据具有公物性,政府等主体将掌握的公共数据向公众开放的行为应当是一种公共服务,这种公共服务是基于社会公共利益的考虑而向社会公众提供海量的公共数据。公共数据由全体国民共享,其价值需要公众参与进来发掘。

---

① 参见沈子华、梁满有:《数据垄断的挑战与反垄断法规制研究》,载《青海师范大学学报(哲学社会科学版)》2020 年第 6 期。

反垄断法应当重视公共数据开放中的垄断问题,并且解决好这些问题。这不仅是由反垄断法调整的社会关系所决定,而且是其维护社会公益的目的之所在,其应当对公共数据的开放及其价值的释放起到重要的促进作用。面对公共数据的特点及垄断问题的复杂性,反垄断法必须完善其干预的思路与方法,反垄断法要在新业态、新模式和新技术的市场环境下不断进行自我审视、自我完善和自我发展,从而起到为公共数据的开放与使用保驾护航的积极作用。

新样态平台限制竞争行为违法性认定的困境及对策

黄　溜*

摘　要：我国新《反垄断法》明确将平台限制竞争纳入滥用行为，但辨别新样态行为究竟属违法性滥用还是属正当竞争，往往存在分析难点：一是难以准确适用反垄断条款；二是难以认定行为是否排除、限制竞争。为了摆脱违法性认定困境，我们应降低对行为样态之"新"的关注，重点探究其本质是否损害竞争。简言之，一方面，避免形式主义的认定，即不应当根据行为外在特征简单套用禁止性规定或随意适用兜底条款；另一方面，应确立"保护竞争"之目的，重点评估行为是否损害竞争和消费者福利，并且关注效率和创新等促进竞争的效果，根据"净效应"判定是否构成滥用行为。

关键词：平台垄断；新样态限制竞争；违法性认定；合理原则；竞争损害效果

一、提出问题

平台的自我发展天然存在垄断和资本无序扩张的趋势，集多功能于一身或者聚资本和技术于一体的大型平台更容易出现"赢者通吃"的问题。因此，很多国家发布的平台经济反垄断研究报告提出要加强大型平台的监管，特别是强化对大平台滥用市场支配地位行为的监管。[①] 我国在这方面也作出了积极回应，修正后的《反垄断法》[②]第22条在禁止具有市场支配地位的经营者从事一系列滥用行为的基础上，第2款明确禁止"不得利用数据和算法、技术以及平台规则等从事前款规定的滥用市场支配地位的行

---

* 湖南大学法学院在读博士研究生。

① 如2019年英国《解锁数字竞争报告》、2019年美国《数字委员会关于数字平台的研究报告》、2019年欧盟《数字时代的竞争政策》政策咨询报告、2019年德国《数字经济新竞争框架》报告和2020年美国《数字市场竞争调查报告》。

② 本文所指《反垄断法》均为2022年8月实施的《反垄断法》。

为”。国务院反垄断委员会2021年2月发布的《关于平台经济领域的反垄断指南》专章细化了平台经济领域各种滥用行为，为执法机构规制平台经济提供了可靠的指引。国家市场监督管理总局2021年查处了阿里巴巴电商平台和美团外卖平台两起“二选一”限定交易案，①罚金共计216.7亿元，占当年反垄断滥用行为罚款总额的99%，占互联网行业罚款总额的99.6%。② 上述立法和执法情况体现了国家在平台经济领域“强化反垄断和防止资本无序扩张”的决心。

由于互联网平台有多边市场、动态竞争、倾斜性定价结构、锁定用户、网络外部效应等特征，大平台企业的某些新样态限制竞争行为似乎突破了传统的滥用行为，如新型的“自我优待”、具有差别性待遇甚至不公平高价特征的“大数据杀熟”、构成拒绝交易或限定交易的“封禁行为”等，执法机构有时很难认定这些行为构成滥用。一方面，新样态平台行为难以应用既有的滥用行为条款进行规制，因为它们在外观上呈现不同于传统滥用行为的特点，或者复合了多重滥用行为；另一方面，还难以确定新样态平台行为的排除限制竞争效果，因为大平台基于规模经济和大数据实施的限制竞争行为虽然容易对市场造成颠覆性的竞争损害，但也可能具有提升经济效率和激励创新的效果，其影响竞争的整体效果比较模糊。尽管学术界和实务界围绕这些新样态限制竞争展开热烈讨论，③但囿于新样态行为多为拟制用语，不少研究者试图扩充它们的法律内涵和外延，其后果就是与现有滥用行为的概念相混同。本文核心内容就是如何在既有反垄断框架下，对外观新颖和法律性质模糊的新样态平台限制竞争行为进行违法性认定。本文认为，具体案件的评估不应过度关注样态之“新”，而应评估这些行为整体上是否限制竞争，即考虑它们推动竞争和损害竞争的净效应。

二、新样态平台限制竞争行为违法性认定的困境

滥用市场支配地位，是指占市场支配地位的企业不当利用其市场势力损害市场竞争的行为。这说明“大不等于坏”，反垄断法不反对大平台拥有市场支配势力，但是反对它们滥用市场势力实施损害市场竞争的行为。互联网大平台因为存在网络效应、规

---

① 参见国市监处〔2021〕28号和国市监处罚〔2021〕74号。

② 2021年我国反垄断执法共查处11起滥用市场支配案件，总罚金218.47亿元。2021年互联网行业垄断行为罚金共计217.4亿元。上述数据参见《中国反垄断执法年度报告(2021)》。

③ 参见王晓晔：《论电商平台“二选一”行为的法律规制》，载《现代法学》2020年第3期；郭传凯：《互联网平台企业封禁行为的反垄断规制路径》，载《法学论坛》2021年第4期；丁茂中：《自我优待的反垄断规制问题》，载《法学论坛》2022年第4期；喻玲：《算法消费者价格歧视反垄断法属性的误读及辨明》，载《法学》2020年第9期；孟雁北：《反垄断法规制平台剥削性滥用的争议与抉择》，载《中外法学》2022年第2期。

模经济和跨平台传导效应,它们实施的限制竞争行为很容易进一步强化其市场势力,甚至导致长期的市场垄断性结构。本文不讨论大平台市场支配地位的认定问题,而是讨论平台限制竞争行为的违法性认定问题,特别是新样态限制竞争行为的认定。违法行为的认定一般包括两个步骤:一是认定实施了限制竞争的行为,二是认定该行为损害了市场竞争。由于新样态平台限制竞争行为外观形式上与传统滥用行为相异,再加上平台经济存在多边市场属性、倾斜性定价机制、网络效应等复杂问题,导致它们的适用法律及竞争分析面临困境。

(一)识别新样态限制竞争行为的难度

数字经济市场竞争的外在表现和内在因素与传统经济相比呈现较大差异,识别新样态平台限制竞争属于正当竞争还是违法的滥用行为就是平台经济竞争分析的第一个难点。鉴于平台的跨市场性、存在海量数据、使用先进的算法以及平台两边存在显著的网络效应,平台企业的竞争行为呈现复杂的样态,即它们虽然与传统的限制竞争行为形式上存在竞合,但在执法实践中有时难以将其列为反垄断意义上的滥用。一是大平台涉嫌垄断的行为一般被抽象化为媒体用语而非法律用语,如"大数据杀熟"和"二选一",它们的特征描述具有夸张性和片面性,字面意思与真实的法律性质和内涵相差甚大;二是"数字经济可能采取与传统经济不同的滥用方式",①即新样态限制竞争行为可能突破了现有滥用行为的类型。有的限制竞争行为符合传统经济下多种滥用行为的构成要件。例如,网约车平台对不同消费者可能实施"差别待遇",高峰期或不同路段收取不同的费用会构成"不公平高价";外卖平台可能给老资历快递员更低的酬金,或者给线路熟悉的快递员分配路线复杂的配送单,这不仅构成差别性待遇,而且还可能构成对劳动者的剥削。还有的限制竞争行为呈现全新的状态,例如,创新性较强的平台为了拓展新业务或者新的商业模式,提出平台互联互通和业务嵌套的需求,由此使限制竞争的表象也发生了变化,出现了诸如自我优待、外链分享限制、最惠国待遇、禁止侧载App等限制竞争的新样态。随着平台经济和互联网技术的发展,平台经济领域的限制竞争还可能衍变出其他的形态。我国《反垄断法》第22条虽然将平台领域限制竞争行为纳入滥用行为,但成文法存在固有的滞后性,这些新样态行为的确切定位仍然需要作进一步的探索,具体行为识别和法律适用都面临挑战。

(二)竞争效果评估缺乏系统性规则

《反垄断法》第7条禁止占支配地位的企业实施排除、限制竞争的滥用行为,即"排

---

① OECD(2020), *Abuse of Dominance in Digital Markets*, www. oecd. org/daf/competition/abuse-of-dominance-in-digital-markets－2020. pdf.

除、限制竞争”是滥用行为的效果构成要件。然而，如何客观和全面地评估平台领域新样态行为的竞争影响效果，则是违法性认定的另一难点。一方面，因为平台存在多边市场、网络效应以及低边际成本等数字经济的特征，进一步增加了竞争损害评估的复杂性；①另一方面，由于平台两边存在强大的网络外部效应，这些新样态行为的竞争损害在多边市场的条件下可能被放大，也可能被缩小，它们的竞争损害有时候难以确定。② 此外，评估新样态平台限制竞争行为的竞争损害现在尚缺乏统一的标准。例如，评估竞争损害是否应当关注消费者福利？除现有的竞争损害外，是否还应当关注潜在的竞争损害？考虑到平台网络效应在提高进入壁垒或转换成本从而产生竞争损害的同时，还可能提高产品的质量和价值，即给用户和消费者带来利益，从而成为潜在效率的来源，③最高人民法院在“奇虎诉腾讯滥用市场支配地位案”的判决中指出，“判断是否构成滥用市场支配地位，要综合评估该行为对消费者和竞争造成的消极效果和可能具有的积极效果，进而对该行为的合法性与否作出判断”。④

然而，在我国已经敲锤定音的涉及阿里和美团“二选一”行为的两个处罚案件中，国家市场监督管理总局只是详细论证了该行为造成排除、限制竞争的效果，但是没有考虑平台实施“二选一”行为可能的正当理由，被处罚的企业也没有就该行为在经济效率、技术创新以及消费者福利提升等方面的积极效果提出抗辩。如果仅关注反竞争效果而不考虑可能促进竞争的效果，这可能会将某些推动竞争大于限制竞争的行为错误定性为违法性的滥用，即导致假阳性错误。

三、新样态平台限制竞争行为分析原则和法律适用

美国著名反托拉斯学者霍文坎普（Hovenkamp）教授指出：“数字平台竞争问题带来很多新挑战，但大多数都在反垄断法力所能及的范围……即平台经济虽然具有独特性，但没有独特到我们应当放弃对高科技和产品异质化市场竞争的既有理解。”⑤也就

① See OECD (2020), *Abuse of Dominance in Digital Markets*, www. oecd. org/daf/competition/abuse-of-dominance-in-digital-markets - 2020. pdf.

② See OECD (2018), *Rethinking Antitrust Tools for Multi-Sided Platforms*, www. oecd. org/competition/rethinking-antitrust-tools-for-multi-sided-platforms. htm.

③ See OECD (2012), *The Digital Economy*, https://www. oecd. org/daf/competition/The-Digital-Economy - 2012. pdf.

④ 参见最高人民法院(2013)民三终字第4号民事判决书。

⑤ Herbert Hovenkamp, *Antitrust and Platform Monopoly*, 130 Yale Law Journal 1952, 2050 (2021).

是说,反垄断一般性分析规则仍然适用于平台经济。我国《反垄断法》第9条[①]和第22条第2款也明确了平台滥用行为的法律适用规则,不仅提出它们应适用涉及滥用行为的条款,而且应当遵循滥用行为的一般分析方法,即无论何种限制竞争行为,具体案件中都应当以事实为依据、以《反垄断法》第22条的规定为准绳,坚持以合理原则进行分析。然而,这里需要考虑的问题是,平台领域的新样态似乎无法简单适用《反垄断法》第22条,因为无论是依据这些行为的外观套用该条第1款前6项规定的滥用行为,还是径直适用第7项的兜底规定,都存在一定问题。

(一)合理分析原则

限制竞争行为的反垄断评估首先需要根据案情,确定采用本身违法原则(*Per se* illegal)还是合理原则(rule of reason)。本身违法,是指只要确认实施了某种行为,就可以认定这个行为违法。合理原则,是指一个行为是否违法不能一概而论,而是需要对行为人的动机、行为方式及其后果慎重考察后作出判断。[②] 在具体案件的竞争分析中,本身违法原则对应形式主义方法,合理原则对应效果主义方法。

新样态平台限制竞争行为是否构成违法性的滥用,应当基于合理原则进行分析。首先,这遵循了我国反垄断相关法律的规定。《反垄断法》第22条第2款禁止平台实施第1款规定的各类滥用行为,前提条件是"无正当理由"或"不公平",这说明平台限制竞争行为同一般限制竞争行为一样,不构成本身违法,即客观正当性和积极竞争效果均可成为行为合法的理由。《禁止滥用市场支配地位行为暂行规定》第15条至第19条还针对各种滥用行为非穷尽性地列举了可能的正当理由,第20条详细列出"不公平"以及"正当理由"的各种因素,包括社会公共利益的影响、经济运行效率的影响、经济发展的影响、正常经营及实现正常效益所必需、交易相对人或消费者获益等。[③] 简言之,平台领域的限制竞争行为不是本身违法,即其合法性或违法性应当考虑诸多相关因素后进行认定。

其次,新样态平台限制竞争行为不是反垄断法的传统概念,其定义和竞争效果比较模糊,即便在"赢者通吃"的态势下,不干预或者错误干预都可能产生比较大的风险,因此对其违法性的认定应持审慎态度,需要进行全面的效果分析。即便适用本身违法原则有加快审理程序、节约执法资源、提升可预期性等一系列好处,但无法应对复杂的

---

① 《反垄断法》第9条规定,经营者不得利用数据和算法、技术、资本优势以及平台规则等从事本法禁止的垄断行为。

② 参见钟明钊主编:《竞争法》(第2版),法律出版社2008年版,第227页。

③ 参见2022年《禁止滥用市场支配地位行为暂行规定》第15~19条以及第20条。2022年国家市场监督管理总局公布的《禁止滥用市场支配地位行为规定(征求意见稿)》保留了上述规定。

数字环境。一是新样态限制行为的外观及限制竞争理论都可能发生变化，在无法厘清行为性质的前提下适用本身违法原则比较容易出现错误。二是很多新样态平台限制竞争行为的整体竞争效果不明确，既没有明显地促进竞争的效果，也没有明显地反竞争的效果。例如，平台的集成服务、动态定价、透明化信息、电子商务等一方面可以使平台经营者和两边的用户受益，但另一方面也可能造成排除竞争对手和侵害消费者利益的竞争损害，因此有必要具体案件具体分析。

最后，新样态平台限制竞争行为适用合理原则是当今的国际趋势。尽管欧美国家对分析原则或分析方法存在争议，但在大多数案件中都倾向适用合理原则。美国20世纪40~70年代，主流观点认为，合理原则不具有实用性，因此不断扩大了适用本身违法原则的案件类型；但自20世纪80年代开始，随着反垄断经济学的发展，很多人认为过去某些本身违法的案件实际上也具有促进竞争的潜在可能，法院遂逐渐摆脱形式主义的方法，对越来越多的案件采用合理原则和经济学分析方法。① 欧盟委员会2009年发布的《适用欧共体条约第82条(现欧盟运行条约第102条)查处市场支配地位企业滥用性排他行为的执法重点指南》也强调，涉及滥用行为的执法应加强竞争分析，重视消费者福利，而且应当更多地运用经济学方法。② 然而欧盟法院认为，该指南对欧盟法院不具有法律约束力，在该指南发布后一段期间内仍主要采取形式主义方法处理涉及滥用行为的案件。③直到2017年的“Intel案”，欧洲法院的态度明显发生了变化，即针对一向适用形式主义方法的忠诚折扣案件，明确提出应充分证明该行为的反竞争效果。④随着经济学理论的发展和反垄断实践经验的不断积累，欧美不断收缩本身违法原则和扩大适用合理原则。

针对新样态平台限制竞争行为适用合理原则，应当考虑以下三个方面：一是基于

---

① OECD (2017), *Safe Harbours and Legal Presumptions in Competition Law*, http://www.oecd.org/daf/competition/safe-harbours-and-legal-presumptions-incompetition-law.htm.

② European Commission (2009), *Guidance on the Commission's Enforcement Priorities in Applying Article 82 of the EC Treaty to Abusive Exclusionary Conduct by Dominant Undertakings*, https://eur-lex.europa.eu/legalcontent/EN/TXT/PDF/?uri=CELEX:52009XC0224(01)&from=EN.

③ See Pablo Ibáñez Colomo, *Beyond the "More Economics-based Approach": A Legal Perspective on Article 102 TFEU Case Law*, 53 Common Law Market Review 709 (2016).

④ “Intel案”之前，欧盟法院对忠诚折扣行为适用形式主义认定方法。2017年，欧洲法院在“Intel案”中明确指出，对排他协议和忠诚折扣行为有必要进行效果分析；2022年，欧盟普通法院重审“Intel案”后认定，欧盟委员会对Intel忠诚折扣行为的反竞争分析不全面，没有达到反竞争效果的证明标准，因此撤销了欧盟委员会对Intel忠诚折扣行为的处罚决定。See Intel Corporation v. Commission Case T-286/09 and Case C-413/14 P.

效果主义而非形式主义,即在行为事实基础上重点分析其竞争效果;二是全面和客观地评估竞争效果,即不仅考虑负面的竞争损害,而且应当考虑其促进竞争的效果;三是权衡整体竞争效果,考虑行为“净效应”,从而审慎适用禁止滥用行为的规定。

(二)避免套用传统的滥用范式

新样态平台限制竞争行为可进一步区分为新型和复合型的行为。新型行为与传统滥用行为有截然不同的特点,如“自我优待”行为,即平台企业将其在核心服务市场的优势跨界传递到相邻市场的行为。对新型行为,一方面,应当避免因外观形式不符合传统滥用形式而直接认定其不构成滥用,因为可能出现假阴性错误;另一方面,也应克制适用兜底条款。复合型行为则是呈现两种及以上滥用行为特征的行为,例如,“大数据杀熟”同时表现为差别待遇和不公平价格行为,“平台封禁”同时表现为拒绝交易和限定交易,按照主观预设的滥用行为进行竞争分析容易导致错误的法律评价。

无论新型行为还是复合型行为,在具体行为的范畴和定义都不很明确的情况下,应避免根据部分行为特征形式主义地套用 6 类法定滥用行为的分析框架,因为实践中平台领域的限制竞争行为不限于这 6 种行为。平台市场的竞争相比传统市场呈现较大不同,对新样态限制竞争行为应秉持开放的态度。适用某种具体滥用行为条款的前提条件是对该行为有清晰的认知和定性,如果仅仅根据新样态行为的片面性特征套入既定的某种行为,容易落入概念法学的逻辑陷阱。例如,审理“美国脸书案”的地方法院便陷入这种逻辑错误。脸书被指控限制 API 访问,地方法院直接将该行为认定为“单方面无条件地拒绝交易”,随即按照拒绝交易的构成要件进行审查。上诉法院则认为,脸书的行为只是部分符合拒绝交易的外观形式,它实际上是通过附加条件来限制竞争对手的竞争意愿和能力,不是无条件地直接拒绝交易,从而认为地方法院将脸书拒绝开放 API 的行为归为拒绝交易并由此认定该行为违法的做法是错误的,因此认定地方法院的判决无效。① 这个案件说明,新样态平台限制竞争行为的违法性认定,不应拘泥于行为的外观形式。“排除、限制竞争”是反垄断法禁止滥用行为的根本原因,因此一个行为的违法性认定应轻“外观形式”而重“竞争效果”,确定平台行为是否构成滥用,应避免强行套用《反垄断法》第 22 条前 6 类滥用行为,而应客观和全面分析行为的客体、实施手段、主观目的、保障措施、持续时间等各种具体情况,以确认真实和可证的行为事实。

(三)审慎适用兜底条款

为避免滥用行为泛化的风险,对新样态平台限制竞争行为还应当审慎适用兜底条

---

① State of New York et al. v. Facebook, Inc., Case 21 - 7078 (U. S. C. A. 2022).

款。《反垄断法》第22条第1款第7项作为兜底条款规定，占市场支配地位的企业不得实施“国务院反垄断执法机构认定的其他滥用市场支配地位的行为”。该条款包含两重含义：一是为第1款前6项之外的滥用行为提供法律依据；二是赋予反垄断执法机构认定新型滥用行为的权力。由于平台存在多边市场、网络效应、大数据、算法、技术等各种因素，限制竞争行为的外观很可能不同于传统滥用行为的表象，但大多数情况下其限制竞争的机理与传统滥用行为无异，所以不能因为平台行为与传统滥用行为有区别就贸然适用兜底条款，而是应当辨析该行为是否损害竞争，穷尽前6项之后，才可能适用兜底规定。

新样态平台限制竞争行为应审慎适用兜底条款。一是反垄断法乃“经济宪法”，与生俱来具有谦抑性。由于其适用门槛之高和处罚力度之严，反垄断法的禁止性规定构筑了限制竞争行为的最后防线，即通常在其他经济法无法解决的情况下才予以适用。[①]禁止滥用行为的兜底规定，一般更是穷尽其他条款后最终寻求的法律依据，因此不得轻易适用。二是自由竞争乃是市场经济的重要价值体现，企业间的竞争越激烈和竞争形式越多元化，就越能促进创新和经济发展，高度动态竞争的平台领域更是如此。因此，在平台领域竞争行为的性质和影响不清晰的情况下，不得过度干预新型的竞争行为。三是适用兜底条款对执法机构的执法能力提出较高的要求，需要警惕执法者“造法”权力不适当地扩大。我国《反垄断法》实施时间不长，执法机构无论是队伍建设还是审查平台滥用行为的经验等方面都存在不足，审查新样态平台限制竞争行为方面尚需要采取“包容审慎”的态度。[②]

我国关于“忠诚折扣”案件的审理也说明了兜底条款的适用应当克制和审慎。2016年国家工商行政管理总局适用了滥用行为的兜底条款审理了利乐公司实施的“忠诚折扣”行为，[③]似乎说明“忠诚折扣”可被视为一种独立的滥用行为。2019年，上海市场监督管理局在“伊士曼案”的审理中则指出，“忠诚折扣”是一种“限定交易”。[④]“伊士曼案”是在“利乐案”之后出现的，且当时我国反垄断执法“三驾马车”已经合并，上海市场监督管理局的这个反垄断执法明显受国家市场监督管理总局的指导。[⑤]“忠诚折扣”行为适用法律条款的变化不仅说明这类限制竞争有了比较准确的定性，也说明执法机关对兜底条款的适用更趋于克制和审慎。

---

① 其他相关法律包括但不限于《反不正当竞争法》《电子商务法》《价格法》等。

② 参见王晓晔：《〈反垄断法（修正草案）〉的评析》，载《当代法学》2022年第3期。

③ 参见工商竞争案字〔2016〕1号行政处罚决定书。

④ 参见沪市监案处字〔2019〕第000201710047号行政处罚决定书。

⑤ 参见2018年《国家市场监督管理总局职能配置、内设机构和人员编制规定》第3条第3款。

简言之,新样态平台限制竞争应适用合理原则,切忌形式主义地套用现有滥用行为的概念,并且应尽量克制适用兜底条款。即在具体案件中,应以可证事实为起点,重视分析平台行为的具体情况,以其竞争损害和竞争效果作为法律评价基础,做到轻“形式主义”而重“效果主义”,竞争分析的核心问题是行为是否导致严重排除、限制竞争的后果。

四、新样态平台限制竞争行为的竞争损害评估

竞争分析是认定一个行为违法或者合法的关键步骤。一般来说,如果反竞争效果大于促进竞争的效果,这说明竞争受到损害,该行为构成违法性的滥用。然而,新样态平台限制竞争的竞争效果往往并不明晰,一般需要通过3个步骤进行评估:第一,根据客观事实分析可能的竞争损害;第二,考虑涉嫌违法行为人的抗辩理由;第三,综合正反两方面判断行为是否具有违法性。在竞争效果评估过程中,应当以保护竞争为目的,以可能产生竞争损害为干预标准,并且将提高竞争对手成本作为竞争损害分析的基础理论。

(一)以保护竞争为目的

新样态平台限制竞争行为的竞争分析首先应当确立保护竞争的目的。美国联邦最高法院的判决指出:“《谢尔曼法》不是反对竞争行为,即便竞争行为非常激烈,它真正反对的仍然是不公平损害竞争的行为。”①这说明,认定一个滥用行为的关键不是该行为的形式和竞争的激烈程度,而在于它是否会限制、扭曲或破坏市场竞争秩序。

反垄断法旨在保护竞争,而不是保护竞争者,因为“竞争对手受到损害正是激烈竞争的副产品……因此,反对企业咄咄逼人的行为也是反竞争”。② 尽管竞争者不是反垄断法直接保护的对象,但如果有很多竞争者被封锁,这可以说明市场竞争可能受到损害,因为排除竞争对手可能意味着竞争强度降低和竞争秩序受到破坏。封锁竞争者虽然可以作为评估竞争损害的重要因素,但它应当满足一定条件:第一,“只损害一个或者某几个竞争对手不足以构成排他性反竞争效应”,③即被封锁的应当是一类竞争者群体而非个体;第二,被排除出市场或被妨碍进入市场的企业如果在价格、质量、创新等方面不及主导企业,这是市场优胜劣汰的结果,而不能被视为反垄断意义上的排除限制竞争。这就是说,反垄断意义上的被“封锁”企业,是指有可能与主导企业开展有效

---

① Spectrum Sports, Inc. v. McQuillan, 506 U. S. 447, 458 (1993).

② Ball Mem'l Hosp., Inc. v. Mutual Hosp. Ins., Inc., 784 F. 2d 1325, 1338 (7th Cir. 1986).

③ United States v. Microsoft Corp., 253 F. 3d 34,14 (D. C. Cir. 2001).

竞争从而对其构成实质性竞争约束的企业。反竞争的封锁采用有效竞争而非等效竞争的标准,一方面,这是出于保护和鼓励创新竞争的目的,即因为平台领域的竞争一般体现为创新性动态竞争,初创性的小型平台虽然在生产效率、经济实力以及市场势力等方面不具备与主导平台相抗衡的实力,但它们有可能凭借其新颖的商业模式和新技术与大平台开展竞争甚至有可能取得成功从而形成有效的竞争约束;另一方面,考虑平台领域"赢者通吃"的状况,这个领域确实难以出现与主导平台同等效率的竞争者。

(二)以"可能的竞争损害"为标准

评估行为的竞争损害需要确立具体标准。在平台领域,如果未能明显产生实质性的竞争损害,可以考虑以"可能的竞争损害"为标准,即不以"实质性损害竞争"为必要条件。如果一个行为的本质具有损害现实或潜在竞争的能力,并且大概率会损害竞争,就可以认定其构成违法性的滥用。"实质性损害竞争"是一种高标准的干预,可能导致反垄断介入案件的门槛过高,结果是容易放纵滥用行为,例如,平台领域容易出现结构性的滥用,一旦产生便会不可逆地损害市场,造成难以纠正和弥补的后果。

"可能的竞争损害"作为评估竞争损害的标准最早可追溯到欧盟的英航案。欧盟法院的判决指出,这里的竞争损害"无须额外证明交易对手的竞争地位出现了实质性和可量化的损害"。①欧盟法院还在"丹麦邮政案"中指出:"竞争损害不一定是具体表现,但应当证明存在潜在的排除与主导企业具同等效率竞争对手的反竞争效应。"②由此可见,欧盟法院认为"可能会损害同等效率的竞争对手"就达到了存在反竞争效应的标准,而不需要证明该行为如何实质性地损害竞争。只要证明行为人具有市场势力,而且其限制竞争行为可能导致同等效率的现有竞争对手被排挤出市场或者潜在的竞争对手难以进入市场,就存在可能的竞争损害。将"可能的损害竞争"作为评估标准引入平台经济领域,有助于强化平台滥用行为的法律规制:第一,这里不是以实际的损害效果作为开展调查的前提条件,由此可避免干预不及时的风险;第二,明确以同等效率竞争对手而非所有的竞争对手的竞争反馈作为评估效果的依据,可以降低认定平台滥用行为的难度,提高执法效率和可预测性;第三,"可能的竞争损害"一般根据一定期限的竞争动态进行评估,因而可较好地反映平台的动态竞争。

为了保证竞争评估的准确性,将"可能的竞争损害"作为标准也应当特别慎重。首先,应确保效果分析所依赖的行为事实准确可证,并以"反事实状态"(该限制竞争行为没发生的理想状态)作为竞争效果分析的起点。比较反事实状态和现实状态(限制竞

① Case 95/04 P British Airways v. Commission, 2007 E. C. R. Ⅲ 145.

② Case 23/14 Post Danmark v. Konkurrencerådet, 2015 E. C. R. Ⅱ.

争行为发生后的市场状态)的竞争差异,而非简单对比不同时间维度的竞争变化,可以更真实地反映该行为产生的竞争损害,从而降低反垄断执法的偏差。① 其次,综合考察行为的目的和效果。这正如欧盟法院在米其林案判决中指出的:"如果可以证明占市场支配地位企业实施某个行为的目的是限制竞争,那么该行为就很可能产生限制竞争的效果。"②这说明,对拥有市场势力的企业来说,其行为限制竞争目的与限制竞争的后果有很强的关联性。最后,在客观条件允许的情况下,执法机关应当合理地运用经济学方法验证潜在的竞争效果。比如,利用"同等效率竞争者测试法",即假定存在同等效率的竞争对手,如果它们在平台限制竞争行为施加的竞争压力下不能继续维持经营活动,那么测试无法通过,也就证明了同等效率的竞争对手可能被排挤出市场。这个分析结果可以推而广之,如果同等效率的竞争者无法在市场上生存,那么说明该平台行为大概率会损害竞争。③

(三)新样态平台限制竞争行为及其竞争损害

美国法院在"司法部诉微软案"的判决中指出,"有时人们很难辨别垄断者的一个行为究竟是激烈竞争行为还是排他性竞争行为,因为非法的排他手段和合法的竞争手段一样无穷无尽……法院面临的挑战在于制定通用规则来识别减损社会福利和增大社会福利的竞争行为"。④ 即便平台领域存在限制竞争的多种样态,但无论是在反垄断理论上还是司法实践中,竞争损害分析仍然是认定行为的合法或者违法的关键步骤。

1. 提高竞争对手成本理论

竞争损害存在多种表现形式,包括不公平限制竞争、损害市场竞争结构、损害用户及消费者利益等,因而也出现了不同的损害理论分析模型,如掠夺性理论、杠杆理论、关键设施理论和提高竞争对手成本理论(Theory of Raising Rival's Cost,RRC理论)等。这些反垄断理论关注的竞争损害有所不同,具体适用的滥用行为也存在差别。其中,掠夺性理论又被称为"牺牲理论",认为主导企业通过前期低价亏损排除对手、后期提价获取垄断利润的行为构成违法,一般用于分析掠夺性定价;杠杆理论指出,企业将其在某一市场的垄断势力利用杠杆效应传导至另一个市场并且限制其市场竞争的行为违法,通常用来分析搭售;关键设施理论指出,由于法律、政策等因素拥有行业基础性

---

① 参见林平:《反事实状态与反垄断执法误差》,载《竞争政策研究》2016年第3期。

② Case T-203/01 Michelin v. Commission, 2003 E.C.R. Ⅱ-4071, para. 241.

③ 同等效率竞争者测试(equally efficient rival test)一般认为,由美国的波斯纳法官最早提出。See Richard A. Posner, *Antitrust Law*, University of Chicago Press, 2001. 然而在互联网平台市场,因为测试企业之间的同等效率有困难,这种测试只能作为辅助性验证手段。

④ United States v. Microsoft Corp., 253 F. 3d 34, 58 (D.C. Cir. 2001).

设施的主导企业无故禁止行业内其他竞争者使用该设施构成违法，往往用来分析拒绝交易；与前面的反垄断理论相比，RRC 理论相对较新，该理论重点关注行为是否会导致竞争对手成本的提高进而产生“市场封锁效果”。

尽管这些理论都有特定的适用条件及范围，但仍然可以帮助我们理解平台领域的各种竞争损害模式，不过由于新样态平台限制竞争行为与传统滥用范式可能发生竞合，存在与传统反垄断分析理论无法适配的可能。因此，笔者提出，当难以判定新样态平台行为的竞争损害且无法找到全然适配的传统反垄断损害理论时，建议采用 RRC 理论进行损害分析。RRC 理论的特点在于忽略了行为间不必要的形式差别，主张通过竞争对手成本的提高来评估行为对竞争对手产生的损害，进而分析市场竞争是否因此被限制，它可以广泛适用于分析各种限制竞争行为。

将 RRC 理论作为分析新样态平台限制竞争行为的基础视角是可行的，并且与其他理论相比，RRC 理论更具有优势。从可行性来看，因为“任何排他行为都会提高竞争对手的成本”，①无论平台领域排除竞争行为的表现形式出现了何种变化，其内在限制竞争的机制都是一样的，即通过提高竞争对手参与竞争的成本，最终导致其不能实现最低的规模经济。主导平台在用户规模、网络效应等方面具有优势地位，竞争者挑战主导企业地位并与之开展竞争，就应当克服其市场力量与主导平台不对称的状态，才能实现规模经济。与之相对，主导企业为排除限制竞争，会想方设法锁定其用户，减少竞争对手可与其开展竞争的范围与内容，结果是竞争者为争夺客户和市场份额需要付出更大的代价。当进入市场或扩大份额的成本提高到无法支付和难以为继的时候，竞争者最终会降低规模、缩小经营活动甚至被迫退出市场。由此可见，在规模经济尤其明显的平台领域，RRC 理论足以应对和解释诸多新样态限制竞争行为的内在动因。从优势性来看，RRC 理论不会因为平台零价格特性而失灵，并且比其他反垄断理论应用场景更广泛。一是在零定价条件下，鉴于价格维度不足以反映市场竞争的变化，从成本方面考虑竞争影响更具有实践可操作性。比如，各种平台价格或非价格行为，都可被视为直接或间接提高竞争对手成本的手段。直接手段如禁止竞争对手接入其平台数据的端口、拒绝互联互通等，利用增大竞争对手接触用户和获取数据和信息的难度，从而提高进入市场的壁垒。间接手段如排他性合同、价格折扣、返利诱导、强制性搭售、垂直一体化、增加转换成本等，吸引或锁定平台内用户或者广告商，即竞争对手如果要扩大市场份额，须额外弥补交易相对方因转换平台而可能出现的各种损失，结果

---

① See Steven C. Salop & David T. Scheffman, *Raising Rivals' Costs*, American Economic Review, p. 2 (1983).

也是提高了竞争成本。可以说,无论是经济成本,还是时间、技术以及机会等非价格成本,RRC理论都可以考虑进来。二是其他反垄断理论存在严格的适用条件,容易放任某些严重破坏市场竞争的平台限制竞争行为,而RRC理论的适用门槛相对较低,更加符合平台竞争特征并且更具灵活适用性。例如,与掠夺性理论相比,适用RRC理论不需证明主导企业牺牲短期利益来获取长期利益,也不需要证明所有竞争者都被排挤出市场,更契合于现实中平台企业的理性策略;与杠杆理论相比,RRC理论不仅考虑了第二个市场因垄断力量延伸而获得的直接垄断利益,还会考虑行为对整体竞争格局乃至平台生态系统的影响,更符合平台轴辐式扩张的经济逻辑;与关键设施理论相比,RRC理论在平台领域更具有普适性,因为与港口、基站等公共设施不同,平台基础服务的形成不是因为政策、法律等因素,更多的是源于技术创新和先发优势的积累,而且事实上也很难证明平台服务的不可替代性。

综上所述,由于平台经济存在网络效应、规模经济以及"零价格"等特征,在平台领域中,大企业更容易通过提高竞争对手成本的方式排除和限制竞争,RRC理论可为各类新样态平台限制竞争行为的违法性认定提供理论依据。然而特别需指出的是,尽管RRC理论可以为平台限制竞争行为的违法性作出解释,但并非所有提高竞争对手成本的行为都是违法的。因为成本的提高只意味着竞争对手受到了损害,不足以证明平台市场的竞争被限制。因此,下一步还需要综合评估提高竞争对手成本行为是否影响了市场竞争,包括对竞争对手、对市场竞争能力或竞争动力和对生产效率这三个方面的影响。① 笔者认为,只有将成本提高到连同等效率的竞争对手难以维持经营或者难以进入市场的程度才构成违法,具体取决于成本提高的幅度、市场结构与集中度、市场壁垒、行为竞争约束力大小、持续时间及覆盖市场范围等客观因素。下面结合实践中出现的新样态平台限制竞争行为,包括平台封禁、自我优待和掠夺性定价,讨论它们可能的竞争损害及其抗辩理由。

2. 平台封禁及其竞争损害

平台封禁,通常是指互联网平台利用技术手段禁止其他经营者的链接或内容在本平台分享或展示的行为,②这是当前争议较大的平台限制竞争行为。例如,腾讯限制用户分享抖音短视频引起的"头腾大战"和美国联邦贸易委员会指控脸书限制开发商访问API构成的排他性滥用。这两个案件都涉及平台封禁,但体现了两种封禁的方式:

---

① See Thomas G. Krattenmaker and Steven C. Salop, *Anticompetitive Exclusion: Raising Rivals' Costs to Achieve, Power over Price*, 96 The Yale Law Journal 209, 243 (1986).

② 参见殷继国:《互联网平台封禁行为的反垄断法规制》,载《现代法学》2021年第4期。

一是禁止内容或链接分享实施的封禁；二是关闭 API 接口。前者是指平台采用技术手段屏蔽用户分享竞争性平台的内容或通过技术规则禁止用户直接打开链接或视频，由此提高了平台间互联互通的难度，侵害了消费者自由分享和自主选择平台的权利；后者禁止软件开发商接入平台应用程序的编程接口，由此提高进入市场的壁垒，不利于需求端的创新，从而可能构成拒绝交易或者差别待遇。

大平台企业实施封禁行为可能导致限制竞争的后果，但这并非本身违法，因为平台互联互通和数据互操作也可能出现不利于消费者和整体经济的后果，平台封禁行为可能存在个人信息保护、知识产权保护、禁止“搭便车”等各种正当理由。因此，在平台封禁的案件中，应当充分地评估封禁的事实、排他性的后果、竞争损害强度以及拒绝开放的客观理由等。

3. 自我优待及竞争损害

自我优待，是指平台跨界竞争时偏袒自身或关联方提供的服务而歧视性对待竞争对手的服务。自我优待是非中立的行为，但与价格歧视的反竞争原理及效果存在差异，即价格歧视追求将消费者剩余转为生产者剩余，自我优待则更多是借助杠杆效应不公平地扩大其在相邻市场的影响力，即凭借其在基础服务的市场势力封锁或限制竞争对手的销售渠道，提高它们的竞争成本。提供基础服务的主导平台往往扮演运动员和裁判员双重身份，比较容易利用其优势地位扭曲下游市场的竞争。欧盟 2017 年的“谷歌比价服务案”是一个针对平台企业自我优待行为的典型反垄断案件。[①] 谷歌利用其在线搜索市场的支配地位，人为干预搜索结果，将自有比价服务置于搜索界面的显眼位置，利用算法控制搜索结果的排序，目的是降低竞争对手的排名，客观上操纵了流量，使竞争对手无法达到最低的有效点击量，从而将其搜索引擎的市场优势传递到比价服务市场，损害了比价服务市场的竞争。由于自我优待可帮助大平台传导其市场势力，降低其跨界拓展业务的成本，形成用户圈定效应，排除和限制下游市场竞争，欧盟 2022 年 7 月通过的《数字市场法》在“守门人”的禁止性义务中规定：“守门人在排名、相关索引和爬取等方面，不得对自身服务和产品较第三方同类服务或产品提供优惠待遇。守门人的这类排名应适用透明、公平和无歧视的条件。”[②]该法案通过不久，亚马逊就其自我优待行为还提交了整改方案，以回应欧盟委员会的反垄断调查，试图寻

① 谷歌 2017 年因其搜索引擎优待自家比价购物服务，被欧盟委员会罚款 24 亿欧元；谷歌提出上诉，欧盟普通法院 2021 年 11 月驳回谷歌上诉请求。See European Case AT. 39740 and Case T – 612/17, Google and Alphabet v. Commission.

② See Digital Markets Act, COM (2020) 0842 – C9 – 0419/2020 – 2020/0374(COD), §6.5, https://www.europarl.europa.eu/doceo/document/TA-9-2022-0270_EN.html#title1.

求和解。[①] 美国《选择与创新在线法案》也直接禁止大平台对待自营的产品和服务优于竞争对手的产品和服务的行为。[②] 虽然我国修改后的《反垄断法》没有明确禁止平台的自我优待,但国家市场监督管理总局发布的《禁止滥用市场支配地位行为规定(征求意见稿)》提出,“主导平台在与平台内经营者竞争时,没有正当理由不得对自身商品优先展示或排序、不得利用平台内经营者的非公开数据来开发商品或辅助自身决策”,[③]在一定程度上表明我国也禁止平台企业实施自我优待行为。

但是,平台企业的自我优待行为也并不是本身违法。因为在市场经济条件下,企业利用自己的资源推动自身的发展,在绝大多数情况下都是合法的。2021年6月,美国哥伦比亚特区联邦法院对美国FTC以及46个州联合对脸书提起的反垄断民事诉讼所作的初步回应中明确指出:“即便脸书真的具有市场支配地位,它也有权参与市场竞争,其没有义务去帮助竞争对手;如果将脸书视为类似提供水电煤服务的基础设施,并据此限制其拒绝向竞争对手提供服务的选择,这将导致企业丧失投资类似基础设施的动力,因为它们知道自己将被迫向竞争对手开放这些基础设施。”[④]因此,平台自我优待行为的违法性认定也需要具体情况具体分析。

4. 平台掠夺性定价及其竞争损害

传统的掠夺性定价行为,一般是指占市场支配地位的企业低于成本销售产品或服务,目的是将竞争对手排挤出市场,等竞争对手被排挤出市场之后,再以垄断性高价收回亏损。美国联邦最高法院在“松下案”“布鲁克烟草案”中曾明确表示,“掠夺性定价很少有成功的可能”,[⑤]因为企业难以顺利完成“低价亏损”和“高价弥补”两个阶段并且从中获益,这个行为由此也被芝加哥学派批评为仅有理论意义而没有实践意义。然而,与传统理论相悖,“由于规模经济对平台企业的商业模式和强化其平台市场地位至关重要,反垄断执法者已经认识到,以牺牲回报为代价而追求规模的增长是平台企业高度理性的选择”。[⑥] 此外,鉴于平台存在多边市场和网络效应,平台经营者即便在平

---

① 欧盟委员会2019年启动亚马逊滥用行为的反垄断调查,认定亚马逊使用第三方卖家非公开数据偏袒自家下游零售业务,构成平台的自我优待。See Case AT. 40462 Amazon Marketplace, https://ec.europa.eu/competition/elojade/isef/case_details.cfm? proc_code = 1_AT_40462.

② See American Choice and Innovation Online Act, §2.

③ 参见2022年6月国家市场监督管理总局《禁止滥用市场支配地位行为规定(征求意见稿)》第20条。

④ 转引自丁茂中:《自我优待的反垄断规制问题》,载《法学论坛》2022年第4期。

⑤ See Matsushita Electric Industrial Co v. Zenith Radio Corp, 475 U.S. 574 (1986); Brooke Group Ltd. v. Brown & Williamson Tobacco Corp, 509 U.S. 209 (1993).

⑥ Lina M. Khan, *Amazon's Antitrust Paradox*, 126 Yale Legal Journal 710, 790 (2017).

台一边提供"零价格"服务,它在另一边也可以通过网络外部效应获得巨大的广告收益。因此,平台经营者实施掠夺性定价的动机十分强烈。①

平台的掠夺性定价策略一般如下:在前期,主导平台通过低价、零价格甚至通过补贴吸引客户、扩大用户规模,抢占市场份额,其结果是竞争对手因为难以长期亏本经营从而被排挤出市场,潜在竞争者因为无利可图也不会进入市场;在后期,由于市场缺乏竞争约束,大平台可快速将用户流量变现以弥补亏损,甚至通过提价来获取垄断利润。例如,滴滴曾与优步(中国)为争夺网约车市场份额大打"价格仗",由此对车主实行高额补贴,对乘客推出零元快车活动,但在一家独大后,滴滴不仅降低车主补贴、提高抽成比例,而且还对乘客大幅涨价。② 滴滴的掠夺性定价策略之所以能够在平台领域成功实施,第一,"低价亏损"能得到平台投资者的认可和支持,因为与利润相比,平台投资者更看重规模效益;第二,平台领域的"高价弥补"比较隐蔽而且容易实现,因为在倾斜性定价机制下,平台企业可以凭借数据、流量等以非直接价格的形式获取高额回报;第三,因为平台的网络效应和零边际成本,平台有能力降低前期亏损和放大后期收益,即掠夺性定价对平台有利可图。大平台以牺牲短期利益为手段而获取长期收益的掠夺性行为会严重损害竞争,因为它在前一阶段的"低价亏损"可以直接排除竞争对手,特别是排除初创平台,后一阶段的大幅提价则会直接损害用户和消费者的利益。

然而,全球迄今尚未出现因掠夺性定价而受到处罚的平台企业。美国司法部曾就亚马逊以 9.9 美元的低价销售畅销书占领电子书市场主导地位进行过调查,但最终认定亚马逊实施了"亏损销售策略"而非掠夺性定价。③ 该案说明,认定平台领域的掠夺性定价与传统经济一样存在两个难题:一是平台短期内低于成本销售可能有合理性,因为低价销售有利于促销产品、促进新产品进入市场、发展平台内其他业务、吸引新用户等;④二是考虑到成本测算的难题再加上平台零价格常态,按照掠夺性定价的分析框架,不仅进行前一阶段的"价格—成本测试"难度大,认定后一阶段存在"垄断性高价"的难度也很大。

---

① See OECD, (2018) *Rethinking Antitrust Tools for Multi-Sided Platforms*, www.oecd.org/competition/rethinking-antitrust-tools-for-multi-sided-platforms.htm.

② 参见刘素宏、李媛:《滴滴收购优步中国陷反垄断争议》,载新华网 2016 年 8 月 2 日,http://www.xinhuanet.com/politics/2016-08/02/c_129196340.htm。

③ 美国司法部认为,缺乏构成掠夺性定价的决定性证据,因为亚马逊的电子书分销业务处持续性盈利状态。See Response of Plaintiff United States to Public Comments on the Proposed Final Judgment at 21-22, Apple, 952 F. Supp. 2d 638 (No. 12-CV-2826-DLC).

④ 参见《关于平台经济领域的反垄断指南》第 13 条。

鉴于平台企业低于成本定价可能是一种跨平台收益内部化的行为,笔者建议,这里无须进行"价格—成本测试",而是侧重考虑低价行为是否损害"同等效率竞争对手",重点分析低价行为的降价幅度、范围、维持时间以及由此产生的封锁效应,即是否可能排除现有的竞争对手、潜在竞争对手以及是否会导致持续性的威慑力。此外,还应当考虑平台提价之外弥补亏损的多重路径,即评估企业获益的实质性原因是削弱了竞争对手还是低价本身吸引了更多用户,即通过估算转移比率方法考虑在不削弱竞争对手的情况下该价格是否仍有利可图。

五、考量新样态平台限制竞争行为促进竞争的效果

虽然新样态平台限制竞争行为可能会产生限制竞争、提高市场集中度、损害平台用户和消费者利益、抑制技术创新等方面的竞争损害,但它们一般不会构成本身违法,这是因为这些限制竞争同样也可能产生促进竞争的效果,比如,因规模效应可以提高经济效率、避免"搭便车"、促进创新、提高服务质量。限制竞争行为的违法性评估应综合考虑它们损害竞争和促进竞争的双重效果,而且促进竞争的效果应成为平台企业正当抗辩的理由。

(一)考虑新样态行为促进竞争的效果

我国《反垄断法》寻求多元价值目标,即经济效率固然重要,但没有陷入"唯经济效率论"的误区。例如,《禁止滥用市场支配地位行为暂行规定》第20条规定,认定正当理由应考虑多重影响因素,考察是否会对社会公共利益、经济效率、投资创新、交易相对人或消费者利益等产生有益影响,此外还考虑行为是否为法律法规所允许以及经营者正常经营所必须等客观情况。因此,平台行为的竞争分析也应当涵盖经济效率、消费者和社会福利以及激励创新等多维度。《反垄断法》还增加了"鼓励创新"的立法目的,说明平台领域应特别重视创新激励。

如果企业努力为消费者生产新的和更好的产品,这是竞争激励创新的动态效应,也是高科技领域市场竞争的特点。[①] 因此,在技术富集的平台经济领域,与静态竞争下的"生产效率"与"配置效率"相比,人们更关注"动态效率",如干中学(learning by doing)、实现研发的规模经济、减少研发开支等。[②] 激励创新是评估平台市场动态效率的重要指标,它不仅推进创新和技术研发,而且反映市场竞争状况良好、消费者福利和经济效率得到提升。因为新产品的研发和创新不仅能扩大消费者选择范围、在服务质

---

① Richard Whish & David Bailey, *Competition Law*, Oxford University Press, 2012, p.4.

② 参见韩伟:《数字经济时代中国〈反垄断法〉的修订与完善》,载《竞争政策研究》2018年第4期。

量和便利化等方面更好地满足消费者需求，而且还会激励其他市场主体进一步提高生产效率。因此，创新效果的评估应当特别甄别是实质性的创新还是形式上的更新，仅仅是形式上的产品差异化可能会造成浪费，真正有价值的创新很多体现为产品质量的提高。① 这里以平台"大数据杀熟"为例分析这种行为可能会促进竞争的效果。

"大数据杀熟"，一般是指平台的个性化定价行为，即平台借助大数据、算法等技术手段，针对性地对熟客较新客定价高、对购买意愿强烈的消费者较购买意愿较低的消费者定价高。"大数据杀熟"与传统的价格歧视有差异，即通常它不是直接差别化定价，而是以折扣或优惠券等形式指向性向特定用户或用户群体提供优惠，实行"千人千价"，因此形式上具有针对性、动态性和隐蔽性，即凭借技术操作实现差别性待遇和锁定用户的目的。"大数据杀熟"自 2018 年被媒体冠以"杀熟"之恶名以来，受到的批判不绝于耳。很多人主张禁止平台的个性化定价，认为这是不公平限制竞争和严重损害消费者利益的行为。②

然而，有些研究要么以电商零售平台为单一研究对象，要么片面关注消费者剩余的变化，而忽视了平台个性化定价在不同场景下可能产生促进竞争的效果。首先，对市场来说，个性化定价可能会提高整体经济效率。因为平台利用算法实施的精准定价可以消除因信息不对称而给市场交易带来的不利影响，提高交易成功率，扩大产出和市场需求，由此可以促进整体经济效率的提高。个性化定价会带来市场扩张效应，随着算法的深度学习，企业可依据消费者偏好和支付能力等信息进一步完善其产品和服务的质量，不断优化其存储配比和销售方式等经营策略，推动整体经济的创新和研发，提高动态效率。其次，对平台自身来说，个性化定价可以使企业实现利润最大化。比如，电商平台可以根据购买记录对买家实施个性化定价，对购买意愿和支付能力较强的买家提高价格，对价格敏感的消费者群体降低价格，从而促成更多的市场交易数量和利润；打车服务平台依据不同时段和路况对出行者实施的动态差别定价，在供求平衡规律下可获得最高的利润。而且出于追求利润目的，平台也更有动力投资技术创新。最后，个性化定价也会促进整体消费者的福利。个性化定价经常被诟病的问题是

---

① See Edward H. Chamberlin, *The Theory of Monopolistic Competition*, Oxford University Press, 1949, p. 57.

② 参见邹开亮、刘佳明：《大数据"杀熟"的法律规制困境与出路——仅从〈消费者权益保护法〉的角度考量》，载《价格理论与实践》2018 年第 8 期；李毅、李振利：《数字经济背景下对消费者实行个性化定价违法边界的研究》，载《社会科学》2020 年第 2 期；孙晋、王迪：《电商平台个性化定价行为的违法性界定及规制路径——基于动态定价行为和线下交易行为的比较视角》，载《西北工业大学学报（社会科学版）》2022 年第 1 期。

"利用不公平定价充分挖掘消费者剩余,导致消费者整体福利受损"。[①] 但是,这个观点不是绝对正确的。因为有研究表明,统一定价转向个性化定价,社会福利和消费者剩余既可能同时增加或减少,也可能社会福利增加而消费者剩余减少。[②] 个性化定价虽然直接损害高价购买的消费者的利益,但可以使低价购买的消费者从中获益,即可被视为"给予弱势群体更平等价格的一种价格补贴策略",[③]这种福利转移由此也意味着配置效率的提高。因此,个性化定价并不必然会导致消费者整体福利受损,"整体经济福利提高或降低很大程度取决于具体场景"。[④]

(二)促进竞争的证据和标准

执法机构认为,平台行为涉嫌垄断,被调查的企业可以进行效率抗辩,即指出该行为具有促进竞争的效果并承担相应的举证责任。在美国的"微软案"中,因为微软无法证明其 Windows 操作系统捆绑 IE 浏览器可以提高效率,法院认为其效率抗辩的证据不足。[⑤] 这表明,被调查平台主张的效率应当是具体的,并且应当得到证实。因此,一般经济理由不能构成效率抗辩,比如,竞争本身具有排他性、优胜劣汰等基本经济规律。即便合同自由、经营自主等为反垄断法所倡导,但也不能成为竞争损害的正当理由,因为普适性价值无法作为具体案件中提高整体经济利益的证据。另外,被调查企业还应当通过具体证据证明经济效率的提升,比如,规模经济可降低生产和维护成本,由此降低产品的价格、改善产品及服务质量、扩大消费者选择、推动创新、发展新产品和技术更新等。平台还应说明实施限制竞争行为的必要性,目的是证明其他替代行为难以产生同样的促进竞争效果。具言之,平台需要证明以下两个方面:一是促进竞争是平台所追求并希望实现的效果,而不是其限制竞争行为偶然或意外的后果,以证明平台主观上有促进竞争的意愿;二是实践中不存在其他同样能提升效率但损害竞争程度较低的替代性竞争行为,或者这些行为无法实现,即平台行为是在没有更佳选择的情况下实施的。

(三)竞争效果权衡及其难点

评估新样态平台限制竞争行为的竞争损害和促进竞争的效果后,应综合考察这两

① See Pedro Gonzaga, *Personalised Pricing in the Digital Era*, OECD DAF/COMP(2018)2, 2018.

② See Dirk Bergemann, Benjamin Brooks & Stephen Morris, *The Limits of Price Discrimination*, 105 American Economic Review 921 (2015).

③ 喻玲:《算法消费者价格歧视反垄断法属性的误读及辨明》,载《法学》2020年第9期。

④ See Curtis Taylor & Liad Wagman, *Consumer Privacy in Oligopolistic Markets: Winners, Losers, and Welfare*, 34 International Journal of Industrial Organization 80(2015).

⑤ United States v. Microsoft Corp., 253 F. 3d 34 (2001), p. 64 – 66.

种效果的抵销结果。若一个行为产生的竞争损害或促进竞争效果非常明显,就比较容易判断是否违法。但在复杂的数字环境下,明显损害竞争和明显促进竞争之间的灰色地带似乎变大,权衡双重效应下的整体竞争效果并非易事。在实践中,反垄断执法机构往往考虑行为的"净效应"进行判定:损害竞争效果和促进竞争效果互相抵销后,余下的如果是损害竞争效果,那么可以认定该行为严重限制竞争并且构成滥用;反之,余下的如果是促进竞争效果,该行为则可以被正面评价。

需指出的是,评估"净效应"看似简单,但具体案件中则可能面临一些难以解决的问题。首先,反垄断法如果追求多元价值目标,可能意味着不同目标之间存在价值冲突和排序的问题。假若损害竞争的效果和促进竞争的效果分别代表不同类别的价值目标,"净效应"方法就无法在不同效果之间进行简单地抵销。欧盟在这方面的应对措施是将保护竞争置于最高和最优的等级。尽管法院在很多案件中认识到存在抗辩的可能性,①但是仍不允许将竞争保护与其他公共政策相权衡。② 其次,评估平台行为的竞争效果一般采用定性分析法,因该行为受到损害和获得利益的往往是不同的群体,在没有量化标准的情况下,权衡不同群体受到的影响孰强孰弱比较困难,"净效应"方法的可操作性和有效性就不会很理想。对于竞争效果的整体评估,是否需要引入经济学方法进行量化分析,还是使用创新性的统一效果分析框架,还有待进一步地深入研究。

此外,在平台行为竞争效果的评估实践中,还存在就其促进竞争的效果考虑不足的问题。例如,在我国迄今涉及平台滥用行为的案件中,当事方无一例外都放弃了相关的听证和抗辩权利,执法机构也未进一步分析该行为是否可能带来促进竞争的效果。如果平台企业放弃主张,其行为的积极效果就可能被彻底忽视。但是,考虑到这些案件应当适用的合理原则、执法机构应当客观和准确地评估各种竞争效果以及被告当事人拥有的正当抗辩权利,平台的积极抗辩应当得到鼓励。

六、结语

平台经济市场竞争的外在形式和内在元素与传统经济相比呈现明显不同的特点,平台领域滥用行为应用传统分析方法可能会出现"水土不服",以致难以识别和认定新

---

① See Case C – 311/84, Télémarketing (1985) EU: C: 1985: 394, para 27; Case C – 95/04, British Airways plc c. Commission (2007) EU:C:2007:166, paras 69 and 86.

② Ginevra Bruzzone, *The Effect-based Approach after Intel*: *A Law and Economics Perspective*, in Pier L. Parcu, Giorgio Monti & Marco Botta eds., Economic Analysis in EU Competition policy: Recent Trends at the National and EU level, Edward Elgar Publishing Limited Press, 2021, p. 44.

样态平台限制竞争行为的违法性。从最新立法和执法情况看,规制平台领域限制竞争行为不需要突破传统滥用行为的分析框架,即个案分析仍应当秉承合理原则和效果主义方法。然而,新样态行为的违法性认定应当特别谨慎:一方面,应去除形式主义,即避免套用典型滥用行为的类型,并克制适用兜底条款;另一方面,应坚持以“竞争损害效果”为违法性认定标准,重点考察是否损害市场竞争和消费者福利。在可责性层面需考虑行为可能促进竞争的效果,鼓励平台企业积极抗辩。与此同时,需要将平台的多边属性、网络效应、动态竞争、数据的收集处置能力和创新价值等特殊要素置于整个竞争分析框架,并结合平台的功能和商业模式等特点考虑具体的竞争效果。通过完善新样态平台限制竞争行为的违法性认定路径,强化对平台滥用行为的反垄断规制,有效防止平台企业的资本无序扩张,构建有序竞争的市场环境,最终助力全国统一大市场的构建和完善。

公平竞争审查第三方评估路径优化研究*

陈灿祁**　李敏嘉***

摘　要：在公平竞争审查制度中引入作为外部监督机制的第三方评估，是克服自我审查模式下监督机制缺位困境、全面激活公平竞争审查制度的必然要求。在制度的实际运行过程中，权威性不足暴露出的第三方评估"监督者"角色失灵、政策制定机关缺少运用评估结果的内外驱动力等问题，直接导致评估结果采纳率不高，第三方评估陷于制度空转的状态。厘清政策制定机关与第三方评估机构的行为内在逻辑，是突破权威性不足难题的现实基础。重构评估结果采纳机制、提升第三方评估机构的专业权威、建立促进评估结果运用的双向奖惩机制、完善公平竞争审查第三方评估结果的形成与应用机制，是激发第三方评估内在优化动力、提升政策制定机关评估结果采纳率，并以此推动公平竞争审查第三方评估机制有效运行的重要路径。

关键词：公平竞争审查；外部监督；第三方评估；优化路径

一、问题缘起

2021 年 8 月，习近平总书记在中央全面深化改革委员会第二十一次会议上强调，"深化反垄断、深入推进公平竞争政策实施，是完善社会主义市场经济体制的内在要求"。维护公平竞争是保障市场经济有效运行的核心，也是政府在管理经济社会事务中所要遵循的基本准则。① 目前，我国构建高水平的社会主义市场经济体制和高标准

---

* 国家社会科学基金项目"算法共谋的反垄断法规制研究"（项目编号：19CFX067）的阶段性成果。

** 法学博士，湘潭大学法学院副教授。

*** 湘潭大学法学院 2020 级经济法专业硕士研究生。

① 参见彭森：《"十四五"开启中国改革新征程——在第十八届中国改革论坛上的致辞》，载《中国经贸导刊》2020 年第 24 期。

的市场体系,关键任务是在市场准入、要素使用、产权保护等方面消除所有制歧视和壁垒,对各类市场主体一视同仁,坚持竞争中性的原则,完善公平竞争审查制度。自2016年国务院印发《关于在市场体系建设中建立公平竞争审查制度的意见》,至2021年6月国家市场监督管理总局等五部门印发《公平竞争审查制度实施细则》,我国公平竞争审查制度已实现"国家、省、市、县四级政府的全覆盖",从"建立"迈向"健全"的新台阶。

反观实效,自公平竞争审查制度实施以来,在各省、市、县各部门的推动落实下,共审查新出台的政策措施85.7万件,发现和纠正违反审查标准的政策措施4100余件,[①]问题文件发现纠正率仅为0.478%。问题文件的发现率严重偏低。这集中反映出现行"自我审查"模式下审查机构的内在动力不足,政策制定机关自我审查能力欠缺,以及外部监督不完善等问题。[②] 上述问题的存在,致使公平竞争审查易流于形式,公平竞争审查制度处于滞转状态。因此,应在公平竞争自我审查模式之外引入第三方评估机制,以解决自我审查模式下审查主体"怠于审查""审查流于形式""审查能力欠缺"等问题。

为推动公平竞争审查制度深入实施,2019年2月国家市场监督管理总局发布了《公平竞争审查第三方评估实施指南》(已失效),鼓励政策制定机关在公平竞争审查工作中引入第三方评估,并建立健全公平竞争审查第三方评估机制。2021年6月,国家市场监督管理总局等5部门印发的《公平竞争审查制度实施细则》新增"第三方评估"一章,将评估主体、评估对象、评估阶段和评估结果的效力等内容以专章形式进行规定。

针对公平竞争审查第三方评估机制的研究,目前学界主要聚焦以下内容:一是公平竞争审查中第三方评估的角色定位问题。有学者认为,在公平竞争审查制度中,作为补充机制的第三方评估,本质上是一种外力的监督机制;[③]也有学者提出,若采用集中审查模式,第三方评估机制亦可作为"协助方"[④]参与其中。二是对公平竞争审查第三方评估机制的困境进行研究。有学者认为,第三方评估机制仍存在遴选标准与评估标准过于"粗放"、获取评估所需信息的难度较大以及审查结论采纳度较低等问题。[⑤]

---

① 参见国家市场监督管理总局反垄断局:《公平竞争审查制度实施细则解读》,载《中国价格监管与反垄断》2021年第8期。

② 参见陈灿祁、叶蜜:《公平竞争审查制度的优化路径研究》,载《中国价格监管与反垄断》2018年第2期。

③ 参见孙晋、阿力木江·阿布都克尤木:《公平竞争审查引入第三方评估的重要性及其实现》,载《江海学刊》2020年第2期。

④ 参见殷继国:《我国公平竞争审查模式的反思及其重构》,载《政治与法律》2020年第7期。

⑤ 参见殷继国:《我国公平竞争审查模式的反思及其重构》,载《政治与法律》2020年第7期。

基于公平竞争审查制度第三方评估的实际运行机制，对现有研究成果进行梳理可发现：目前，大多数学者将政府内在行为逻辑与第三方评估存在的困境进行联系分析，但提出明晰的、可操作性强的优化路径的学术成果较少；而在与第三方评估相关的其他研究成果中，尽管对第三方评估本身"独立性""自利性"等共性问题进行了探讨，但由于不同领域中第三方评估的制度特色和制度功能存在较大差异，难以将其他领域中第三方评估的研究成果沿用至公平竞争审查制度中的第三方评估。

2022 年 6 月，《反垄断法》①在总则部分新增"国家建立健全公平竞争审查制度"与"强化竞争政策基础地位"，明确将"公平竞争审查制度"写入，使其成为法律制度，旨在通过顶层设计强化制度实施的法律保障，有助于我国进一步推动公平竞争审查机制，解决政府对市场的不合理干预。② 在公平竞争审查制度重要性提升之际，应当在理论层面对公平竞争审查制度中的重要问题——第三方评估的功能定位和困境成因进行剖析、反思，并且非常有必要聚焦第三方评估结果的形成与应用机制，以提升权威性为导向，优化我国公平竞争审查制度中的第三方评估机制。

二、公平竞争审查第三方评估的功能定位

公平竞争审查制度中的第三方评估在运行过程中涉及多方主体，包括政策制定机关、政策制定机关上级机构、公平竞争审查工作联席会议、第三方评估机构（组织）。不同的利益需求致使各主体对于第三方评估的功能定位亦存在认识上的偏差。厘清第三方评估的功能定位，将其恢复到制度应然的"监督""矫正"功能定位，才能使第三方评估取得预期的实施效果。

（一）自我审查模式的矫正机制

在构建公平竞争审查制度时，考虑到地方政府自主决策权与制度实施成本等一系列问题，我国现阶段主要采用的是自我审查模式。但在自我审查模式下，由于政策制定机关对竞争法专业知识、竞争评估了解不足，导致审查结果难免出现误差；而且由于自身的强势地位和市场主体天然的顺从心理，政策制定机关难以全面收集市场主体的

---

① 2022 年 6 月 24 日，十三届全国人大常委会第三十五次会议表决通过了《关于修改〈中华人民共和国反垄断法〉的决定》。新《反垄断法》于 2022 年 8 月 1 日起正式生效并施行。此次修法汇聚重要竞争法律成果，如明确竞争政策基础地位，将公平竞争审查制度入法，使其享有法律保障；在法条中明晰利用"合作协议、备忘录等方式"实施行政垄断行为，通过条文修正，使预防和制止行政性垄断的制度与公平竞争审查制度得以有效衔接，对行政性垄断问题施以更加严格的规制。此外，本次修法还回应了数字经济时代下反垄断执法所面临的现实挑战。

② 参见王晓晔：《〈反垄断法（修正草案）〉的评析》，载《当代法学》2022 年第 3 期。

不同意见,尤其是利害关系人的意见,并据此进行科学合理的政策影响评估,得出准确的公平竞争审查结论。比如,在笔者参与的第三方评估工作中,发现很多政策制定机关在开展政策措施公平竞争审查时,仍然还存在对审查范围、审查标准把握不准的情况,主要体现在往往只对规范性文件进行审查,忽略了对其他涉及市场主体经济活动的政策措施的审查,审查人员对"审什么""如何审"的理解不透彻,未能严格对照标准开展公平竞争审查工作。而政策制定机关自身也反映对公平竞争审查法律和政策理解掌握不准确、不深入,在实际工作中面对具体案例时,难以准确适用公平竞争审查标准。

公平竞争审查第三方评估机制"矫正"作用的发挥,正是立足于政策制定机关的认知偏差与其在自我审查模式下的形式化审查结论,起到纠偏作用。其一,第三方评估机构不隶属于任何政策制定机关,作为有别于政府与市场的第三方主体,第三方评估机构可以通过独立、客观的方式实现"政府—第三方评估机构—市场"之间的"和谐互动"和"动态平衡",[①]在政府和市场之间双向了解和传递信息,结合政策制定目的,全面考察政策措施对经济发展、市场竞争秩序与市场主体的实际影响。其二,第三方评估机构能处在客观公正的立场上,凭借自身在竞争评估领域的专业性,运用经济学和竞争法学知识,采用定性、定量分析方法,定位政策措施中具有排除、限制竞争效果的具体内容,在一定程度上填补政策制定机关审查能力的不足之处。

在公平竞争审查制度中引入第三方评估,即凭借评估机构收集信息的全面性和分析问题的专业性,发现政策制定机关自我审查结论中的错漏之处,督促政策制定机关采纳第三方评估结果,矫正政策制定机关自我审查结论,推动公平竞争审查制度从"形式覆盖"深化为制度的"精准落实"。

(二)公平竞争审查的外部监督机制

我国公平竞争审查的内部监督机制,主要表现为审查主体对经公平竞争审查的政策措施的定期评估以及对适用例外规定政策措施实施效果的逐年评估。[②] 根据《公平竞争审查制度实施细则》,"审查主体",是指"起草部门""本级人民政府指定的相关部门""牵头部门",处于较分散的状态。而基于审查主体的审查动机不足、权力制衡机制不健全等固有缺陷,公平竞争审查的自我审查模式一直备受学界质疑:依靠审查主体自觉性进行的内部监督,根本无法起到杜绝排除、限制竞争效果的文件出台的约束效

---

① 参见张占江:《政府与市场和谐互动关系之经济法构建研究——以社会中间层主体为路径》,载《法律科学》2007年第3期。

② 参见朱静洁:《我国公平竞争审查监督机制的现存问题及其对策研究》,载《竞争政策研究》2022年第1期。

果。大部分政策制定机关在起草政策时即能预想到实施效果,自我审查模式更是为侥幸心理的滋生提供了"温床"。

但自我审查模式并非全然不可取,其效能建立在是否有外部监督的基础上,即引入外力克制主体自我利益倾向的局限。① 第三方评估机构作为外部机构,旨在针对影响市场公平竞争的政策措施进行审查,强化外部监督,以实现对自我审查制度悖论的化解。"无论何种评估,它对被评估者都具有督查工作作风、监督职能履行的功能。"②

一方面,第三方评估的监督权力来自开展专项督查的委托方。专项督查作为公平竞争审查制度中外部监督形式的一种,是由联席会议有关成员组成的督查组对本级政府部门及下级政府的公平竞争审查工作开展督查,属于事后监督。③ 在公平竞争审查领域,第三方开展评估通常受公平竞争审查工作联席会议委托,行使的实际上是一种带有考核性质的准公共权力或者管理权力,④并依此特许权对政策制定机关的工作质量进行评估,履行对政策制定机关的监督考核职能。而"委托代理"理论正是对第三方评估权力来源合法性和权威性来源的解答。⑤ 基于委托—代理关系,委托方与第三方评估机构之间实现了监督权的让渡。

另一方面,第三方评估凭借专业性和客观公正性,成为承担公平竞争审查制度外部监督功能的重要机构。占据价值中立的第三方能够提供外部视角下的专业政策评估结果,消除政策制定机关作为内部审查主体的视角局限,剖析政策制定机关难以察觉或不愿发觉的问题;而第三方评估的公正性,可以消解政策制定机关"既是裁判员又是运动员"的角色错位,进行有效的监督和制衡。

此外,第三方评估还可与现有的外部监督机制进行充分衔接,并在"专业性"和"全面性"方面予以补足。立足于国务院《关于在市场体系建设中建立公平竞争审查制度的意见》和《公平竞争审查制度实施细则》等现有规定,外部监督机制包括社会监督和执法监督⑥两种形式。其中,社会监督涵盖重大决策事项公示、听证制度和投诉举报等

---

① 参见张琼:《第三方立法评估制度化的科学性和路径建构》,载《西南政法大学学报》2021 年第 1 期。

② 参见尚虎平、孙静:《失灵与矫治:我国政府绩效"第三方"评估的效能评估》,载《学术研究》2020 年第 7 期。

③ 参见殷继国:《我国公平竞争审查模式的反思及其重构》,载《政治与法律》2020 年第 7 期。

④ 参见周汉华:《全面依法治国与第三方评估制度的完善》,载《法学研究》2021 年第 3 期。

⑤ 参见江国华、刘新鹏:《法律制度实施效果第三方评估机制》,载《江汉论坛》2019 年第 8 期。

⑥ 国务院《关于在市场体系建设中建立公平竞争审查制度的意见》提到,"通过社会监督及执法监督,促进审查主体按质按量完成对政策措施的公平竞争审查工作"。其中,执法监督的主要表现形式为,针对违反《反垄断法》的情形,由反垄断执法机构向政策制定机关的有关上级机关提出依法处理的建议。

方式,但上述方式均存在监督主体主动性弱、获取信息渠道单一等缺陷。在公平竞争审查制度中引入第三方评估机制,恰恰可以破除自我审查模式下外部监督机制发挥效用不足的问题。较之政策的利益关系主体(如相关市场竞争的经营者等),保持价值中立的评估机构视角更全面,分析问题更加理性客观;在委托评估的模式下,通过与政策制定机关之间搭建交流反馈机制,第三方评估机构获取政策制定过程中的细节信息更便利,不易陷入"信息不对称"的局面;且其专业性更强,提炼问题更精准。在进行政策评估的过程中,第三方评估机构会主动面向社会公众收集真实反应,积极采集公众建议,以此作为判断政策产生效果、拟定政策整改方向的重要参考。亦可将此种方式视为与"向社会公众征求意见、投诉举报"等监督形式进行的衔接。

通过第三方评估的监督功能,可将政府的思维转换为对市场的"有效规制""有限规制",防止政府不当干预市场竞争,培育公平竞争理念;保证政府行为合乎相关法律法规要求,推动政府实现"依法行政"。基于此,将第三方机制作为外部监督机制是健全公平竞争审查制度的应有之义。

(三)"内部协助者""内部监督者"之证否

有观点认为,外部监督机制应仅涵括专项督查、①社会监督和执法监督;现阶段的第三方评估仍然是一种审查协助行为,仅为政策制定机关提供意见参考,其外部监督和外部制约作用有限。② 甚至有观点认为,由于刚性约束的缺失,在政策制定机关的视角下,第三方评估仅作为内部审查模式的补足协助机制发挥作用,以湖南省衡阳市的第三方评估实施方案为例,其中直接提到,"第三方评估是开展公平竞争审查的辅助机制"。③

在现行的委托评估模式下,若采"协助者"的功能定位,对第三方评估的"监督者"角色予以回避,会使评估机构居于"服务者"的弱势地位;而委托关系本就有单方制约之罅隙,④"协助者"的功能定位难以给予政策制定机关相应的外在压力,从而导致第三方机构作出的评估结果无法得到政策制定机关的重视与采纳。

将第三方评估机制定位为"内部监督机制",也存在不妥之处。其一,无论第三方

---

① 参见殷继国:《我国公平竞争审查模式的反思及其重构》,载《政治与法律》2020年第7期。

② 参见黄彦钦:《公平竞争审查制度中的第三方评估》,载王红霞主编:《经济法论丛》2020年第1期(第35期),社会科学文献出版社·群学出版分社2020年版。

③ 衡阳市公平竞争审查工作联席会议办公室印发的《2020年衡阳市公平竞争审查第三方评估实施方案》第七部分"工作要求"提出:"第三方评估是开展公平竞争审查的辅助机制,主要是为政策制定机关提供参考依据,借此规范审查行为,提高审查质效,而非替代政策制定机关进行公平竞争审查。"

④ 参见张琼:《第三方立法评估制度化的科学性和路径建构》,载《西南政法大学学报》2021年第1期。

评估机构受何种主体委托，作为第三方主体本身具备的外部性、独立性都难以使其同行政机构作为政策制定机关的“内部性”相统一，此为“主体悖论”；其二，假设采用此种功能定位，将第三方评估机构生硬地纳入内部监督体系之中，则后果是较之政策制定机关的强势地位，第三方评估机构的话语权缺失，评估结果难以被采纳，监督功能发挥的现实基础缺失。更有甚者，可能会产生政策制定机构与第三方评估机构的“通谋”现象，滋生谋求自身局部利益最大化的倾向。在此种情形下，第三方评估机构不仅无法依靠其专业优势得出专业、客观的评估结果，以制约自我审查模式下政策制定机关的自利心理和侥幸心理，弥补自我审查机制中出现的短板；而且第三方评估机构与政策制定机构的“通谋”可能会使外部监督陷入有失客观公正的困境，此为“功能悖论”。

三、公平竞争审查第三方评估的现实困境

公平竞争审查制度中的第三方评估，应立足于第三方主体的客观中立立场，切实行使监督功能，扭转政策制定机关长期以来以政绩为导向的观念。但对目前的机制运行现状进行分析，却发现第三方评估面临诸多困境，尚未完全实现其应有的监督功能。此外，公平竞争审查制度中的第三方评估还应充分发挥自身的专业优势，矫正政策制定机关片面的自我审查结果。但对目前的机制运行状况进行分析，不难发现，第三方评估机构在开展评估工作时遭遇障碍颇多，第三方评估结果的运用取决于政策制定机关的主观意愿，弹性空间较大。究其原因，制度运行过程中涉及的不同主体之间存在利益冲突，使该制度的应然功能并不能完全发挥出来，反而会出现制度失灵与制度异化的现象。①

（一）第三方评估的委托机构刚性约束不足

联席会议作为一种主体性协调机制，②逐渐成为部际横向协调机制的重要形式。地方政府对存在较大争议或者部门意见难以协调一致的问题，可以提请同级公平竞争审查工作部门联席会议进行协调。就目前实践情况而言，公平竞争审查工作联席会议在协调各成员单位工作方面确实发挥了一定的作用，但联席会议的各参与主体之间并无隶属关系，而联席会议作出决定的效力主要取决于各成员单位作为参与者是否自觉遵守，缺乏刚性约束。目前，由于公平竞争审查工作联席会议权威性不足的问题仍未得到实质解决，作为联席会议受托方的第三方评估机构在工作过程中易遭遇政策制定机关的敷衍对待。

---

① 参见辛鸣：《制度研究的哲学视野选择及其问题梳理》，载《哲学动态》2005 年第 10 期。

② 参见刘东辉：《行政联席会议制度刍论》，载《人民论坛》2012 年第 35 期。

在行政组织体系“纵向支配”的科层特质导致的惯性思维下,公平竞争审查工作联席会议的权威性不足,对同级成员单位开展公平竞争审查协调工作时难免遭遇一定的阻力:有部分机构认为,自身不隶属于联席会议管辖,审查配合度较低。如中国人民银行湖北省某分行即提出,总行不同意其制定的规范性文件参与省公平竞争审查第三方评估相关事项。① 而有部分单位直接以自身发文不涉及市场主体为由,要求退出评估。如笔者在参加湖南省株洲市的公平竞争审查评估工作的过程中,株洲市天元区生态环境局以该单位“不涉及市场经济、与市场主体经济活动关系不大”为由,要求退出公平竞争审查联席会议。

针对联席会议召集人级别低、难以调动其他参与单位,不利于公平竞争审查工作有效展开的问题,2021年国家市场监督管理总局等5部门印发的《公平竞争审查制度实施细则》明确规定,“由本级人民政府分管负责同志担任联席会议召集人”,以此强化部际联席会议、地方各级人民政府及联席会议的职能作用。但笔者在《公平竞争审查制度实施细则》出台后对多地进行的实地调研情况显示,公平竞争审查工作联席会议虽有政府分管领导作为召集人,但其办公室仍设于当地市场监督管理部门中,地方政府实际参与度不高,联席会议仍存在权威性不足、刚性约束不足的问题。

(二)评估结果采纳度弹性大,约束力不足

关于评估结果的效力问题,《公平竞争审查制度实施细则》第23条未明确规定必须采纳评估结果,政策制定机关若选择不予采纳,只需说明理由即可。政策制定机关的主观意愿仍是评估结果能否得以采纳与运用的决定性因素。在此种情形下,政策制定机关难以意识到第三方评估机制的监督者身份,缺少积极整改的内外驱动力。

从政策制定机关的角度看,在责任追究机制缺失的情况下,相较严格整改所带来的短期经济停滞和“政绩损失”,被联席会议通报所带来的心理压力不值一提;其不愿“自揭其丑”的心态亦会使评估结果流于形式。政策制定机关极有可能基于整改成本的压力和心理学上的“破窗效应”,在观望后效仿将整改意见“束之高阁”的做法,评估工作沦为任意、随意的工作形式。政策制定机关的渗入也有损评估结果的客观性:如在最终评估报告的形成过程中,需要综合评估对象的反馈意见进行修改。而在此环节中,居于强势地位的政策制定机关常以反馈意见的方式干预最终评估结果的形成,以合理的方式规避评估结果中出现问题文件,使评估结果符合内心预期,致使在政策制定机关自我审查效果不佳的情况下,最终评估结果中呈现的问题文件率较真实存在的

① 参见孙晋主编:《公平竞争审查制度——基本原理与中国实践》,经济科学出版社2020年版,第299页。

问题文件率偏低,隐蔽实质问题。此外,在实践中第三方评估流于形式的问题并不容忽视。此种形式化并不仅仅包括评估结果的采纳率无法得到保障的问题,还包括评估结果内容本身的表面化。

(三)第三方评估的专业性有待提高

竞争评估,评估的是政府机关出台的规范性文件和其他政策性文件是否会削弱市场竞争,增加特定市场主体的市场特权,进而对价格、效率和创新等方面产生影响。第三方评估结果的受认可度,源于评估机构的中立性、客观性,取决于机构自身的专业素质以及对问题的精准定位和深入论证。无论在何领域,"中立性"均是论及第三方评估机构难以绕开的话题。"中立性"要求第三方机构保证价值中立,不受相关利益主体的干扰,客观地分析政策措施对市场竞争的真实影响,是其开展评估工作所要秉承的核心原则,亦是作为第三方治理实践模式的第三方评估在推动国家治理体系与治理能力现代化的大背景下发挥独有价值[①]的基石所在。但值得注意的是,评估机构的"中立性"主要保障的是评估结果的公正性,其中立视角拓宽的是相关利益主体的思维局限,直接影响的是评估结果的客观全面,而非评估结果的精准度和可用性。

在实地考察的过程中,笔者发现,第三方评估结果的采纳率主要由政策制定机关的重视程度、是否有外部压力机制以及评估结果本身的采纳价值等因素决定,而后者主要取决于第三方评估机构的专业性。但是目前,第三方评估机构对评估对象的了解存在碎片化、短期化[②]、单向化的问题,囿于评估标准不完善、评估资料单一等问题,评估机构的专业性施展空间较小,难以提出实质性的改善意见。各地实施公平竞争审查第三方评估机制的工作方案同质化、模板化倾向明显,忽视了不同地方问题的差异性。其实,第三方评估所要分析和矫正的,应是导致公平竞争审查制度实施低效甚至无效[③]的实质性问题。但受制于评估期限,现行的第三方评估机构过分关注被评估机构开展公平竞争审查工作机制的有无,工作特色、工作质量并不在评估范围之内,"评估是否有效"被"评估是否进行"取代。

以湖南省湘潭市评估工作为例,评估标准表由"迎检工作准备情况""组织机构完善情况""工作部署落实情况""审查和清理情况""抽取文件评估情况"等一级指标组成;评估标准评分表中基本以"有无"而非工作质量作为得分要件;评估标准中分数权重分配不合理,常用的均分法难以凸显出评估体系各层次和具体指标重要程度之间的

① 参见陈潭:《第三方治理:理论范式与实践逻辑》,载《政治学研究》2017 年第 1 期。

② 参见杜娟、杜义国、张微:《我国政府绩效第三方评估的研究现状及未来展望》,载《领导科学》2019 年第 6 期。

③ 参见金善明:《公平竞争审查机制的制度检讨及路径优化》,载《法学》2019 年第 12 期。

差异性,[①]量化后的评估分数难以体现政策制定机关在工作落实过程中的真实情况和问题所在。

此外,公平竞争审查第三方评估在评估过程中欠缺定量方法的使用是另一突出问题。第三方评估机构按照《公平竞争审查制度实施细则》中的操作流程,针对政策文件和制度实施情况开展评估,并形成评估结果。比如,评估结果中虽对文件清理数量和问题文件数进行数字化呈现,但缺乏对市场竞争状况的调研和具体的成本效益分析,未形成准确的量化评估结论。且在很多第三方评估结果中,仅包含对问题文件"是否具有排除、限制竞争效果"的定性分析结果和宽泛范围的建议,如"删除""建议整改",但整改方向并未指明,应用性不强,难以落地。

(四)公众视角下的评估结果呈"黑箱"状态

《公平竞争审查制度实施细则》规定:"评估报告应当向社会公开征求意见,评估结果应当向社会公开。经评估认为妨碍统一市场和公平竞争的,应当及时废止或者修改完善。"依此规定,应当将第三方形成的评估报告反馈给社会公众。对现行制度的运行实况分析可知,第三方评估结果的透明度较低,社会公众难以通过公开渠道获取第三方评估结果,且对评估结果的运用情况也难以知悉。

从目前已引入第三方评估开展公平竞争审查工作的地方政府的做法来看,评估结果和评估报告样本仅限于政策制定机关与联席会议内部共享,缺少评估结果与评估报告应向社会公开的相应规定。典型的如,中国(海南)自由贸易试验区反垄断委员会办公室于 2021 年印发的《公平竞争审查第三方评估方法(试行)》亦只对评估结果的内部共享方式进行提倡。[②] 虽有部分地区对评估报告予以公开,但仅局限于问题文件的数量,并未要求披露政策措施中违反公平竞争审查制度的具体内容,评估报告中的核心信息仍处于不公开状态。

依据《公平竞争审查第三方评估实施指南》(已失效)第 16 条的规定,评估报告的部分公开尚需政府部门批准,这直接导致评估报告与评估结果的透明度较弱。该条规定尽管可能是出于保护政府机密内容的考量,但在抽查的政策文件均属于公平竞争审查的对象,且这些政策文件本属于政府信息公开范畴内的情况下,"保密性"并不能成为封闭评估结果的充分理由。而在现行相对封闭的内部机构共享模式下,评估机构的组织自利性使其存在与评估对象达成共谋的倾向,形成彼此都"满意"的评估报告。评

---

① 参见周祖成、杨惠琪:《法治如何定量——我国法治评估量化方法评析》,载《法学研究》2016 年第 3 期。

② 中国(海南)自由贸易试验区反垄断委员会办公室《公平竞争审查第三方评估办法(试行)》(琼反垄断办〔2021〕13 号)第 28 条规定:"评估成果作为政策制定机关开展公平竞争审查、评价制度实施成效、制定工作推进方案的重要依据。鼓励各政策制定机关以适当方式共享评估成果。"

估结果的内容透明度低,公众在评估过程中的参与不足,导致“促进评估报告完善”“监督评估结果运用”的功能被虚置。① 此外,评估报告与评估结果的采纳情况对公众而言处于黑箱状态,也使利用社会舆论促使政策制定机关采用评估结果的反向激励匮乏。

四、公平竞争审查第三方评估的优化路径

目前,部分地区积极探索公平竞争审查机制的创新路径,如重庆市公平竞争审查联席会议办公室与四川省公平竞争审查联席会议办公室采用交叉互评、第三方评估结果互认的模式,以保障评估结果的精准度和采纳率。但政策制定机关与第三方评估机构信息不对称、政策制定机关在评估结果的运用上占据绝对的主导地位,导致第三方评估结果采纳率低、评估报告和评估结果封闭共享模式等问题,仍是公平竞争审查第三方评估工作中存在的突出问题。

针对公平竞争审查第三方评估在实践中的困境,应针对政策制定机关行政层级关系,围绕强化第三方评估制度的专业权威,采用建立促进评估结果运用的双向奖惩机制、推进评估结果透明化等方式优化第三方评估机制,全面激活公平竞争审查制度。

(一)强化第三方评估的制度权威

制度的确立,只是“秩序形成的前提条件和起始阶段,并不意味着秩序的必然形成”,②只有在实践中强化制度的权威性,发挥其应有的功能与作用,才能有效促进制度的成熟定型。③ 公平竞争审查第三方评估正处于制度完善阶段,通过提高委托机构的权威性、重构评估结果审议采纳机制、促进公平竞争审查制度第三方评估入法等方式,强化制度权威,方能发挥第三方评估应有的监督功能。

1.提高委托机构的权威性

权威化治理得以执行的关键在于等级与资源的匹配。④ 在委托评估的模式下,第三方评估机构难以避免受到政策制定机构的“干扰”,直接原因在于作为委托机构的公平竞争审查工作联席会议在联系成员单位开展评估工作时即面临诸多掣肘。其一,在评估过程中,同级的联席会议成员单位中有些仅认同联席会议的“沟通、协调”作用,难以接受联席会议的“督察”职能;其二,基于行政科层运行逻辑的考量,“上级指令下级

---

① 参见张德淼、杜朴:《立法后评估中的公众参与“虚置”及治理路径》,载《北京行政学院学报》2021年第1期。

② 蒋立山:《为什么有法律却没有秩序——中国转型时期的社会秩序分析》,载《法学杂志》2005年第4期。

③ 参见刘泾:《用制度权威筑牢国家治理体系的根基》,载《新疆社会科学》2020年第4期。

④ 参见李剑:《中国行政垄断的治理逻辑与现实——从法律治理到行政性治理》,载《华东政法大学学报》2020年第6期。

执行”的模式依然是最有效的方式。联席会议在督促同级联席会议成员单位配合评估工作或依据评估结果进行整改时,难以达到前述模式产生的效果。

基于委托—代理关系,强化第三方评估机构的权威性,应从提高委托机构的级别出发,将上级联席会议作为公平竞争审查第三方评估的委托方,以此强化对联席会议成员单位的约束力。此外,公平竞争审查工作的指导和监督机构层级可由省一级公平竞争审查工作联席会议办公室指导监督市一级的公平竞争审查工作,并委托第三方评估机构进行评估;由市一级的公平竞争审查工作联席会议对县区的工作落实情况进行指导并委派第三方评估机构进行评估。上级监督具有较强的威慑力与监督效能,有助于缓解第三方评估机构与政策制定机构之间的不对等地位,保障第三方评估工作的顺利开展,实现对政策制定机关的有效监督。

2. 重构评估结果审议采纳机制

强化第三方评估的制度权威,引入与政策制定机关形成制衡的监督机构,重新构建对评估结果进行审议、采纳的主体机制,才能从根本上解决问题。目前,评估结果采纳率低,缺少对政策制定机关“一票否决权”的制衡机制是最主要原因。在现有的制度架构下,政策制定机关享有是否采纳评估结果的绝对话语权。欲打破“评估结果仅作参考之用”的僵局,有必要在评估结果的审议过程中,纳入制约政策制定机关的外部机构作为审议主体,由外部机构参与决定评估结果的采纳程度,方能形成对评估结果采纳率的有力保障。逐年公布评估成果且评估结果采用率较高的韩国,为重构评估结果审议采纳机制带来新的经验启示。

韩国的竞争倡导制度旨在修订、撤销具有反竞争效果的政策、法规,创造竞争充分的市场。2000年,韩国公平贸易委员会(Korea Fair Trade Commission,KFTC)根据总理指令(the Prime Minister's Directive),成立了监管改革工作组,负责评估条例对竞争限制的影响,并提出评估意见。为保证评估意见被采用,由独立开展RIA工作(regulatory impact analysis,规制影响分析)的韩国规制改革委员会①(Regulatory Reform Committee,RRC)对评估意见进行审议。② 在审查相关法规并作出决定(修订或撤销)时,规制委

① Hong, Dae Sik, *Competition Advocacy of the Korean Competition Authority*, In Thomas K. Cheng, Ioannis Lianos and D. Daniel Sokol eds. ,Competition and the State, Stanford University Press, 2014, p. 6. 韩国规制改革委员会的主要职能是审查和批准法规,研究是否有必要废除或改进已颁布的立法、政策。

② 参见KFTC年报中“Major Cases of Competition Impact Assessment”一节,载韩国联邦贸易委员会官网,https://ftc. go. kr/eng,最后访问日期:2022年2月28日。

员会将 KFTC 出具的评估意见纳入考量;①且 KFTC 亦以政府成员的身份加入规制改革委员会,参与共同审议,积极对政府各部门的法案出台、修订提出意见,以此保障评估意见的准确度和采纳率。2013~2020 年,②KFTC 审查意见的采纳率(acceptance)在 50%~90%(如图 1 所示③)。

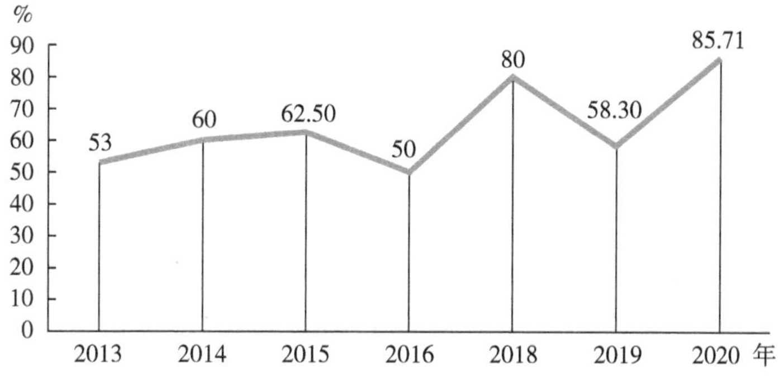

图 1 2013~2020 年 KFTC 评估意见采纳率

KFTC 出具的评估意见并不具有法律约束力,政策制定机关并无必须接受的义务,④仅作为政策制定、修改的参考。对韩国的评估意见审议机制进行探析,可以发现,KFTC 出具的评估意见的高采纳率,主要原因在于政策制定机关在决定评估意见采用程度的环节受到了强有力约束,即由韩国规制改革委员会而非政策制定机关审议、决定评估结果的效力;且 KFTC 自身作为规制改革委员会的一员,积极参与审议政府各部门的法案出台、修订,可以充分表述客观、专业的评估意见。我国虽未有与韩国 KFTC、规制改革委员会职能相近的独立机构,但借鉴韩国的多主体审议机制,结合现有的机构设置,亦能保障第三方评估结果的采纳度。

我国可在自由贸易试验区(港)等区域中开展制度创新,由政策制定机关和反垄断执法机构共同审议第三方评估结果、决定采纳程度,消解政策制定机关在采纳评估结

① 参见林至人编著:《减少竞争中的政策壁垒:国际经验与教训》,中信出版集团股份有限公司 2019 年版,第 180~181 页。

② 2017 年,KFTC 受政府政策协调办公室委托,评估 145 项法令/修正案法案(360 条法规)的竞争影响,并确定其中 17 项具有潜在的反竞争效果。KFTC 随后通过走访企业等形式进行了深入评估,并提出了对市场友好的替代方案。

③ 图 1 数据源于 KFTC 2014~2021 年年报,载韩国联邦贸易委员会官网,https://ftc.go.kr/eng,最后访问日期:2022 年 2 月 28 日。

④ 参见孙晋主编:《公平竞争审查制度——基本原理与中国实践》,经济科学出版社 2020 年版,第 102 页。

果过程中的绝对主导权。当然,这并非赋予公平竞争审查绝对的“一票否决权”,在某些情况下对规范性文件进行孤立的公平竞争审查会引发新的问题,[①]赋予第三方评估绝对的权威性亦暗含权力寻租的风险。基于此,在评估结果的审议、采纳过程中,反垄断执法机构应当充当“均衡利益”的角色:明确由反垄断执法机构参与对评估结果的审议过程,并根据地区发展水平,立足于社会整体利益,进行适度采纳。

3. 促进公平竞争审查制度第三方评估入法

入法意味着以法律形式将审查对象、程序、方法等内容予以制度化、程序化与规范化,[②]使其得到具有稳定性和权威性的法律的确认和保障。[③] 目前,《反垄断法》已明确引入公平竞争审查制度,将公平竞争审查制度的效力位阶提升到法律层面,以更权威的法律保障推动制度落实。而随着公平竞争审查制度入法的尘埃落定,值得进一步探讨的是,本次修法中仅对公平竞争审查制度作原则性规定,并未将公平竞争审查制度中“审查模式”“审查标准”“第三方评估”等内容整体纳入,学界的讨论焦点亦从公平竞争审查制度的“入法”转移至该制度的“入法程度”。有学者提出,为确保公平竞争审查制度的全面“激活”和有序推进,宜将第三方评估植入反垄断法中;[④]也有部分学者对此提出质疑,认为公平竞争审查制度中现有的制度内容设计离成熟的法律规范存在一定距离,不宜将其全部引入《反垄断法》。[⑤]

笔者认为,公平竞争审查制度第三方评估入法,并非仅是指将其植入《反垄断法》中,还包括在地方性法规规章层面进行试验性立法。比如,2021年中国(海南)自由贸易试验区反垄断委员会办公室印发的《公平竞争审查第三方评估办法(试行)》与2022年南京市江北新区公平竞争审查工作联席会议办公室印发的中国(江苏)自由贸易试验区南京片区《公平竞争审查第三方评估实施办法》,均围绕第三方评估方法、评估程序、评估结果的效力等方面积极进行制度创新。而此种试验性立法,既是对强化公平竞争审查第三方评估制度权威的尝试,亦是为国家层面的立法、修法积累有益经验。

(二)提升第三方评估机构的专业权威

第三方评估结果的受认可度,既来自其“中立者”角色的特殊性和分析问题的专业性,也源自政府的重视程度所带来的权威性。考虑到第三方评估机构本身应有的独立

---

① 参见侯利阳:《公平竞争审查的认知偏差与制度完善》,载《法学家》2021年第6期。

② 参见倪斐:《政策与法律关系模式下的公平竞争审查制度入法路径思考》,载《法学杂志》2021年第8期。

③ 参见王先林:《我国反垄断法修订完善的三个维度》,载《华东政法大学学报》2020年第2期。

④ 参见孙晋、阿力木江·阿布都克尤木:《公平竞争审查引入第三方评估的重要性及其实现》,载《江海学刊》2020年第2期。

⑤ 参见倪斐:《政策与法律关系模式下的公平竞争审查制度入法路径思考》,载《法学杂志》2021年第8期。

性，以政治性权威保障评估结果的采纳率只是暂行之举，专业性权威[1]应当成为评估结果被采纳的强有力保障。

提升第三方评估结果的专业权威，有赖评估机构对自身评估方法和专业知识储备的精进。比如，在评估过程中，对于兼具正负经济效果的行为如财政补贴：首先，第三方评估机构应当在评估报告中，明确指出存在潜在限制竞争可能性的条款，分析问题文件排除、限制市场竞争的程度，比较政策"拉动经济发展"的"正面效应"和"排除、限制竞争"的"负面效应"；其次，对构想的"替代政策"中不同的政策组合进行效益分析，择取最优组合。而此种政策效应分析，需要进行全方位的市场调查、数据分析模型构建，对经济学、法学等多领域知识予以综合运用，对评估机构的专业性有较强的要求。第三方评估机构需要综合多种调研方法，运用多种数据处理方式，才能得出较精准的效益分析结果。放眼域外，英国竞争主管机构即采用市场调查模式，[2]开展深入的行业调查；考虑到审核工作的独立性和专业性，选择由经济合作与发展组织（Organization for Economic Co-operation and Development，OECD）和各会员方竞争委员会的竞争专家、经济学家组成评估项目小组，对初始评估阶段所确定的可能限制排除竞争的法规、条例进行深度评估，综合运用定量与定性方法进行效益分析，提出具体的修订建议与替代政策。

实际上，对政策制定者和评估机构来说，针对某一经济政策对于特定行业的影响进行定量分析具有一定的困难。鉴于此，在评估工作中，第三方评估可引入跨领域专业人才，组建涵盖法学、经济学等多领域的专家团队。在选用调研方法时，评估机构需要在政策所涉及的相关市场中通过多方途径收集市场主体的真实反响，如针对活跃主体，开展问卷调查；结合市场情况，依托收集的真实数据，强化定量分析，采用合成控制法等经济学分析方法，应用现代信息技术，全面考察政策的实际影响，实现评估结果的精准化。第三方评估机构要在评估指标体系建构、权重分配、结果计算等环节充分发挥其专业性。[3] 首先，在进行定量分析的过程中，应当围绕所评估的政策，依托真实数据，以"市场中重要经济指标的波动数值""市场主体对于政策的总体评价"作为量化分析的重要指标；其次，运用经济学和大数据技术，形成具有参考价值的定量分析结果，并以此作为设计替代方案的重要依据。

---

① 参见徐双敏、陈尉：《"第三方"评估政府绩效的制度环境分析》，载《学习与实践》2013 年第 9 期。

② See OECD(2019), *Competition Assessment Toolkit: Volume 3*. Operational Manual, www.oecd.org/competition/toolkit, p. 13. 英国竞争主管机构在竞争失效的市场上进行了市场调查。例如，对食品杂货店、出租车、药店和机场等行业进行了审查。

③ 参见周祖成、杨惠琪：《法治如何定量——我国法治评估量化方法评析》，载《法学研究》2016 年第 3 期。

由具有专业知识、价值中立的第三方提出“替代政策”，是推动公平竞争审查制度发挥功能的最佳选择。OECD的“候选政策”模式，正是立足经济政策的原有目标，结合当地经济发展状况，调动自身的专业优势，提出限制竞争程度较小、可操作性强的替代方案并且说明理由，以此保障评估结果得以实际应用。在强化竞争政策基础地位的大背景下，通过采纳公平竞争审查第三方评估后的“替代政策”方案，也有利于协调竞争政策与产业政策、财政补贴政策等其他经济政策之间的冲突。

提升第三方评估机构的专业性，市场竞争和相应的制度完善亦是不可或缺的外部促进机制。竞争带来活力，多主体之间的良性竞争，有利于督促第三方评估机构提升自身专业水平，防止其产生惰性。在市场竞争充分的情况下，只有专业水准高、公信力强的评估机构才能在公平竞争审查第三方评估项目的招标中脱颖而出。此类机构在开展评估工作时较客观公正、精准深入，是评估结果具备采纳价值并得以运用的有力保障。良好市场竞争环境的培育，离不开相关制度的完善。由此，笔者建议，首先，可进一步细化遴选标准，缩减政策制定机关的操作空间，形成良好的市场竞争氛围；其次，健全第三方评估机构的资质认定机制和评级制度，充分衔接遴选标准，促进评估机构提升自身专业性；最后，可采用物质激励及精神表彰的形式，对出具高质量报告的第三方评估机构进行适当的奖励，激发评估机构的内在优化动力。例如，在省一级地方政府设立专项奖励金，反垄断执法机构可在审议评估报告后申请调取资金，对第三方评估机构进行奖励，并施行相应的精神表彰，以此作为评估机构提升市场竞争力的认可度证明。

(三)建立促进评估结果运用的双向奖惩机制

1. 以激励机制破除政策制定机关面临的问题

在公平竞争审查制度的落地过程中，中央与地方政府间、地方政府间，通常会陷入博弈问题。财政分权体制和治理逻辑导致中央和地方的政策目标存在错位。[①] 服从于中央建设全国大市场与公平竞争市场环境的要求，地方政府长久以来拉动经济的地方封闭路径会大大受限，短期内甚至会造成本地企业发展激励不足、经济停滞不前的“阵痛”，与地方政府的自利行为相冲突。不同地域间存有“竞次效益”，地方政府难以放弃倾斜性奖补类拉动地方产业发展、招商引资的重要手段。具体到决策者个人，嵌入经济竞争中的晋升博弈极有可能致使地方官员产生对抗心理，[②]使诸多政府部门明知经

---

① 参见叶卫平：《财政补贴、产业促进与公平竞争审查》，载《交大法学》2021年第4期。

② 参见周黎安：《晋升博弈中政府官员的激励与合作——兼论我国地方保护主义和重复建设问题长期存在的原因》，载《经济研究》2004年第6期。

济政策不符合公平竞争审查标准仍然选择出台，并以有碍于生产要素自由流动的“排他性”“选择性”产业政策为手段排除、限制不同地区之间市场主体的公平竞争。

成本分担机制和收益共享机制的建立，是打破中央与地方政府、地方政府间博弈问题的重要举措，也是公平竞争审查制度能够顺利实施的关键。① 以澳大利亚为例，澳大利亚政府的竞争支付制度即根据法规审核和修改的完成程度向州或者地区拨款。② 澳大利亚政府在1995年同意对不符合公众利益，并对竞争有限制作用的法规进行审核和修改，且提供资金以补贴州和地方政府因为修改法规而导致的相关支出，③以财政拨款的形式分担地方政府的成本与风险，化阻力为动力，激励各州政府积极开展法规审查与整改工作。

激励机制作为一种正向引导机制，能提升政策制定机构实施公平竞争审查制度的主动性、积极性。激励金（补偿金）的设立，可以缓和地方政府的财政压力，弥补政府因运用评估结果所产生的损失，消解政策制定机关对政策整改所产生的敷衍乃至抗拒心理，有助于建立统一开放、竞争有序的市场体系。现有部分地方政府已将公平竞争审查评估的考核成绩与该部门的工作绩效考核直接挂钩，以此督促政府部门推进公平竞争审查制度落地。但囿于激励机制的缺失，地方政府推进公平竞争审查制度落地的实效不甚理想。因此，笔者建议通过中央政府的财政转移支付方式，在省一级人民政府设立公平竞争审查专项奖励基金，并建立配套的整改质量评级标准，用来补贴省级以下地方政府因落实公平竞争审查制度、废除妨碍市场公平竞争的政策措施而导致的政府支出，减轻政策制定机关的经济压力。同时，对公平竞争审查制度落实较好、积极采纳第三方评估结果的政策制定机构，在考核后予以相应的物质奖励和精神表彰。通过构建地域间利益分享、利益补偿机制，促进区域经济协同发展，打破非合作零和博弈的困境。

2. 消除第三方评估机构与政策制定机关的“通谋”可能

如前所述，在实践中，第三方评估机构通常面临两难困境：遴选标准直接决定第三方评估机构有无竞争机会，而相关规定的遴选标准较宽泛，需要依靠政策制定机关加

---

① 参见郑鹏程、黎林：《澳大利亚公平竞争审查中的竞争支付制度及其启示》，载《价格理论与实践》2017年第11期。

② 参见侯利阳：《公平竞争审查的认知偏差与制度完善》，载《法学家》2021年第6期。澳大利亚在1995年确立公平竞争审查时仅将电力、天然气、道路交通、自来水、电信等行业作为重点审查行业；在2005年的行业评估中，澳大利亚认为当初设置的防止行业垄断之目标已经实现，故停止相关审查工作。

③ See OECD, Competition Assessment Toolkit, http://www.oecd.org/daf/competition/assessment-toolkit.htm.

以细化和考核才能够有效实施;①且第三方评估机构能否获得评估事项开展相应工作以及评估工作的资金来源均依赖政策制定机关的认可,二者之间天然就处在一种不对等的地位之中,甚至由此种“竞争机会依赖”和“资金依赖”产生隐性的控制关系。在经过权衡利弊后,第三方评估机构极有可能在“自利性”和坚守自身角色的天平上偏向政策制定机关,与政策制定机关达成“通谋”,对评估结果加以“修饰”。在政策制定机关与第三方评估机构达成“通谋”的过程中,蕴含权力“寻租”、滋生利益链条的可能,且“通谋”行为亦会消解评估结果的“真实性、客观性、公正性”。

通谋行为可分为“明示通谋”与“默示通谋”两种。其一,二者之间可能形成“明示通谋”。在评估项目的招标过程中,掌握遴选标准制定权的政策制定机关极有可能事先与第三方评估机构达成一致,采用变相指定等方式赋予特定的第三方评估机构竞争优势,作为交换,后者需在评估过程中出具合乎政策制定机关要求的评估报告。其二,在评估过程中,政策制定机关亦有可能直接要求第三方评估机构隐匿真实存在的问题。此外,“默示通谋”的情形亦有可能出现,主要表现为,在政策制定机关未有明显干预行为的情形下,第三方评估机构出于自利心理,试图通过主动出具符合前者预期的评估结果的方式,赢取政策制定机关的认可,以此获取更多的竞争机会。

加强对第三方评估机构的监管力度,完善责任追究机制,是构筑评估机构行为底线、遏止通谋行为的较优选择。在评估过程中引入反垄断执法机构,由其监督第三方评估机构的行为是否合乎规范,审查评估结果是否客观公正,是打破评估结果的封闭审议模式、防范通谋行为产生的应有之举。此外,要消除第三方评估机构在评估过程中可能产生的逐利心理,除部际联席会议通报机制外,还应进一步完善责任追究机制,对于构成通谋行为的第三方评估机构采取相应的惩罚措施。例如,对于在评估过程中行为不规范,为谋求竞争优势而出具虚假评估结果的第三方评估机构,可将其违规行为纳入信用记录,设定从业限制,作为威慑手段;完善责任承担形式,明确第三方评估机构应对其出具的评估报告承担法律责任。②

---

① 参见赵天涵:《优化海南自由贸易港公平竞争审查第三方评估研究》,载《新东方》2021年第2期。

② 目前,《刑法》中仅写入承担安全评价、环境影响评价等职责的中介组织人员实施弄虚作假等违法行为所需承担的刑事责任。2022年3月,安徽省委政法委员会发布了《安徽省重大决策社会稳定风险评估第三方机构管理办法(试行)》,其中明确规定了重大决策社会稳定风险评估第三方机构所承担的义务以及对存在违法违规行为的第三方机构取消备案的处理方式。笔者认为,可效仿该上述管理办法,进一步完善公平竞争审查第三方评估中的责任追究机制。

(四)完善第三方评估的运行机制

1.完善第三方评估中多方主体之间的信息反馈机制

如图2所示,要发挥第三方评估的监督功能,形成全面的评估结果,首先要完善评估涉及的多方主体之间的信息反馈机制。在政策制定机关与第三方评估机构之间,对于第三方评估机构指出的涉嫌排除、限制竞争的政策文件,政策制定机关应当尽力配合,对政策的制定目的、政策出台的背景以及政策的合法性、合理性等进行说明,并主动提供数据、信息资料以配合评估工作。在第三方评估机构与联席会议之间,由于评估流程时间较长,作为委托方的联席会议应当定期询问第三方评估机构的工作开展情况,并及时反馈政策制定机构的相关意见。而在联席会议与政策制定机构之间,联席会议应当督促后者根据评估报告进行整改,并对评估报告的运用情况进行统计整理,将结果及时反馈给反垄断执法机构。

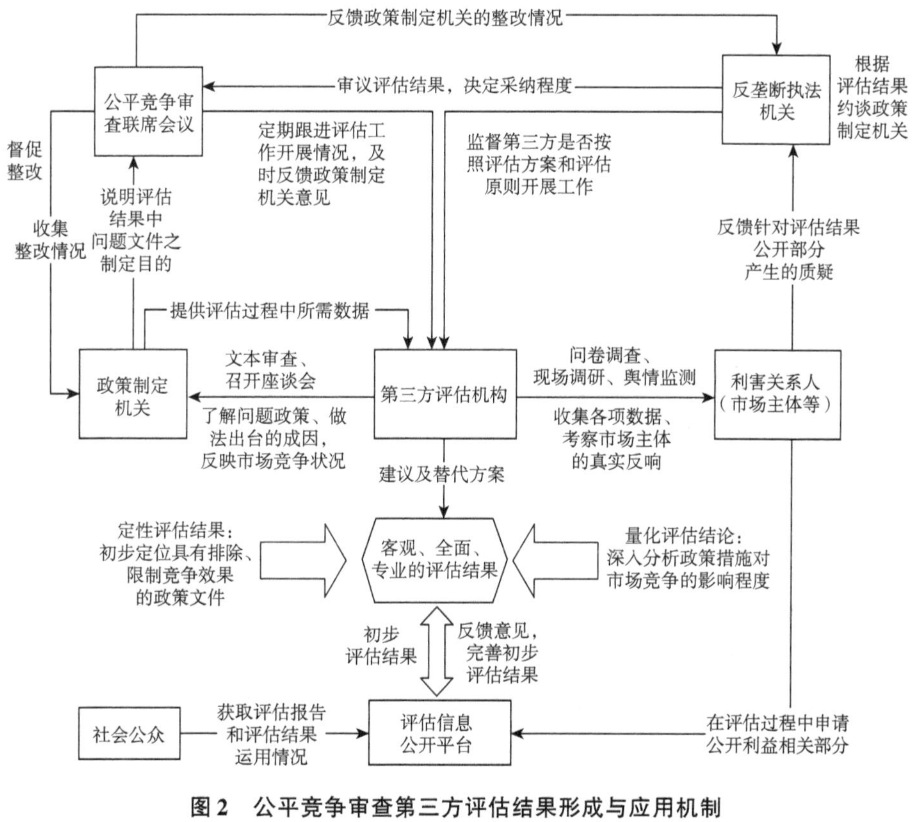

图2　公平竞争审查第三方评估结果形成与应用机制

2. 将反垄断执法机构引入评估流程

政策制定机构和第三方评估机构在开展评估工作时,均会有自身的利益考量。基于此,应将角色中立的反垄断执法机构作为评估报告的"审议者"引入评估流程中,具体路径为:在构建信息公开平台的基础上,反垄断执法机构应当结合社会公众的反馈意见,对照初步的评估结果进行分析;对最终形成的评估报告进行审议并决定运用程度;对第三方评估机构的报告质量和政策制定机构的整改情况进行评定,并据此决定是否给予相应奖励。首先,根据新修正的《反垄断法》,反垄断机构可以评估结果为依据,约谈出台具有排除、限制竞争效果的文件的政策制定机关的负责人,要求其提出相应的整改措施;①其次,对于拒不整改的政策制定机构,反垄断执法机构可向有关上级机关提出依法整改的建议,由上级机关督促政策制定机构进行整改;再次,衔接《反垄断法》新增的改正报告义务,政策制定机关需将整改情况向反垄断执法机构进行书面报告;②最后,随着《反垄断法》中法律责任体系的充实,为进一步落实责任追究机制,对于在评估结果审议过程中发现的存在权力寻租可能的个人(包括政策制定机关和第三方评估机构中的相关人员),反垄断执法机构应当将相关线索及时移交有管辖权的纪检监察机关。③

3. 构建公平竞争审查第三方评估的信息公开平台

社会监督作为《公平竞争审查制度实施细则》明确规定的外部监督形式,对于完善与运用第三方评估结果具有一定的推动作用。在公平竞争审查制度的完善过程中,应当通过信息公开平台的建设和有力的社会监督,形成软法意义上的压力机制,④倒逼相关职能部门正视评估报告的效力,落实第三方评估的矫正、监督功能。

公平竞争审查第三方评估中的信息公开,是指将评估标准、评估报告的具体内容与落实情况向社会公开。首先,评估标准的公开有助于公众了解评估结果的产生依

---

① 新《反垄断法》第55条规定:"经营者、行政机关和法律、法规授权的具有管理公共事务职能的组织,涉嫌违反本法规定的,反垄断执法机构可以对其法定代表人或者负责人进行约谈,要求其提出改进措施。"

② 新《反垄断法》第61条第1款规定:"……行政机关和法律、法规授权的具有管理公共事务职能的组织应当将有关改正情况书面报告上级机关和反垄断执法机构。"

③ 为贯彻落实修正后的《反垄断法》,2022年6月27日国家市场监督管理总局公布了《制止滥用行政权力排除、限制竞争行为规定(征求意见稿)》,其中对违法行为的表现形式进一步细化,对执法约谈等内容进行了规定,并新增了公平竞争审查制度的相关内容。《制止滥用行政权力排除、限制竞争行为规定(征求意见稿)》第28条第2款规定:"反垄断执法机构在调查期间发现的公职人员职务违法、职务犯罪问题线索,应及时移交有管辖权的纪检监察机关。"

④ 参见周汉华:《全面依法治国与第三方评估制度的完善》,载《法学研究》2021年第3期。

据,亦可助推评估体系进行改良,①避免第三方评估机构陷入“专业陷阱”。其次,在评估结果初步形成时,如利害关系人有合理请求,应当及时回应,在信息平台上提供评估报告的相关信息;收集利害关系人的反馈意见,以此作为完善评估报告的参考。对评估结果的公开亦是对第三方评估机构工作质量的检验,社会评价所带来的外部压力会督促第三方全面、规范地开展评估工作。在公众能够获取评估结果相关内容的情况下,如果评估结果中有粉饰遮掩的部分,作为利害关系人的市场主体必然会质疑。最后,评估结果运用程度的透明化,有助于公众明确政策制定机构是否会依据评估报告进行整改,而不仅是停滞在收集建议、形成评估结果的初步阶段;如评估结果采纳率不高,舆论倒逼的形式亦可促使政策制定机关进行整改。

基于此,有必要依托现代信息技术,搭建功能齐备的信息公开平台,对评估机构、评估对象、评估标准和评估结果进行公示;建立相应的社会意见反馈渠道,使质疑得以收集、回应,并将其作为完善评估结果、检验评估工作和政策制定机关整改质量的重要依据。

五、结语

在推进全面依法治国、深化经济体制改革的时代背景下,公平竞争审查制度是正确处理政府与市场关系,破除行政垄断、打破地方封锁最为重要的顶层制度设计。而第三方评估的引入,对于化解自我审查模式下动机悖论和能力悖论“双重悖论”困难,推动公平竞争审查制度落实具有重要的价值。从 2016 年国务院发布的《关于在市场体系建设中建立公平竞争审查制度的意见》首次对“第三方评估”进行规定,再到 2021 年国家市场监督管理总局等部门出台的《公平竞争审查制度实施细则》专章规定“第三方评估”,标志第三方评估的制度建设逐步步入正轨。但较之国家层面的制度构建,实践中公平竞争审查第三方评估仍存在评估结果采纳度弹性大、第三方评估机构专业权威不足、评估结果不透明等困境,制约了第三方评估监督功能的发挥。

第三方评估机制能否突破现实困境,真正发挥其中立视角下的监督矫正作用,有待制度权威的提升以及评估结果的形成、应用与公开机制的逐步完善。其一,通过提升委托机构的权威、由反垄断执法机构审议评估结果、实现公平竞争审查第三方评估入法等路径强化制度权威。其二,充分发挥第三方评估机构的专业性,运用定量分析方法,进行深入评估,并提出评估后的替代政策方案。其三,以双向奖惩机制,促使政

---

① 参见周祖成、杨惠琪:《法治如何定量——我国法治评估量化方法评析》,载《法学研究》2016 年第 3 期。

策制定机关运用第三方评估结果,减少第三方评估机构与政策制定机关之间的共谋可能。其四,完善第三方评估结果的形成和运用机制,并运用现代信息技术,搭建信息公开平台。此外,第三方评估机构遴选标准的细化、评估标准的进一步完善,都是亟须研究和探讨的问题。

二维视角下国有资本投资政策公平竞争审查的法治保障*

孙　晋**　蓝　澜***

摘　要：我国国有资本投资政策在调配社会资源的过程中发挥了巨大作用，但若其未能遵循市场规律，也可能会造成诸多反竞争损害。基于国有资本投资政策的特殊性，在促进公平竞争的视角下，应该确定竞争中立原则，将国有资本投资政策纳入公平竞争审查的对象范围；在维护公共利益的视角下，应该确定公共利益原则，适当利用豁免制度排除审查部分国有资本投资政策。在竞争中立和公共利益的双重原则之下，做好以下几方面：第一，在审查的对象上，应进行国有资本投资政策的范围厘清和类型化界定，拓宽审查对象，并确立豁免制度。第二，在审查的方法上，宏观层面应审视其合目的性，中观层面应构建国有资本投资领域的行业竞争评估机制，微观层面应从界定相关市场、考察竞争影响、分析合理程度3个步骤出发审视其相称性。第三，在新《反垄断法》的基础上，还应增强配套立法中的公平竞争审查执法激励和第三方监督，并完善相应的法律责任。

关键词：国有资本投资政策；公平竞争审查；竞争中立；公共利益；法治保障

卡尔·马克思在其政治经济学著作《资本论》中对“资本”作出了经典的定义，即“资本是能够产生剩余价值的价值”“原预付价值在经济流通运动中发生了价值量变化，融入了部分剩余价值，使价值进一步转化成资本”。① 我国《企业国有资本保值增

---

* 安徽省高校人文科学研究项目“我国申请加入CPTPP背景下国企应对的法律问题研究”。

** 法学博士，武汉大学法学院教授、博士研究生导师。

*** 武汉大学法学院博士研究生，武汉大学竞争法与竞争政策研究中心助理研究员。

① 参见[德]卡尔·马克思：《资本论》(第1卷)，中共中央马克思恩格斯列宁斯大林著作编译局译，中国社会科学出版社1983年版，第129、134页。

值结果确认暂行办法》明确了国有资本的内涵:"对于国有独资企业,其国有资本是指该企业的所有者权益,以及依法认定为国家所有的其他权益;对于国有控股及参股企业,其国有资本是指该企业所有者权益中国家应当享有的份额。"而国有资本投资政策,即一定时期内一国政府及国有资产监管机构针对国有资本从事投资活动制定出台的政策性文件。这一政策性文件是政策和措施的统称,既可以是颁布的普遍性、抽象性的政策性规定,也可以是出台的具体性、特定性的方案或措施。

从历史维度来看,对国有资本投资运营体制的探索,自我国国有资本产生以来就从未停止过。国有资本肩负"公益性"和"营利性"的双重性质。国有资本作为政府的重要投资载体,首先要为国家和地方经济、社会发展服务;同时作为一个市场竞争要素,也要兼顾投资效益。国有资本投资具有政府调控和市场配置双重属性,构成了政府和市场两个资源体系的交叉集合。权衡好政府意志和市场盈利的关系,是决定国有资本投资在市场经济体制内合规发展的根本因素。①

但在实然层面,在建成法治政府和法治社会的改革中,各级政府干预市场竞争的手段具有从具体垄断行政行为转化为更加隐蔽的抽象行政行为的趋势,抽象垄断行政行为具有从宏观干预市场秩序转化为干预微观经济、限制市场主体和公民权利的趋势。有的地方政府及部门在制定国有资本投资政策时,一方面,未充分认识到国有资本的功能定位,进入竞争性领域获取利益,破坏市场竞争机制;另一方面,在自然垄断行业政府兼具规则的制定者与竞争参与者双重身份,政府利用制定国有资本投资政策的行政权力,排除了民营企业、外资企业等其他市场主体参与竞争。

与国有资本投资的热火朝天相比,理论界对国有资本投资政策公平竞争审查的关注却相对薄弱。《企业国有资产监督管理暂行条例》出台前后曾对国有资本投资政策形成了一次研究高潮。这些理论研究多为剖析中央和地方关系的经济学研究,法学方面的研究较少。本文将重点回应如何发挥出公平竞争审查制度在规制与调整政府对国有资本投资政策制定权排除限制竞争行为中的重要作用。

一、国有资本投资政策的现实问题和迫切需求

(一)国有资本投资政策可能造成的反竞争表现

在我国,国有资本体量庞大,针对国有资本投资活动制定出台的政策性文件不胜

---

① 参见张景、董继刚、傅伟:《浅谈国有投资公司的内涵与发展定位》,载《管理科学文摘》2006年第1期。

枚举。纷繁复杂的国有资本投资政策在调配社会资源要素的过程中,若未能遵循市场规律和商业规则,则可能会造成诸多反竞争损害。

第一,武断投资亏损破产类国企限制市场竞争。“僵尸企业”的产生、维持与地方国有资本非理性投资密不可分。一方面,大量“政绩工程”的出现,背后往往隐约可见国有资本的身影。另一方面,对于基于各种原因产生的“僵尸企业”,可能存在地方保护的倾向。① 出于金融维稳、稳定就业、利益输送等本位利益,难以真正做好供给侧结构性改革工作。②

第二,单方投资垄断行业国企排除市场竞争。我国自改革开放以来,社会主义市场化经济不断得到改进和调整,国有资本的投资政策也随着国情逐步改革、完善,国有资本投资政策的优化使我国的经济发展方面取得了显著的成绩。但成绩背后的一些问题仍然是我们市场化改革路上的绊脚石。政府通过投资限制与国有资本投资政策在部分行业塑造了垄断的竞争格局,限制市场在资源配置中起决定性作用的深度与广度。在垄断行业的部分竞争性环节或业务领域,我国仍实行严格的投资准入限制政策。一方面,政府以投资准入清单的方式限制社会资本投资准入,行政垄断成为市场化的一项机制;另一方面,政府在市场化竞争中存量双重身份的重叠,一个是规则的制定者,另一个是竞争者。这种特性让政府可以利用资源有效地规避市场缺陷或获得不对等的竞争优势,使国有企业在相关领域存在垄断经营的情形,导致竞争机制流于表面,排除了其他市场主体的竞争。③

第三,国有资本在调节经济周期、应对金融危机方面发挥了积极作用,但不受限制的国有资本投资政策也蕴含隐忧。歧视性的、不科学的经济危机投资政策忽视被投资企业的行业前景、行业地位、经营状况及竞争损害等因素考量,缺乏对市场规律的敬畏,导致国有企业在宽松的政治意志导向下容易获得资助,并形成不正当的竞争优势。

第四,过度投资竞争性领域,国企忽视市场竞争。为顺应时代需求,国有资本战略的布局、国有企业的做强作优是必然要求。我国自20世纪90年代中后期开始推动国有经济布局和结构优化改革,取得了明显成效。但是,当下无论是从微观层面还是从宏观层面看,深入推进国有资本宏观调整仍然有很强的必要性。我国国有资本在实际

① 参见白重恩、杜颖娟、陶志刚、仝月婷:《地方保护主义及产业地区集中度的决定因素和变动趋势》,载《经济研究》2004年第4期;吴安波、孙林岩、李刚、杨洪焦:《中国制造业聚集度决定因素的理论构建与实证研究》,载《经济问题探索》2012年第2期。

② 参见王立国、高越青:《建立和完善市场退出机制有效化解产能过剩》,载《宏观经济研究》2014年第10期。

③ 参见孙晋、钟瑛嫦:《我国政府投资决策制度的反思及补正》,载《学术论坛》2017年第1期。

投资运作中表现出了一些共性的问题:国有资本在传统竞争性产业领域规模庞大、发展空间在日渐缩小,在投入上,对于关系国家安全、国民经济命脉的重要行业和关键领域仍显得投入不够。国有资本投资政策推进战略性调整的重要任务之一,是要实现国有资本从传统的、社会经济效益水平低的行业领域的退出以及向五类重要行业和关键领域的整合集聚。

(二)国有资本投资政策迫切需要公平竞争审查

没有竞争就没有市场经济,公平而充分的竞争是市场经济的本质特征。市场只承认竞争的权威,不承认任何别的权威。竞争政策是顺应时代的一项基本经济政策,有利于建设有效市场、促进市场竞争,其核心是市场开放和公平竞争。[①] 贯彻落实竞争政策应有的基础性地位,要求强化竞争政策的基础地位,把维护公平竞争作为加强产业政策与竞争政策协同的首要原则,需要以竞争政策为政策统领,通过协同联动、优化完善产业政策,调整改进其他相关政策,约束政府和企业等市场参与者的经济行为,通过贯彻"竞争优先"理念,培育市场竞争文化,完善反垄断和不正当竞争立法、加强执法、落实监督机制,实现各类社会主体之间的公平竞争。其中,公平竞争审查制度的推进有利于国内统一市场的构建和完善,也有利于培育市场公平竞争机制和文化。该制度在我国具有较大的制度活力和适用机制,也将成为规范政府行为、维护市场公平竞争机制的重要方式。制度的推进有利于确立竞争政策的基础性地位的落实,也进一步完善相关制度。[②]

国有资本投资政策的目标不同于一般意义上的社会资本。社会资本投资追求的是股东利益最大化,即利润最大化。而国有资本投资政策具有多元的价值目标,追求企业利润、管理者利益、政治意志等方面综合利益的最大化。[③] 当下,国有资本投资政策一般来说需要经过严谨科学的评估机制作出决策,往往考虑技术、工程、自然环境和经济等方面的可行性,进行细致的投入产出数量分析等,[④]但是关注面较小。我国《企业国有资产法》第36条虽要求国家资本投资应注重与国家产业政策保持一致,并事先开展可行性研究;但这一微观经济可行性研究片面注重被投资项目自身

---

① 参见汪永福、毕金平:《竞争中立视域下政府补贴的公平竞争审查路径》,载《安徽大学学报(哲学社会科学版)》2020年第2期。

② 参见孙晋:《新时代确立竞争政策基础性地位的现实意义及其法律实现——兼议〈反垄断法〉的修改》,载《政法论坛》2019年第2期。

③ 参见唐清利:《合约安排与第三种强制:高校管理个案的法经济学解释》,西南财经大学出版社2006年版,第85页。

④ 参见何加明:《国有资本营运新论》,西南财经大学出版社2006年版,第236页。

的经济收益,未对投资政策的外部效益作出评估,使投资项目的决策科学化和民主化不足。

2021年4月,欧盟委员会批准了斯洛文尼亚向斯洛文尼亚STA新闻社提供250万欧元资助的计划,用于开展向斯洛文尼亚公众宣传国内和国际新闻的活动。欧盟委员会指出,根据欧盟关于公共服务援助的国家援助规则,成员国可以向公司提供国家援助,以补贴他们提供公共服务任务的额外成本,但要符合某些标准,如避免过度补贴。欧盟委员会进而审查认为,STA的运作符合斯洛文尼亚的真正公共利益,斯洛文尼亚的措施符合欧盟国家援助规则,因为这笔公共资金将有助于向斯洛文尼亚公众提供独立的新闻报道,促进一般公共利益的服务并促进媒体的多元化,而且不会不适当地扭曲单一市场的竞争。①

2014年,深圳市人大在审查政府一系列财政开支的过程中,发现其中有一项是政府财政无偿地向深圳国际信托投资公司注资25亿元,这个问题随后引起部分深圳市人大常委会的高度关注,他们对政府的做法提出尖锐批评,最终深圳市人大常委会主任会议对上述注资计划亮出了红牌。② 这个案例体现出,在公平竞争审查制度正式实施之前,我国就已有对国有资产投资政策进行合理性审查的做法,在审查过程中,需要着重考量该政策是否损害了市场竞争。在这个意义上,公平竞争审查就是完善国有资本投资政策的内在需求。

因此,从宏观角度来看,需要在国有资本投资政策决策程序中引入公平竞争审查制度,充分、全面地分析投资项目对市场竞争造成的成本和预期收获的总效益,纳入更全面的社会评价指标,加强国有资本投资政策的科学性和实效性。对于一些能够获得较多经济利润的投资项目,如果国有资本投资于这些项目可能偏离其保障社会民生、推动产业升级等战略任务,甚至与产业政策自身相违背时,国有资本应当按照其所属分类聚焦主责主业,注重社会效益,完成自身使命。通过嵌入公平竞争审查制度,国有资本投资政策才能对多元的价值目标进行整合,平衡好经济收益与社会效益的关系,更好地实现国有资本增值保值追求、产业政策精准化与普适化要求和贯彻竞争政策基础性地位准则的动态协调。

---

① See European Commission, *State Aid: Commission Approves* 2.5 *Million Compensation to Slovenian Press Agency STA for its Public Service*, https://ec.europa.eu/commission/presscorner/detail/en/ip_21_2041.

② 参见《深圳人大对政府25亿注资企业亮红牌》,载中研网,https://www.chinairn.com/news/20140804/105931680.shtml。

二、二维视角下国有资本投资政策公平竞争审查的双重原则

(一)国有资本投资政策面临的价值冲突

第一,政府职能的中立性和地方政绩考核的偏向性。作为现代行政体制改革的出发点,政府职能转变的目标等于行政管理体制改革的落脚点。[①] 在国有资本投资政策中,政府职能及国有企业职能转变的目标定位随着改革的推进而不断变化。党的十八大提出,政府职能转变的目标在于"创造良好发展环境、提供优质公共服务、维护社会公平正义",进而"建设职能科学、结构优化、廉洁高效、人民满意的服务型政府"。[②] 党和政府对于政府职能转变目标进行了深入阐述,包括"法治政府""服务型政府""效能政府""责任政府""现代政府""竞争中立"等,都是对政府职能目标在应然维度和价值取向上的强调。然而,在现实经济运行中,政府很难做到中立性要求,追逐当地或者本企业的经销效益往往成为各级政府管理者的首要任务。这种短视行为主要体现在政企尚未有效分离、政策偏向性强、区域间的保护主义和监管失位四个方面。

第二,国有资本的公益性和资本的天然逐利性。国有资本是国家意志的延伸,对调节国民经济运行过程中的特殊情况具有重要作用。[③] 多年来,我国国有资本在发展经济、稳定社会及提高人民生活水平方面的大规模投入就是其社会责任的证明。即使在商业性领域,国有资本投资与民间社会投资的目标也可能存在差异,主要体现为国有资本在国家的产业布局、经济结构调整中能起到的重要作用,并在我国的经济结构优化及风险承压方面作出过重大贡献。国有资本在竞争性领域也可能承担艰巨的国家使命和科研任务,通过早期投入在高端技术领域培育市场,保障国家经济安全。国有资本因所有制性质而承担较繁重的公益性成本,致使国有资本存在盈利乏力、公益不足的双重难题。[④]

(二)原则审查:基于国有资本营利性的竞争中立原则

竞争中立原则起源于20世纪90年代澳大利亚的国内竞争法改革,并经历了从一国国内制度拓展到通过签订多边贸易协定的方式走向国际化的过程。竞争中立原则在很大程度上填补了国有企业在国际规范上的空白。然而,在竞争中立原则推向国际

---

① 参见王浦劬:《论转变政府职能的若干理论问题》,载《国家行政学院学报》2015年第1期。

② 参见胡锦涛:《坚定不移沿着中国特色社会主义道路前进　为全面建成小康社会而奋斗——在中国共产党第十八次全国代表大会上的报告》,载《人民日报》2012年11月18日。

③ 参见顾功耘:《论国资国企深化改革的政策目标与法治走向》,载《政治与法律》2014年第11期。

④ 参见钱珍琳:《盈利性国有企业与公益性国有企业分类改革研究》,载《中国集体经济》2018年第33期。

化的过程中，由于各个国家国内情况存在较多不同，新规则的确立带给各国的难度和挑战也有很大不同，即使是对于推动竞争中立原则国际化的美国和欧盟来说，既达成部分共识，又存在很大分歧。[①]

从我国经济政策体系看，我国的经济政策体系已经从以产业政策为主导转向以竞争政策为基础，这种转变使国有资本从过去作为产业政策的市场工具变成了现在的平等市场环境中的市场要素、每个企业均需遵守的市场要求。基于中共中央、国务院《关于加快建设全国统一大市场的意见》所坚持的新发展理念，基于既有的反垄断理论研究、执法经验和实证调查，原则上任一国有资本投资政策作为影响市场要素配置的因素，均应接受市场至高准则——公平公正公开地审视。市场经济是一种有效的竞争机制，结合各国自身情形和发展背景，保证市场公平竞争是市场经济的必要条件。将竞争中立原则合理地融入我国竞争政策中，有利于更好地处理政府与市场的关系，防止政府的不合理干预对市场机制产生扭曲作用，[②]"为资本设置红绿灯，防止资本无序扩张"。政府的干预应当遵循谦抑理念，竞争中立则是谦抑理念的最佳载体和实现路径。[③] 竞争中立旨在推动市场经济的发展，并反哺公平竞争机制的完善。

从历史发展、内在属性和法律定位上看，国有资本与生俱来就在经济与政治两种范畴之中进行磨合。[④] 这种特性源于两点：一是作为国有资本，其具有资本的根本属性，进行市场化运作；二是具有国有产权的属性，在保值增值的功能属性中具有稳定市场经济的作用。为国有资本投资划定边界，要坚持整体激励与部分退出、主导地位和市场化并存的原则。一方面，要坚持整体激励与部分退出原则。国有资本调整与重组的方式方法、政策路线的划定与实行，必须要践行整体激励原则。国有资本要基于市场需求，符合产业政策方向，优先实现存量资产的调整，将调整国有资产的宏观布局，以及企业内部的微观划分，同优化投资结构相统一、相一致，从而在整体上激发国有经济的活力。立足于国有资本存量优化，在行业范畴对国有资本进行精简，在竞争激烈的行业领域，要逐步将国有企业，尤其是中小国有企业优化为混合所有制企业，或直接淘汰退出。另一方面，要坚持主导地位和市场化并存的原则。国有资本的主导地位是

---

① 参见刘雪红：《国有企业的商业化塑造——由欧美新区域贸易协定竞争中立规则引发的思考》，载《法商研究》2019 年第 2 期。

② 参见曹胜亮：《我国地方税收优惠政策的检视与法律治理——以竞争中立原则为指引》，载《法商研究》2020 年第 5 期。

③ 参见孙晋、阿力木江·阿布都克尤木：《公平竞争审查引入第三方评估的重要性及其实现》，载《江海学刊》2020 年第 2 期。

④ 参见顾功耘、胡改蓉：《国企改革的政府定位及制度重构》，载《现代法学》2014 年第 3 期。

我国作为社会主义国家的基本经济属性之一,绝对不能放弃和改变。国有资本的规模是其功能的保障。这就要求我们瞄准市场,加快国有资本融入市场的进度,保障投资企业的质量和口碑,并逐步实现集团化,加强国有资本的影响力和扩张力。

(三)例外豁免:基于国有资本公益性的公共利益原则

就主体角度而言,我国国有资本投资政策的制定主体为各级政府及各级国资监督管理部门。而国有资本具有双重属性,即"公益性"和"营利性"。对一项国有资本投资政策进行公平竞争审查时,竞争中立原则必须得到坚守,但法律不仅要重申和强调一般性,还需要考虑其特殊性。基于国有资本的"公益性"特征,有必要在审查过程中考虑公共利益原则,给予特殊社会目标一定的抗辩事由和实现路径。

在直接实现反垄断法社会目标的层面,公共利益原则直观地指向反垄断法的适用除外与豁免制度。适用除外与豁免制度在本质上是反垄断法的目标与其他经济社会目标相协调的结果,是法律权衡利弊后的理性选择。① 反垄断法不可以成为一种走极端的立法,正如反垄断执法既要避免过于主动、造成积极损失,也要防止过于被动、造成消极损失;在对待产业政策的问题上,反垄断法也不是要"一棍子打死",以市场竞争为唯一追求绝对性否定具有重大经济利益和社会公共利益的产业政策的价值。在一定程度上,应当追求二者的统一,综合实现反垄断法所要实现的社会目标。因此,反垄断法对于垄断协议采取了特定的豁免、对滥用市场支配地位行为允许进行"合理理由"的抗辩。在2007年通过的《反垄断法》第15条、第28条以及第56条等条文中引入了除外和豁免制度,使公共利益原则成为反垄断法实现社会目标的重要指引和工具。

国有资本投资政策在较大程度上就是为了使公共利益得到更好满足,其产权属性、目标和着力点在于社会公众普遍受惠,而非只追求特定个人或政府自身的利润最大化。近年来,党中央和各级政府一直在推行国有企业分类制改革,将国有企业分为商业类国企和公益类国企。其中,公益类国企存在的主要价值就是为了服务社会大众,公益类国有企业有必要提高公共服务的效率和能力,那么与之相关的国有资本投资政策必然也将带有强烈的公共利益色彩。对国有资本投资政策适用例外豁免制度,正与国有资本的公益性特征相符。在判断豁免条件是否符合的过程中,公共利益原则将发挥巨大作用。审查机关有必要从政府行为是否有利于公共利益的实现、在具有相同效果时是否存在对市场竞争造成更小影响的行为、与公共利益相比这一行为可能造成的竞争损害是否值得等诸多方面进行考察。

---

① 参见吴宏伟、金善明:《论〈反垄断法〉的社会公共目标——以〈反垄断法〉的实施为契机》,载《首都师范大学学报(社会科学版)》2009年第3期。

三、国有资本投资政策公平竞争审查的对象校准

（一）国有资本投资政策全面纳入公平竞争审查范围

目前，公平竞争审查制度的关注重点主要在于对外公布的政策文件，这些政策文件既包括存量政策，也包括增量政策。公平竞争审查制度的审查机制设定主要是着眼增量政策，但存量政策也并不因为其在公平竞争审查制度确立前就已颁布实施而免于审查。[①] 为了消除国有资本投资政策中的反竞争性影响，将规章、规范性文件、其他政策文件、行政决策等按照规范领域和内容的不同进行划分，其中有关规范国有资本投资相关方面的文件、决策等，如果有涉及市场主体经济活动，包括但不限于涉及投资对象、方式等以及出台的具体、特定的方案措施，也应该纳入公平竞争审查制度的审查对象。

在国有资本投资政策层面，特别是就各级政府及国资监管机构发布的政策性文件来看，内部会议纪要等行政机关内部文件的占比较高，审查迫切性也更大。一般而言，规范性文件中的内容大量是对国有资本管理性质或程序性质的要求，真正干涉国有资本投资流向的规范性文件寥寥无几，原因主要在于通过规范性文件来划定国有资本投资方向和范围的方式成本过于高昂，且规范性文件一般都有较长的有效期，但投资的动向却是无时无刻不在变化的。因此，规范性文件的稳定性与投资行为本身的时效性之间存在严重的矛盾，而通过具体会议纪要等方式进行具体决策决定，出台相关措施更高效。就目前而言，有关国有资本投资的政府内部会议纪要由于不对外公布，没有正式的对外法律效力，但这一内部会议纪要又通过行政机关内部的行政属性、国有企业和行政机关之间的行政体制而产生行政效力，指导国资监管部门开展行动，指令具体国有企业贯彻落实。这使众多具体的国有资本投资行为通过内部请示、会议纪要等方式得以通过，却没有进行公平竞争审查而得到良好的竞争约束。但随着公平竞争审查制度在我国的不断推进、落实和发展，相关公权力主体所实施的行为只要在客观上直接或者间接影响市场公平竞争，就应逐步纳入公平竞争审制度的目标对象，不宜将目标对象严格地限定为对外发布的规范性文件。当下的这一做法无疑限制了公平竞争审查的范围，导致具体的国有资本投资方案、措施等成为漏网之鱼，并不利于预防行政主体滥用权力干涉市场自由竞争秩序这一制度目标的实现。

因此，国有资本投资政策领域公平竞争审查的对象，不应局限于对外发布的规范性文件这一最低限度。其他对市场竞争秩序、市场主体的行为和选择有影响的计划、

---

① 参见金竹：《地方财政部门公平竞争审查实务问题探讨》，载《北京社会科学》2020 年第 2 期。

措施或行为等也应纳入公平竞争审查的范围。

(二)豁免部分国有资本投资政策的公平竞争责任

相对单纯逐利的私人资本来说,国有资本投资带有更多的公益属性。国有资本投资必定会承担国家、政府、社会更多的公益任务和职能。但也是因为其公权力背景,国有资本投资又往往更易造成反竞争损害、作出破坏竞争秩序的行为。国有资本参与市场竞争,相对于其他资本成分,需要严格限制,也需要适当保护。所以,在对待国有资本投资进行公平竞争审查时,更需要仔细甄别,谨慎对待。这也便要求了对于国有资本投资政策的公平竞争审查,需要更谨慎地贯彻和重视豁免制度,从而降低国有资本投资政策可能出现的危害行为。

根据公共产品理论,公共产品的供给并不是永远充沛的,有时会出现公共产品时间性、地区性供给不足的情况,在这种情况发生时,社会就无法单纯依靠市场来获得充足的公共产品。公共产品供给受限通常出现在以下情形,“在私营经济条件下,企业从事社会公共产品(服务)全面供给业务所获收益无法抵消成本”。[①] 基于这种情况,在我国不仅政府出面对公共产品的供给进行干预和调控,以确保公共产品供给受限于供给能力或市场机制,国有资本投资也是我国干预市场的重要手段之一。由此,市场主体作出经营行为的价值取向和社会公益价值并不是重合的,有时会与社会公益价值产生冲突。从公平竞争审查制度供给与需求相平衡的视角分析,国务院设立公平竞争审查制度的终极目标应是实现全面性与终局性的具有经济属性的公共利益。因此,设立豁免制度,对于国有资本投资中的冲突进行事前控制,做到一开始便从根本层面上选择公共利益,是解决冲突的有效方式。[②] 在特定领域,如国家安全、基础资源供给、环保政策等方面,适当减损竞争秩序,舍弃一时的市场利益,作出更符合国家长远利益和人民根本利益的选择,也是公平竞争审查豁免制度设立的应有之义。

从目的、意义和实施方式上看,政府限制竞争行为的举措,内部构成往往是复杂多样的。当政府作出的抽象行政行为与其他经济政策、社会政策出现冲突时,其可能会对竞争秩序产生严重的破坏,但从宏观来说,却可能是有利于社会整体发展的。因此,在一些例外情况下,有些国有资本投资政策虽然具有破坏竞争秩序之外观,但将其简单归入破坏竞争秩序之列,未免有些武断;从另一个角度讲,基于其自身的职能,政府对市场竞争行为进行适当的限制,也是不得不为之事。例如,在自然垄断行业、金融市

---

① 翟巍:《行政性垄断豁免机制的本土建构路径——基于欧盟与德国模式镜鉴的视角》,载《中德法学论坛》2018年第1期。

② 参见翟巍:《公共利益豁免标准的解释与重构——以公平竞争审查为视角》,载《法律方法》2018年第24期。

场、环境以及药品等领域进行的政府管制,就是政府的职责所在和现实需要。基于上述考量,制度的制定者自然有必要在制定制度时留有一定灵活余地,以应对抽象行政行为的复杂,兼顾普遍性和特殊性,更全面地满足法律调整的需要。在应对一些特殊状况时,如果仅着眼防止破坏市场秩序,反垄断的一般目的很有可能并不符合这一制度的立法初衷,可能还会矫枉过正、适得其反;还有可能不符合合理原则的要求,片面为保护单一法益,而侵犯到其他更重要的法益类型。基于此,豁免制度便是平衡这些冲突、灵活对待特殊情况的手段。

四、国有资本投资政策公平竞争审查的方法调试

(一)宏观层面:国有资本投资政策的合目的性审查

合目的性原本是指行政机关行使行政自由裁量权而作出的具体措施应当符合法律目的。这一原则随着行政权力的扩张而不断介入私法领域,呈现私法领域认可适用的趋势。经济法作为行政权力在经济领域的特殊调节手段,应当注重这一原则在国有资本投资领域的审查适用。

合目的性包含价值正当性的要求。“每个立法者制定每项法律的目的是获得最大的善。”①价值目的正当应作为先导要求融入具体立法目的中。因此,一种正当性要求会作为不可违背的高阶价值被预设在立法目的之上。② 公平竞争审查制度中豁免制度的目的在于处理协调好不同法律价值和目标的博弈,给予法的特殊目的特别的实现路径。但豁免制度是有限的、个别的,应仅限于特殊利益目的的实现,主要限定为国家安全、社会保障、保护社会公共利益3个部分,否则应排除豁免制度的适用而寻求正常审查程序。这体现出法律作为上层建筑应体现出的平衡艺术,实现现有的竞争政策和其他类型政策之间的博弈与妥协。

在大多数情况下,国有资本投资政策会明确自身出台的背景和投资目的,这为公平竞争审查的合目的性审查提供宏观审查的基础。一项国有资本投资政策措施的实施如果仅出于经济目的,如获取超额投资收益、扶持地方支柱产业,与豁免制度所限定的国家安全、社会保障、保护社会公共利益相去甚远,自然将被排除在豁免适用之外,而需要经历严格完整的公平竞争审查流程,接受竞争中立原则的审视。但如果一项国有资本投资政策措施的实施是为了维持特定阶段下国家政治、经济安全或脱贫攻坚等

---

① [古希腊]柏拉图:《法律篇》,张智仁、何勤华译,上海人民出版社2001年版,第6页。

② 参见周宇骏:《合目的性的审查分层:我国地方性法规审查基准的实践及其逻辑》,载《政治与法律》2021年第3期。

社会福祉,应尊重政策制定机关基于行政权力而享有的专业自治。例如,政府设立的企业纾困基金,通过注入资本为竞争性领域中的企业提供短期流动性资金,稳定其现金流,这一目的应被尊重和认可。当然,有时国有资本投资政策中的目的可能比较含混甚至鱼目混珠,这些情况就需要审查机关根据立法背景、政策的整体精神、条文间的关系、规定含义等因素作出综合判断,识别是否合乎豁免目的。

（二）中观层面:国有资本投资政策的行业竞争评估法

除宏观层面需要审视国有资本投资的政策目的外,中共中央、国务院《关于加快建设全国统一大市场的意见》维护统一的公平竞争制度部分就专门提到,"研究重点领域和行业性审查规则,健全审查机制……"。我国国有资本投资政策公平竞争审查应当据此关注中观的投资领域和行业,判断国有资本投资的领域和行业是否与其政策目的匹配。审视国有资本投资的主要领域以及评估行业竞争的结果对审视我国国有资本投资政策有较强的指引评价作用。

2019年10月党的十九届四中全会继续贯彻做强做优做大国有资本的指导思想,提出加快构建以管资本为主的国有资产监管体制,利用国企改革三年计划初步形成国有资本优化布局,有效发挥国有资本投资、运营公司功能作用。[①] 党中央、国务院为推进国家治理体系和治理能力现代化,特别强调科技创新体制机制的重要作用。在国际分工体系加快调整、国际贸易争端日趋多发的时代背景下,集中国家有限优质资源,建立健全鼓励支持基础研究、原始创新的体制机制,加快构建社会主义市场经济条件下关键核心技术攻关新型举国体制,成为破局的有力推手。例如,在"3060碳达峰碳中和"目标任务下,传统的能源领域应是国有资本重点转型的领域。在今后出台国有资本投资政策发展高精尖科技的浪潮下,传统的能源型企业如何布局转型绿色低碳能源,是国有资本投资审查时需要重点考虑的问题。

一是结合国有企业主责主业清单,明确其应参与投资的领域,主责主业清单外的行业领域原则上不应制定出台相应国有资本投资政策措施,"为资本设置红绿灯,防止资本无序扩张"。这为国有资本设定了使命职责,也为公平竞争审查提供了审查的投资领域和行业清单。对于非国有资本主责主业清单外的国有资本投资,应严格审慎评估其必要性和合理性;对于清单内的国有资本投资,则可宽松审查其对市场可能产生的影响。

二是在公平竞争审查制度中建立事前事中事后全生命周期的行业竞争评估机制,

① 参见《中共中央关于坚持和完善中国特色社会主义制度　推进国家治理体系和治理能力现代化若干重大问题的决定》,2019年10月31日中国共产党第十九届中央委员会第四次全体会议通过。

量化的审查结果应当指引国有资本投资的动态调整。国有资本投资过程中引入行业评估,一方面,可以通过外部监督强化目前内部监督的效果,进一步促进公平竞争审查制度的完善;另一方面,通过利用行业评估的专业性和客观性,可以很好地对国有资本涉及的某一企业、某一行业进行定向审核,提示国有资本投资的效率,修正其投资偏差,增强市场主体的公平竞争。行业竞争评估的反馈指引作用主要体现在如下方面:一是验证通过事前评估而许可的国有资本投资政策的假设条件;二是评估国有资本投资政策是否达到了其本要达到的目的和效果;三是考虑那些国有资本投资政策事先审查中原本无法预测的消极效果,特别是大规模国有资本投资计划潜在的整体效果,以此改进事前审查模型。欧盟委员会也在针对国家援助制度的事后评估机制进行相应的完善,弥补原有的行业评估方法的缺漏。欧盟原有的国家援助制度并不聚焦国家援助方案通过之后带来的实际效果,这些方案在事前审查批准通过后在相当长的一段时间内缺少适当的实施中评估跟进与履行完毕后的效果回顾,即使在个案中存在事后评估工作也仅是临时性的机制,导致大量的国家援助措施超过了原本的政策目标、期限和尺度。① 行业竞争评估可以对国有资本投资政策的实然效果进行跟踪、分析和反馈,以此吸取经验教训,完善事前评估方法,并优化调整国有资本布局,及时终止相关国有资本投资政策措施。

现阶段广泛应用的行业评估方法主要是两种:第一种是运用经济学建模量化出行业竞争指数,通过行业竞争指数判断行业竞争情况;第二种是根据国家统计局统计的行业企业数量和行业规模并结合行业研究报告综合分析行业竞争情况。以上两种方法是从宏观分析行业评估情况,还要在微观层面结合条文评估方法,形成一个系统化、综合化的行业评估体系。

由于行业研究报告及国家统计局针对行业规模的一些数据涉密,因此没有完整的数据库,构建的经济学模型不够准确,现阶段更宜采用条文评估法。针对上述国有资本投资较集中的领域,如能源、电信、建设等,这些传统行业比较容易发生不公平竞争的现象,从而导致相关市场垄断,使市场失去应有的活力。在反垄断执法方面,对行业竞争评估的方法也探索出不少经验和可供借鉴的“简单”方法,在合适的情形下可以具体择用。

(三)微观层面:国有资本投资政策的相称性审查

国有资本投资政策在满足了合目的性、合乎行业评估结果外,还应注重其政策措

---

① See European Commission, *DG Competition*, *Evaluation in the Field of State Aid*: *Issues Paper*, Brussels(Apr. 12, 2013), http://ec. europa. eu/competition/state_aid/modernisation/evaluation_issues_paper_en. pdf.

施与其所达到的目的之间必须合比例或相称,在个案中寻找各投资要素“质”与“量”的平衡点。这就要求我们借助反垄断法中基础的竞争评估步骤。

以科学方法界定出相关市场是进行审查评估的第一步。针对国有资本投资政策的竞争评估,假定垄断者测试法需要有所调整。例如,在界定相关商品市场时,需要根据实际情况确定临时目标市场。① 对比商业行为,行政干预往往不易直观体现目标商品,所以就要根据实际情况加以分析。地方政府若在投资政策中承诺给予本地国有企业专项税收优惠,那么此时影响的相关市场需要考虑该企业实际投资的市场领域。确定这一临时目标市场应遵循最窄原则,从目标商品逐步向外扩展寻求替代性边界;如果存在多边市场情形,则还要考虑多边市场理论的指引。此外,在使用假定垄断者测试界定相关市场时,选取的基准价格应为充分竞争的当前市场价格。如果政府干预市场的行为已经导致当前价格明显偏离竞争价格,那么就不能继续选择当前价格作为基准价格进行测试。在此情况下,应该对当前价格进行必要的调整,使用更具有竞争性的价格。在界定相关地域市场时,行政干预所影响的地域范围一般可直接限定在特定的行政区划范围之内,除非行为亦会对其他地区产生较大影响,这与企业的市场经济活动有所不同。

国有资本投资政策审查的第二步则要考察国有资本投资政策是否给予了特定企业不受市场竞争约束的竞争优势,从而抑制或者排除了市场公平竞争。企业是市场的有机组成部分,企业也像人体组织一样不断进行“新陈代谢”,不能适应市场需求的企业将被淘汰,之后便会有新的企业如雨后春笋般继续诞生,故市场上的企业都面临落后就要被市场淘汰的压力以及如何把企业发展壮大、应对新企业竞争的局面。良好的市场环境将给企业一个公平竞争的机会,这会激励企业的创新与进步,而政府不当地限制竞争行为则扰乱了市场竞争秩序。对国有资本投资政策进行竞争评估,应当在界定相关市场的基础上,继续考察政府的投资行为是否对特定企业带来了竞争优势,对市场产生了实质的影响。

第三步是对国有资本投资政策进行公平竞争审查,亦要分析政策本身的合理程度。分析国有资本投资领域、持续时间、方式、金额等因素都可以间接反映国家干预市场的合理程度。国有资本投资政策的相称性审查主要关注:是否是一个适当的政策工具,是否对被投资者有激励作用,是否仅限于激励额外投资或活动所需的最低限度,是否是积极性和透明的。国有资本投资政策只有同时满足这些积极条件并且负面效果有限,才被认为符合市场竞争规则。

---

① 参见丁茂中:《行政行为的竞争合规制度研究》,载《现代法学》2017年第2期。

五、实现国有资本投资政策公平竞争审查的制度构建

2022 年 6 月 24 日,《反垄断法》正式修正,在“总则”部分增设了关于公平竞争审查的规定,成为公平竞争审查制度的重要立法保障。将公平竞争审查制度写入《反垄断法》是双赢的选择,使《反垄断法》在结构和内容上更加完善,同时提高公平竞争审查制度的法律强制力,更有力规制行政性垄断行为。但与此同时,由于《反垄断法》的规定相对较抽象,仍然需要以激励执法和强化责任的方式,进一步促进公平竞争审查制度,特别是在国有资本投资政策领域的体系化构建。

(一)增强公平竞争审查的执法激励和第三方监督

公平竞争审查政策立足保障市场竞争,并且直接对抗政府的立法权。目前,尚未将市场环境的有效改善作为政绩考核的重要事项,公平竞争审查对于地方机关和行政领导来说,很多时候会牺牲政绩,是得不偿失的。所以,在审查机制建立后,要求政府进行自我限制,自我否决,自己为了长期的利益和国家的大政方针而损害时下的发展和领导个人的政绩,是十分困难的。因此,持续科学的激励尤为重要。对我国来说,可以从政治激励入手,将公平竞争审查制度的执行成效纳入政府的政绩考核指标,可以改变我国当前地方发展仅仅依靠 GDP 来衡量的现状,丰富考核标准,提升考核的科学性;也可以遏制地方一味追逐 GDP 的施政风气,改变施政者只着眼快速、短期利益的境界,实现经济可持续发展。此外,可以根据各地存量政策的清理情况和增量政策的审查情况,对执行状况较好的地方直接给予经济激励,也弥补了政策制定机关以为的积极执行公平竞争审查制度给经济发展造成的潜在损失,为施行者消除顾虑。① 此外,在荣誉激励方面,对一线的审查人员和决策、推进有功的人员,可以给予相应的荣誉奖励。比如,颁发奖项,树立模范,来形成一种积极执行公平竞争审查制度的工作氛围、社会氛围,也能间接地宣传公平竞争审查制度,从而激励相关人员,尤其是一线工作者更好地投入进去。此外,可以参考澳大利亚的成果,由国务院设立公平竞争审查的专项奖励资金,通过财政转移支付的方式对积极实施公平竞争审查制度的地区进行奖励。

同时,可以增加第三方评估机构的监督权限。第三方评估作为国有资本投资政策的审查主体,有义务完成对国有资本投资政策的审查。第三方评估一般由具有较强专业的独立第三方进行完成,组成人员一般包含高校、智库、专业性的社会组织等,这类组织具有较强的专业性,能够保持独立、公正。涉及市场主体行为的政策措施等的颁

---

① 参见丁茂中:《公平竞争审查制度研究》,法律出版社 2019 年版,第 176 ~ 177 页。

布实施关涉颇多,而国有投资立法主体往往难以对多方利益诉求与市场状态进行全面考量,第三方则可以弥补这些天然缺陷,进行有效监督。在具体机制上,可以通过立法形式直接规定第三方评估机构对本地区或某一行业内的国有资本投资政策具有监督审查功能,除履行公平竞争审查义务外,对于其职责范围外的相关文件,可通过普查或者抽查等方式对国有资本投资政策进行监督。同时,第三方评估机构的监督属于全流程的监督,包含法律法规及政策的出台涉及的交叉审核和制度文件实施过程中的效果评估。第三方机构也可以开展社会化的咨询意见,向相关利益主体征求意见,以此完善其监督职责。

(二)完善公平竞争审查的法律责任

第一,提升法律责任主体的覆盖面,增加对相关责任主体的制约和责任追究。首先,增加法律责任承担的主体。从产生排除、限制竞争效果的政策措施的制定来源看,政策制定机关并非唯一对政策措施的出台起到决定性作用的国家机关。例如,在产业政策中,除国务院外,其他行政部门制定的产业政策原则上都应当报送上级机关批准。有必要要求上级机关以及各级权力机关在“批准”程序中对政策制定机关所作的书面审查意见进行实质性审查,并应就政策措施所产生的反竞争效果承担相应的法律责任。[①] 其次,增加对责任追究和制裁主体的制约。根据权力与责任相统一原则,凡是所有能影响市场公平竞争的权力部门,无论是在理论上还是在实践中都应当成为公平争审查的责任主体,这对于行政体系来说尤为重要。因此,有必要增加对追究主体或者制裁主体履职的监督和制约,并建立相应的责任机制。最后,增加对政策措施受益经营者的责任追究。现实中,政策制定机关出台反竞争的政策措施往往是出于保护本地区或本行业内特定的市场主体,从而使其获利或者取得市场竞争优势的目的。对于掩饰型受益经营者和协作型受益经营者,应坚决予以相应的责任追究;对于间接关联型受益经营者,无须进行制裁;而对于服从型受益经营者,可适用没收违法所得及责令停止违法行为等行政制裁手段,不宜适用行政罚款制裁,并给予一定的责任制裁抗辩权。

第二,扩充责任形式,完善救济机制,增强责任威慑力。政策制定机关的抽象性行政行为具有普遍性、不特定性和复杂性的特点,其涉及的主体也呈现多样性特征,因而单一的责任类型无法有效实现对市场竞争秩序和社会公共利益的维护。与此同时,以“责令改正”“行政处分”等为代表的单一化行政责任往往力度不够,难以遏制现实生活中具有较大危害的行政性垄断;责任方式的单一也使追究的责任无大小轻重之分,难以使法律责任的追究效果与形态多样的行政性垄断行为所造成的不同危害相对应,起

---

① 参见孙晋、孙凯茜:《我国公平竞争审查主体制度探析》,载《湖北警官学院学报》2016 年第 4 期。

不到真正的公正制裁作用。鉴于公平竞争审查制度运行过程中可能存在民事侵害、行政违规和刑事犯罪等问题,可以尝试构建包括民事责任、行政责任和刑事责任为主要内容的多元法律责任体系,增强法律责任威慑力,进而依托责任设置推动制度的有效运行。

在民事责任上,因政策制定机关已出台的政策措施可能会对相关的市场主体产生一定的利益损害,即使其及时在事后对之予以停止执行或者进行一定调整,也可能无法对市场主体已遭受的不当损失作出合理补偿。对此,可以以所造成的利益损害为基准,尝试建立政策制定机关的民事赔偿制度,如国家竞争损害赔偿机制等,以弥补市场主体遭受的损失。在行政责任上,应在责令改正、行政处分之外,扩充法律责任的形式。上级机关对政策制定机关的制裁方式,不应仅停留在"责令改正"的层面,还可以直接予以改变或者撤销;而反垄断执法机构的制裁方式也不应仅停留在"停止执行或调整政策措施的建议权"上,可以赋予其对政策制定机关的责令改正权力以及行政处分的建议权力;对受益经营者来说,可以根据受益经营者的类型及其在政策措施出台过程中的参与和过错程度给予一定的没收违法所得、罚款等行政处罚。[①] 在刑事责任上,要坚持审慎的适用原则。对上级机关的"改正"建议拒不改正或不及时改正且造成严重损害后果的直接主管人员以及其他直接负责人员,对严重渎职失职、受贿、泄露商业秘密并造成巨大经济损失、情节严重的工作人员,可以尝试予以刑事追责。

六、结语

推进国家治理体系和治理能力现代化离不开国有资本监管制度创新。坚持国有资本投资政策问题导向和顶层设计相辅相成,以公平竞争审查制度构建起法治化的审查制度,既有利于提升国有资本的资源配置效率,优化国有资本布局,完善中国特色社会主义市场经济体系,打造市场化、法治化、国际化的营商环境,为世界各国国有资本治理规则提供中国样本,发出中国倡议。在国有资本投资政策中引入公平竞争审查制度,不仅要克服目前公平竞争审查制度自身存在的一些不足,更要针对国有资本的价值目标、功能属性等相应调整、设计与之兼容的审查原则、审查机制、审查方法等,通过构建国有资本投资政策公平竞争审查的立法保障、执法激励和法律责任,推动全面落实国有资本投资政策公平竞争审查制度。

---

① 参见丁茂中:《论垄断行为法律责任的立法完善》,载《竞争政策研究》2020 年第 1 期。

【金融财税法】

金融监管权力结构：生成、运行与实现[*]

刘志伟[**]

摘　要：金融监管权力并非不可分割的整体，而是横向与纵向分割法则所塑造的以权力为核心、以关系为纽带的一种结构性权力，应属规范性而非事实性、闭合性而非开放性的逻辑自主范畴。金融监管权力配置的重心转移、职能的分化重组以及相互性权力关系的协调，意味着同权或异权分割法视野下分散且相互制约型金融监管权力结构的更新。在实践中，金融监管权力结构有效运行的内外互动，应建立在自身闭合运行和输入、输出开放认知的基础上；金融监管权力结构合理优化的路径选择，则须借助权力的分解得当、要素的合理配置、关系的有效协调及其权利面向的精准回应来完成。

关键词：权力结构；权利面向；分割法则；闭合运行；开放认知

金融监管权力结构是对金融监管权力进行分解重组所形成的闭环权力系统，而非以权力为核心、由权力生成基础或权力行使指向所构成的开放式权力系统。作为金融监管权力分解重组的内在协调体系，金融监管权力结构的规范性而非事实性特征，与其闭合性而非开放性特征共同塑造了金融监管权力结构的逻辑自主范畴。当然，金融监管权力的分解重组仅是金融监管权力结构的表象，其背后隐藏的是金融社会分层、金融市场结构以及权力的多元化发展，从根本上则是源于金融监管权力的权利性。在此语境下，金融监管权力结构有效运行的内外互动，要求权力结构自身闭合运行和输入、输出开放认知之区分与统合；金融监管权力结构合理优化的路径选择，则要求从金融监管权力分散配置和各子权力间关系两个维度展开，具体是借助权力的有效分界及其相互间制约关系的良好塑造来保持金融监管权力结构之权利面向的终极性。

---

* 国家社科基金青年项目“地方金融监管体系的法治化构建研究”（项目编号：19CFX076）的阶段性研究成果。

** 法学博士，西南政法大学金融创新与法制研究中心研究人员，经济法学院副教授。

一、金融监管权力结构得以生成的逻辑探源

结构主义视野下的金融监管权力,是相对于包括"力量说""关系说""影响力说"等在内的权力思想的一种不同解读。同时,相较传统的权力"结构论"和权力"结构关系"思想又有所差异,本文所言的金融监管权力结构专指权力↔权力结构关系,而不是权利→权力结构关系或权力→权利结构关系,并具有闭合性而非开放性、规范性而非事实性的逻辑自主特征。当然,金融监管权力结构的具体生成,主要根源于金融监管权力的权利性,并具体表现为对金融监管权力进行制约和对金融事务进行专业化管理诉求的回应。

(一)处于结构主义中的金融监管权力

权力之于社会科学,尤其是法学,犹如能之于物理学基本而又不可或缺,①以至于包括法学在内的任何社会科学均将其置于研究的核心范畴之列。在既存的诸种有关"权力"的思想学说中,"力量说""关系说""影响力说""技艺说"等,无不对"权力"某一个侧面不可或缺的特征进行了有效展示,但其重点关注的是"谁持有权力以及谁对谁行使权力"的问题。与"谁持有权力以及谁对谁行使权力"的研究相对,将对"权力"的研究进一步向前推进的是福柯的权力观念,"福柯特殊的兴趣点总是集中于这些(社会)权力关系得以组织起来的方式、他们所采取的形式及其他们所依赖的技术,而不是集中于那些团体或个人在结果上是处于支配地位还是被支配地位"。② 此外,在有关权力理论的研究中,学者还提出了因果论、唯意志论、结构论等观点,③其中,卡尔·马克思、列维·施特劳斯、路易斯·阿尔都塞等人均采用了"结构主义"的研究思路。当然,此处权力的结构论与本文权力结构理论存在交叉但又不完全相同。

进言之,尽管有关"权力"的研究已提出了权力"结构论"和权力"结构关系"思想,但正如通常所定义的,"权力是一些元素可以用来控制另一些元素主导社会行为以符合控制要求的一种带有强制性的支配能力",④这所彰明的依旧是权力及其行使对象的直接指向性,即权力主体与权力受体间的结构关系,而非各权力间或权力主体间的结

---

① 参见[英]伯特兰·罗素:《权力论》,吴友三译,商务印书馆2012年版,第4页。

② [英]史蒂文·卢克斯:《权力:一种激进的观点》,彭斌译,江苏人民出版社2012年版,第84页。

③ "因果论"以霍布斯为代表,"唯意志论"以韦伯、汉娜·阿伦特以及史蒂文·卢克斯等为代表,"结构论"是与"唯意志论"相对(此处的相对是相对的对应性而非是绝对的对应性,是部分的对应性而非是整体的对应性)的,指出权力是由一定结构所决定的产物,应将权力放在特定的社会经济和文化结构中予以研究,最终将权力视为系统内部结构因素而非个人意愿的后果。

④ 潘德斌等:《中国模式理想形态及改革路径》,广东人民出版社2012年版,第2页。

构关系。具言之,权力"结构论"认为,权力及其行使由一定结构决定,应将权力及其行使置于特定的社会经济生活和文化结构中予以研究,即将权力及其行使视为系统内部结构因素而非个人利益诉求或欲望的后果,实质上,这所考虑的是权力及其行使应根植于客观的社会生活结构之中而非人的主观性的欲求之中。"尽管结构主义将关注的中心转入结构,从而削弱了个体的欲望和意志对权力的重要性,但权力持有者,如统治者、精英、社会组织、个人等,依然是清晰可见的。"①值得关注的是,福柯将其之前的有关权力的所有解释均归结为传统的权力观,而其研究从既往的"谁持有权力以及谁对谁行使权力"转向了"权力怎样被运行",同时"福柯所关注的是'结构关系、制度、策略与技术',而不是'具体的行动原则和它们所涉及到的现实的人'"。② 显然,福柯所关注的权力的"结构关系",主要还是从权力主体与权力受体的互动关系、角色的可互换性以及权力行使的非强制性层面来谈的,依旧未脱离权力及其行使所指向的对象关系分析的思路。

本质上,"所谓结构,指一个系统中元素之间相互连接的组织方式",③因此,"权力结构是以权力为核心,以关系为纽带而形成的体系",④并且据此可将其具体划分为权利→权力结构关系、权力↔权力结构关系、权力→权利结构关系 3 种类型。虽然既有研究已经就权力的"结构"进行了一定程度的探讨,但权力"结构论"所考虑的是权力及其行使的社会来源问题,并且权力及其行使的指向依旧未变,而福柯的权力"结构关系"则主要是权力主体与权力受体的可互换性结构关系,亦是权力及其行使的指向性问题。换言之,既有的有关权力结构的研究主要是权利→权力结构关系、权力→权利结构关系两种类型。然而,"权力结构通常是指以权力为核心形成的组织体系,权力的授受、分工、配置、运行、回收及其相互间的制约协调、监督平衡关系",⑤即权力↔权力结构关系而不是权利→权力结构关系或权力→权利结构关系,而这也正是本文有关权力结构重点研究的对象。

从另一层面来讲,目前有关权力的研究更多是社会学家的研究成果,而"社会学层面的权力界定或描述更多地偏重权力行使的实际结果与实际影响,这种权力界定范式倾向于从描述的层面对权力关系做单一化的处理",⑥并且社会实证方法"观察的权力

---

① 胡水君:《法律与社会权力》,中国政法大学出版社 2011 年版,第 75 ~ 76 页。

② [英]史蒂文·卢克斯:《权力:一种激进的观点》,彭斌译,江苏人民出版社 2012 年版,第 84 页。

③ 潘德冰:《结构论与社会变革》,载《政治学研究》1985 年第 4 期。

④ 陈国权、黄振威:《论权力结构的转型:从集权到制约》,载《经济社会体制比较》2011 年第 3 期。

⑤ 黄红平:《论党内权力结构改革:从高度集中到制约协调》,载《理论探讨》2014 年第 3 期。

⑥ 胡杰:《论权力的权利性》,载《法制与社会发展》2013 年第 2 期。

现象是事实上存在的权力,而不是应然意义上的权力"。[①] 与事实性权力相关联的是事实性的权力结构,即面向社会开放的权利→权力结构或者是权力→权利结构。值得关注的是,与事实性权力相对应的规范性权力研究的缺乏,继而带来规范性权力结构研究的缺乏。事实上,无论是对规范性权力还是对规范性权力结构的研究,所面向的都是一种逐步向应然迈进的权力与权力结构,此种认知路径不仅有助于权力分散配置以及各子权力之间关系体系的规范化,也有助于权力结构转换、调整的规范化,以达到权力授予、行使获得有效法律控制的目标。

基于对"权力结构"不同维度的理解,本文所要重点阐明与确证的金融监管权力结构必然是对金融监管权力进行分解重组形成的闭环权力系统,而不是以权力为核心、由权力生成基础或者权力行使指向所构成的开放式金融监管权力系统。同时,金融监管权力结构的闭合性也要求其权力分散配置以及各子权力间的关系体系必须以规范性而非事实性的面貌予以呈现。值得注意的是,金融监管权力结构所具有的闭合性而非开放性、规范性而非事实性特征,并非仅是在权力视角下对权力结构本质的挖掘。事实上,金融监管的独立性特质也要求金融监管权力结构必须保持应有的闭合性、规范性,而这又源于金融事务的专业性、技术性。当然,这并不是否认金融监管权力结构的有效运行与合理实现不应在一定程度上体现其应有的开放性、事实性,以保持自身对金融业的现实回应性、切适性。

(二)金融监管权力结构的具体性生成

金融监管权力结构语境下的"权力结构是指权力的组织体系,权力的配置与各种不同权力之间的相互关系",[②]这决定了只有从内部对金融监管权力进行分解,并将其合理划分为若干不同形态的子权力形态,才能实现金融监管权力的结构性优化。值得细究的是,金融监管权力的结构化并非仅包括对金融监管权力进行彻底性划分的分解模式,集中模式下依然存在因金融监管权力划分而形成的金融监管权力结构,只不过集中模式与分解模式所采用的金融监管权力分割方式存在较大差异。金融监管权力集中模式下的权力划分采用的是同权分割法则,而金融监管权力分解模式选择使用的是异权分割法则。其中,"同权"与"异权"分割法则的关键差别是:被分割的金融监管权力究竟是同质性金融监管权力还是异质性金融监管权力。

如此看来,"权力结构理论是一个技术的、客观的视角,将权力看作一个可由人主

---

① 周永坤:《规范权力——权力的法理研究》,法律出版社 2006 年版,第 105 页。

② 周永坤:《权力结构模式与宪政》,载《中国法学》2005 年第 6 期。

观加以安排的事物”,[①]并在实践中具体体现为依据一定的分割法则对权力进行分割形成的有关权力分配以及各子权力之间关系的体系。其中,同权分割与异权分割法则是金融监管权力结构化之权力分割方式,金融监管权力集中模式与分解模式是金融监管权力结构化之权力结构的外部形态。正如,中央金融监管部门与其在地方的派出机构存在明显的“职责同构”特征,且彼此间的权限范围并未进行完全彻底界分,具有交叉、重叠的天然特征,明显属于金融监管权力集中模式下权力分解的同权分割;而金融监管权力在中央不同金融监管部门间的横向划分则又属于典型的功能性异权分割,这主要由银行、证券、保险等金融细分领域各自产品、组织、市场自身的运行逻辑及其监管重点、方式的差异所决定。当然,层级性异权分割的典型事例是中央赋权地方金融监管部门享有并行使“7 +4”类地方性金融组织的监管权,并与中央金融监管权力一道构成了中国金融监管权力的组织体系。

金融监管权力结构为什么会生成?需要明确的是,金融监管权力的分解及其相互性关系的确立仅是金融监管权力结构的内部构造和生成结果。金融监管权力结构之所以会生成,不仅与金融社会分层、金融市场结构以及权力的多元化发展相关,并且从根本上还是源于金融监管权力的权利性,即是对金融监管权力进行制约与对金融事务进行专业化管理的现实诉求。事实上,金融监管权力的权利性决定了金融监管权力的结构化必须以金融权利维护为终极面向,而“强调权力的权利性有助于对权力运行的种种异化的方式进行规制与制约,使权力在良性的轨道上发挥其应有的价值与功能”。[②] 在实践中,金融监管权力异化所表现出来的权力滥用与自我扩张或集中的冲动,不仅是对金融监管权力的权利维护面向的背离,还会对金融监管权力进行制约和对金融事务进行专业化管理的实践诉求形成直接冲击。

一是对金融监管权力进行制约的需要。“只有从权力内部对权力进行分解,并在此基础上建立一个稳定的、相互制约的权力体系,以权力之间的关系来制约权力,以‘强制对付强制’才能有效地控制权力。也就是说,只有将制约权力问题转化为一个权力的结构问题,对权力的制约才是可能的。”[③]权力内部的制约可分为功能性制约和层级性制约,其中,功能性制约主要限定于横向层面,而层级性制约主要限定于纵向层面。

二是对金融事务进行专业化管理的需要。“权力结构化的过程是职权的分化和职

---

① 周永坤:《权力结构模式与宪政》,载《中国法学》2005 年第 6 期。

② 胡杰:《论权力的权利性》,载《法制与社会发展》2013 年第 2 期。

③ 周永坤:《宪政与权力》,山东人民出版社 2008 年版,第 143 页。

能的专业化过程”,[①]并且“分工原则决定了社会经济事务由不同的行政部门按专业分工实施”。[②] 金融行业自身的专业性、技术性要求权力分配者需要通过分析金融事务的内在规定性及其运行逻辑而将金融监管权力合理配置给不同的公权力组织。值得注意的是,金融行业自身的专业性、技术性决定了要对一体化或集中性的金融监管权力进行功能性分解,这会引发金融监管规则制定权、金融监管执法权等权能的分离。但同样因专业化管理需要而催生的独立性金融监管机构又打破了金融监管规则制定权、金融监管执法权等权能相对分离的局面,使金融监管重新回到权力相对集中的状态。当然,包括金融监管规则制定权、金融监管执法权等权能在内的金融监管权力的多次分分合合并不是徒劳或者无意义的,这在实践中促成了金融监管权力由单一性权力向结构性权力的转换重塑。

二、金融监管权力结构有效运行的内外互动

如上所述,本文所述金融监管权力结构,专指有关金融监管权力分散配置及其各子权力间关系的组织体系,具有规范性而非事实性、闭合性而非开放性的特征,并且闭合性与规范性的权力结构共同促成了金融监管权力结构的逻辑自主性。尽管兼具闭合性与规范性特点的金融监管权力结构能够实现逻辑上的自主,并且其重点关注的也是闭合性的金融监管权力结构内部权力的分散配置与各子权力间的互动或制约关系等规范性问题,但是,金融监管权力结构自主而不自足,并不像数学逻辑那样能独立于其所处的社会系统,而实际上是社会系统中事实性权力结构转化的结果。加之,“不同的权力结构产生不同的权力行为与结果”,[③]兼具闭合性与规范性特点的金融监管权力结构最终仍需要面向始终处于变动中的金融市场。因此,实践中的金融监管权力结构需要处理好认知开放与闭合运行间的逻辑关系,做到“开放立足于封闭,只有经由系统内部结构的‘转译’,环境的变动才能激扰系统,使之理解并做出回应”。[④]

---

① 魏红英:《纵向权力结构合理化:中央与地方关系和谐发展的基本进路》,载《中国行政管理》2008年第6期。

② 金国坤:《行政权限冲突解决机制研究:部门协调的法制化路径探寻》,北京大学出版社2010年版,第22页。

③ 郭蕾:《政府权力结构合理设置的学理与实证研究——基于对地方公务员调查数据的实证分析》,载《学海》2013年第5期。

④ 陆宇峰:《自创生系统论法学:一种理解现代法律的新思路》,载《政法论坛》2014年第4期。

事实上,金融监管权力结构的"自创生"①解释也要求金融监管权力结构自身的闭合运行和输入、输出上的开放认知之有效区分统合。金融监管权力结构输入、输出上的"认知开放性"指的是金融监管权力结构与其之外的现实金融世界的持续沟通与互动,并且这所彰显的是金融监管权力结构优化的实质合理性;而金融监管权力结构的"运行闭合性"指的是金融监管权力结构生发其自身秩序的能力和权力结构自身的适度调整,本质上是金融监管权力结构优化的形式合理性问题。从金融监管权力结构优化意义上讲,金融监管权力结构的优化不能仅在闭合的金融监管权力结构内部进行逻辑上的"自我指涉",还需要开放性地接受外部系统的输入和面向金融现实的输出。

(一)金融监管权力结构自身的闭合运行

金融监管权力结构自身的闭合运行,是指金融监管权力结构是一种闭合性的权力运行系统,金融监管权力结构本身具有自主性。质言之,理解金融监管权力结构不需要求助与其内在规定性无关的其他元素,舍弃不重要特征而得以保留之整体性、可转换性与自身调整性共同塑造出了金融监管权力结构的逻辑自主存在。金融监管权力结构是由若干元素组成的整体,但元素的整体性构造断然不是诸元素的简单罗列,其中蕴含能够解释或说明整体性构造的规律,而此处的规律指的是"功能—结构论"意义上的共时性元素而非发生学意义上的历时性成分。同时,金融监管权力结构的自身调整性质带来了结构守恒性和某种封闭性。试从上述这两个结果来开始说明,它们的意义就是,一个结构所固有的各种转换不会越出结构的边界之外,只会产生总是属于这个结构并保存该结构的成分。②

金融监管权力结构作为金融监管权力分散配置以及各金融监管子权力间关系的体系,金融监管权力结构的整体性所塑造的是金融监管权力作为一个整体,并可依据一定规律对金融监管权力进行技术性的分割重组。同时,分割重组规律主要是从"功能—结构论"角度切入来实现权力的功能性与层级性分解整合,并且其也因切断了外界因素涉入的媒介而能够保持金融监管权力结构内部各类型子权力的结构性调整。因此,金融监管权力结构是由金融监管权力子结构、历时性与共时性的结构转换规律组成的统一体系。金融监管权力结构作为一个整体,既不是原子论式的简单组合亦非不具可分性地预先形成的单一性整体,存在自己的来源与去向的历时性发展规律。同

---

① 卢曼首倡的"自创生"论,仍坚持系统/环境之分,但认为环境输入无法决定系统输出,并以三段论扬弃了封闭系统与开放系统的对立:正题——系统运作封闭,通过递回指涉既有要素和结构,实现自我再生产;反题——系统认知开放,借助既有要素和结构,感受环境激扰;合题——开放立足于封闭,只有经由系统内部结构的"转译",环境的变动才能激扰系统,使之理解并作出回应。

② 参见[瑞士]皮亚杰:《结构主义》,倪连生、王琳译,商务印书馆2006年版,第10页。

时,从金融监管权力结构自身调整性的视角来看,金融监管权力结构自身的调整是由共时性的权力分割法则和权力组合法则共同促成的。因此,金融监管权力结构在逻辑上的自主性是由其核心的转换规律,即金融监管权力结构的整体性、转换性以及自身调整性 3 项关键特征所塑造的。当然,此处所言的金融监管权力结构转换规律是方法论意义上的而不是实体论意义上的转换规律,方法论意义上的转换规律能够及时将现实中的某项要素纳入其所统领的范畴之内,以保持其在逻辑上的自主与运行上的封闭。

(二)金融监管权力结构输入的开放认知

金融监管权力结构输入的认知开放性,是指规范性金融监管权力的建构过程的开放性,即金融监管权力的分散配置以及各子权力间关系体系的形成过程需要对现实社会中存在的事实性金融监管权力结构予以充分考量,并以关键性要素为媒介来吸纳事实性金融监管权力结构的营养。然而,金融监管权力结构的生成,即金融监管权力的分散配置以及各子权力相互间关系体系的构建绝不是对客观存在的事实性权力结构的简单重述,其中必然会添附制度设计者及其所代表利益群体的价值偏好与信念。因此,在金融监管领域,“权力的分配取决于行动者的偏好、信念、关系类型及诸多结构条件”,[①]而事实性金融监管权力结构向规范性金融监管权力结构的转换及其规范性表达则是现实中的客观存在与想象中的主观意志领域多重要素共同作用的结果。

规范性金融监管权力结构是对事实性权力结构进行规范性表达的开放过程,即是对构成事实性金融监管权力结构中的关键性要素进行析出并予以规范性建构的过程,它明确了事实性金融监管权力结构究竟由哪些关键要素构成以及按照什么样的逻辑规律进行排列组合。事实性金融监管权力结构向规范性金融监管权力结构的转换及其关键要素的析出需要理论上的指引,而“要素论(elementary theory)是一种解释并预测嵌入社会关系结构中的权力分配的形式理论”,[②]所谓的解释是对事实性金融监管权力结构的解释,而预测则是对规范性金融监管权力结构的预测,并且事实性金融监管权力结构向规范性金融监管权力结构的转化需以关键要素的析出为媒介。既然金融监管权力结构是指金融监管权力的分散配置以及各子权力间的关系体系,其必然涵括金融监管权力划分与组合两方面的内容及其各自遵循的法则。其中,金融监管权力的分割与组合法则本身就蕴藏行动者的信念、偏好等的主观要素,同时受事实性金融监管权力结构之外的行动者关系类型、金融结构等客观因素的影响。因此,事实性金融

① 刘军、David Willer 等:《网络结构与权力分配:要素论的解释》,载《社会学研究》2011 年第 2 期。

② 刘军、David Willer 等:《网络结构与权力分配:要素论的解释》,载《社会学研究》2011 年第 2 期。

监管权力结构向规范性金融监管权力结构的转化需要以包括行动者的信念、偏好等的主观要素和事实性金融监管权力结构之外的行动者关系类型、金融结构等客观因素为基础。当然,在事实性金融监管权力结构向规范性金融监管权力结构的转化中,还附加金融监管权力配置者信念、偏好等主观方面的要素。总体来讲,金融监管权力结构输入的认知开放性是面向事实性金融监管权力结构的开放,也是面向金融监管权力结构设计者及其所代表利益群体价值判断的开放。

(三)金融监管权力结构输出的开放认知

尽管金融监管权力结构输出的认知开放性与输入的认知开放性所欲完成的金融监管权力结构的优化配置存在差异,但从金融监管权力结构化的目的出发,金融监管权力结构在输入与输出上的认知开放均是为了对金融监管权力滥用行为进行制约以及实现金融监管权力的公共服务目标。金融监管权力结构输出的认知开放性指的是金融监管权力结构之权力行使中权力如何有效作用于现实世界的问题,认知开放性在更大程度上是为了保证权力行使的实际效果符合权力配置的初衷。从金融监管权力的指向看,金融监管权力本身即是“一个行为者或机构影响其他行为者或结构的态度或行为的能力”,①金融监管权力在配置后的行使则是规范性金融监管权力面向现实世界的适用,而金融监管权力的行使必须在互利之下才能产生金融行业的长久增长与稳定。“不管是制度变迁还是经济增长,最终都是通过改变权力结构来影响社会演进的,如果不能引致权力结构的根本调整,表面的政治改革或者一定范围内的经济增长,都不能导向制度结构的根本提升和长期的繁荣与稳定。”②同时,金融监管权力结构的根本调整则要求金融监管权力在面向现实的适用过程中其自身的重新配置以及各金融监管子权力间关系的深度调整,而金融监管权力结构的调整所引发的则是金融监管权力行使中各权力主体行为方式及其所指向对象的结果性变更。

金融监管权力配置的过程也是金融监管权力结构构建的过程,金融监管权力配置之后的规范性金融监管权力结构具有逻辑上的自主性并呈现运行上的闭合性特征,但在认知层面则必须是开放的,开放的认知是运行闭合的前提条件。规范性金融监管权力与社会现实之间的关系,虽在涵摄的结果层面是封闭的,但在涵摄的过程层面却是开放的,唯有以开放的视野去看待和理解规范性金融监管权力所面向的现实才不至于导致规范性金融监管权力过于重视形式上的自治性而忽视实质自治性。从另一层面

---

① 唐志军、谌莹等:《权力结构、强化市场型政府和中国市场化改革的异化》,载《南方经济》2013 年第 10 期。

② 郭艳茹:《社会权力结构调整与中国经济转轨的路径选择》,载《经济社会体制比较》2007 年第 3 期。

来讲,规范性金融监管权力结构不是重述而是规定现实,金融监管权力结构建构本身不是目的而是手段,重点是如何调整现实世界中人与人之间的关系和行为以及金融监管权力运行中各权力间的行为方式。既然金融监管权力是面向现实世界的,那么其必须在运行中在保持不打破金融监管权力结构自身逻辑恰当的基础上展开认知上的开放,即尝试以沟通的方式来理解金融监管权力结构如何更好面对现实生活中金融监管权力的行使对象以及各金融监管权力在分别面向行使对象时彼此间的有效沟通与互动。

三、金融监管权力结构合理实现的路径选择

金融监管权力结构之学实为金融监管权力分散配置以及各子权力间相互关系之学,因而"合理的权力结构是以分解为前提的,没有分解就没有权力牵制,就没有规范意义上的权力"。[①] 如此一来,金融监管权力结构的合理优化需要从金融监管权力分散配置与各金融监管子权力间关系两个层面展开。值得注意的是,金融监管权力结构的合理实现要求规范性金融监管权力结构之构建应以事实性金融监管权力结构为基础并最终面向社会、服务社会,规范性金融监管权力结构自身只是实现金融监管权力制约、专业化诉求以及公共服务面向的手段。因此,金融监管权力结构的合理实现实质上是借助金融监管权力的分解以及各子权力相互间制约结构的建构来更好地保障社会成员的金融权利。简单来讲,就是说金融监管权力结构的合理优化,应以金融监管权力的合理分散配置与相互性权力关系的确立为手段,以对社会成员金融权利的维护与服务为根本目标。

(一)权力分解及其结构化配置的权利面向

金融监管权力的权利性决定了金融监管权力始终以金融权利为面向,"权力的内在属性中包含了权利的价值指向与功能,权力的起源、运行与发展过程中都受到了权利价值与功能的指导与规制"。[②] 事实上,金融监管权力的权利性体现在金融监管权力的集中与分解两个层面。其中,金融监管权力集中主要阐明的是金融监管权力的权利来源问题,而金融监管权力分解主要是金融监管权力服务于金融权利的过程。当然,无论是金融监管权力的集中过程,还是金融监管权力的分解过程,贯穿其中的都是金融监管权力的结构性配置。

其一,从金融监管权力的集中看,学理上有关"权力"与"权利"的二分框架为权力

---

① 周永坤:《规范权力——权力的法理研究》,法律出版社2006年版,第61页。

② 胡杰:《论权力的权利性》,载《法制与社会发展》2013年第2期。

的权利来源或权力的集中提供了可能。在自然状态下,任何个体都拥有自然性金融权利,并且主要是靠自我力量来执行或保护自己的金融权利。“人们为了避免自然状态的缺憾,于是自然状态中的所有人都放弃了自己的自然权利,人们将所有的关涉自由、平等、权力、福利等权力和纷争事项寻求社会确定的、公布的法律的保护并交由社会或国家处理”,①此时国家保护私人金融权利、维护金融稳定以及制定金融法律的权力均来自个体金融权利的让与,同时金融权利让与的过程即是金融监管权力集中的过程。

其二,从金融监管权力的分解看,金融监管权力分解的过程即是金融监管权力面向服务对象,对金融权利进行有效保护的过程。从国家(金融监管)权力产生并具有了成熟的存在形式之后,它就处在渐进但又永不停顿的分解和再分解过程中,直至它被分解完毕;在这个过程中,国家(金融监管)权力既分解为不同的存在形式,由不同的主体掌握和运用,又逐渐转化为社会成员的(金融)权利,由权力形态向权利形态回归,经过充分分解的国家(金融监管)权力最终将转化为社会成员的(金融)权利。

其三,从金融监管权力集中与分解的结构化配置看,从分散性金融权利到金融监管权力的集中再到金融监管权力面向金融权利的分解,贯穿其中的是金融监管权力的结构化配置。既往有关权力集中的研究更多是从金融监管权力形成之后金融监管权力的状态来分析金融监管权力结构究竟是集中模式还是分解模式,实质上这是一种理论上的静态描述。然而,以金融监管权力为中心的金融监管权力结构体系始终是面向金融权利的动态系统,金融监管权力与金融权利边界的调整始终处于变化之中,并且金融监管权力边界范围的缩小或扩大将直接导致金融监管权力结构的变化。另外,金融监管权力结构内部金融监管权力分割方式的差异调整也会对金融权利产生影响,采用同权分割法则对金融监管权力进行分割会导致金融权利保护的碎片化与不稳定性,而采用异权分割法则对金融监管权力进行分割将更有助于金融权利的系统、完整保护。之所以如此,是因为同权分割法则对金融监管权力的划分是一种未严格遵循金融监管权力配置内在规律的主观性分割,且存在权力分割的同时态性、交叉性,此举极易导致金融监管权力配置与运行的单向性、随意性与不稳定性。相对于同权分割法则,异权分割法则对金融监管权力的划分则是基于金融监管权力客观属性对有益性自生自发金融监管权力秩序的确认,同时金融监管权力的配置与运行具有双向互动的特性,能够保证金融监管权力行使在时间与空间上的有效划分。

(二)权力结构内部各权力要素的合理配置

“现代国家的体制改革要解决的首要问题就是国家权力重心的转移和政府职能的

① 汪岳:《认真对待公权力——洛克权力理论的启示》,载《沈阳师范大学学报(社会科学版)》2015 年第 6 期。

分化与重组”,[①]而金融监管权力重心转移和职能分化与重组的过程即是金融监管权力的分散配置以及各金融监管子权力间关系体系合理优化的过程。“从现代政府理论的角度出发,政府的职能、机构、体制与过程四个基本概念是构成现代政府理论研究的核心概念,同时也构成了现代政府理论的‘四维’框架。”[②]若转换视角,从权力视角进行解析,现代政府理论的“四维”元素——政府的职能、机构、体制与过程——则分别与权力授予、权力主体、权力管理体制以及权力运行过程的权力“四维”元素相对应。权力及其有效运行是各相关要素共同合力作用所形成的综合状态,它们可以分解为权源、主体、对象、运行及保障等诸要素,各要素均对权力的形成、运用起着牵制作用。[③]是故,金融监管权力结构内部金融监管权力要素的合理配置主要应涵括金融监管权力授予、权力主体、权力管理体制以及权力运行过程四个方面的内容,而不对金融监管权力对象、保障等要素进行分析。

如前所述,本文所述金融监管权力结构,主要是指规范性而非事实性的金融监管权力结构,因而金融监管“权力结构的合理性主要是一个形式合理性的问题,或者是一个工具合理性的问题,但是它不仅仅是一个形式合理性的问题,它同时是一个实质合理性的问题”。[④]既然金融监管权力结构内部权力及其各要素的配置是金融监管权力结构的子集,那么它的合理性也定当主要是形式合理性的问题。更进一步,“形式合理性就是用法律规范来判断事物的是非曲直,来评价一个人的行为、评价一个事件”,[⑤]这就决定了金融监管权力结构内部权力及其各要素配置的形式合理性即是运用宪法、行政组织法等公法规范对金融监管权力授予、权力主体、权力管理体制以及权力运行过程的合法性与否进行判断。

当然,除金融监管权力结构内部权力及其各要素配置的形式合理性外,也需要关注其本身的实质合理性,尤其是在动态性的金融监管权力运行过程中。在金融监管权力的运行过程中,或源于知识缺陷而造成的漏洞,或源于现实发展对既有金融监管权力配置结构的冲击,经常会出现金融监管权力结构实质合理性与行使合理性的冲突。在此境况下,超越金融监管权力结构自身可调整范围的变更将背离其形式合理性,而固守既有的金融监管权力结构又将有损实质合理性的价值。面对实质合理性与形式合理性难以被共同遵守的问题,可诉诸 H. L. A. 哈特所定义的第二性规则(改变或承

① 汪进元:《国家治理体系中政府权力的分化与重组》,载《法商研究》2014年第3期。

② 张翔:《改革进程中的政府部门间协调机制》,社会科学文献出版社2014年版,第71页。

③ 参见方世荣:《论行政权力的要素及其制约》,载《法商研究》2001年第2期。

④ 周永坤:《宪政与权力》,山东人民出版社2008年版,第144页。

⑤ 江必新:《论形式合理性与实质合理性的关系》,载《法治研究》2013年第4期。

认规则),确立事实性金融监管权力结构向规范性金融监管权力结构有效转变的程序性控制规则。在学理层面,规范性金融监管权力结构确实是一个关于权力分散配置以及各子权力间关系的闭合体系,但当其走向现实,我们几乎不能说金融监管权力结构确实是一个闭合的系统。① 事实上,这也证明了规范性金融监管权力结构为什么主要是一个形式合理性的问题但绝不仅仅是一个形式合理性的问题,它同时是一个实质合理性的问题。是故,金融监管权力结构内部权力要素的合理化配置不仅需要确立金融监管权力授予、权力主体、权力管理体制以及权力运行过程的形式合法性,而且要为形式合法性的维系和实质合理性的获得提供必要的规范性金融监管权力结构有效转变之程序性控制规则。

(三)权力结构内部相互性权力关系的确立

在权力结构塑造中,"权力的相互关系是权力结构合理性的主要标志。正是通过改变恒定的权力关系,建立权力的相互性关系,才能达到权力相互牵制的效果,防止权力的滥用与失控"。② 在此语境下,相互性金融监管权力关系要求金融监管权力结构内部各金融监管子权力边界明确、相互独立而又不失互动、制约,整体上应形成一个逻辑上自主但内部各金融监管子权力彼此互动的闭合性金融监管权力结构。

相互性金融监管权力关系结构具体应当如何构建?或许应采取层层推进的方式,在此首先要做的是选择适当的权力分割法则对金融监管权力进行分割,而后对分割后的金融监管权力进行配置,最后将分散配置后的各金融监管子权力间的关系结构予以厘清。细言之,一是相互性金融监管权力关系结构的权力分割方法,相互性金融监管权力关系结构的建立应主要采用异权分割法则而非同权分割法则,合理打破权力过度集中的模式,实现权力的分散化享有与行使。二是相互性金融监管权力关系结构的内容或类型,金融监管权力被分割后对相对独立的各金融监管子权力进行主体赋予,实现金融监管权力的横向层面的功能性分解与纵向层面的层级性分解。具体是将金融监管权力从功能与结构角度将权力结构划分为两种类型,"一种是横向权力结构,指一级政府不同部门之间的权力配置关系;另一种是纵向权力结构,是指不同层级的政府之间或者说中央政府与地方政府之间的权力配置关系"。③ 三是相互性金融监管权力关系结构内部各金融监管子权力间关系体系的塑造,而这又需要结合金融监管权力结构的类型进行分析。之所以如此,是因为"行政权力的纵向和横向配置,着眼行政权力

---

① 参见[比利时]马克·范·胡克:《法律的沟通之维》,孙国东译,法律出版社2008年版,第72页。

② 周永坤:《规范权力——权力的法理研究》,法律出版社2006年版,第118页。

③ 杜治洲:《中国行政体制纵向权力结构调整30年——经验、教训与趋势》,载《学术界》2008年第5期。

的合理布局、相互配合、协调运转,以提高行政效能,实现行政目标”。[①] 对于横向层面的功能性分解来说,首先就要求金融监管权力结构内部各金融监管子权力的边界要划分清晰,但金融监管权力的分散化配置绝非诸种金融监管子权力间关系的彻底决裂,而是通过建立彼此间的沟通与制约机制来促使各金融监管子权力相互独立而又不失互动与制约。对于纵向层面的层级性分解来说,需要明确上级与下级的关系不是单纯意义上的领导与被领导、指挥与被指挥的行政关系,而是上下级各自存在相对独立的权限范围,在法律地位上是平等的,应建立的是双向性的互动与沟通关系。当然,这并不是否认“中央行政机关与地方行政机关之间的行政权力配置关系,讲究统一、高效,必须做到‘有令必行,有禁必止’”。[②]

进言之,在金融监管权力结构塑造中,无论是横向层面的功能性分解,还是纵向层面的层级性分解,内部诸种类型的金融监管子权力间既不是完全隔离,也不是彻底集中的关系,而是不同类型金融监管子权力间既相互独立而又不失互动与沟通的均衡协调关系。当然,需要注意的是,纵向层面层级性分解需要横向层面功能性分解的支撑,如果没有后者,纵向配置之下级权力将因缺乏横向层面的制约而使其运行违背其最终的权利指向。同时,纵向层面的层级性分解亦是不可或缺的,尤其是对于体量庞大的中国金融市场来说,事实上中央赋权地方享有并行使“7 + 4”类地方性金融组织的监管权即是明证。总体来讲,相互性金融监管权力关系结构的构建,需要横向分解与纵向分解的有机结合,并且唯有如此才能将不同功能属性、结构层级的权力整合于金融监管权力的网络结构中,实现金融监管权力结构的合理塑造。

① 石佑启:《论法治视野下行政权力的合理配置》,载《学术研究》2010 年第 7 期。

② 石佑启:《论法治视野下行政权力的合理配置》,载《学术研究》2010 年第 7 期。

认真对待金融法动态适应性命题[*]

陈敏光[**]

摘　要:回顾我国金融法治实践,有必要提出金融法动态适应性命题。它包括动态性、适应性这两个相互联系、有机统一的方面。前者取决于经济金融运行的不确定性、民族国家博弈的政治需要和金融科技的迅猛发展;后者则有赖金融法的内外制度效能,包括外在的"推进器"效能、内在的"矫正器"和"稳定器"效能。金融法动态适应性命题的重要价值在于彰显回应型金融法治理念、促进金融法治运行的完善、推动涉外金融法治建设。

关键词:金融法动态性;金融法适应性;制度效能;金融法治

一、命题的提出

《中共中央关于制定国民经济和社会发展第十四个五年规划和二〇三五年远景目标的建议》提出:"完善现代金融监管体系,提高金融监管透明度和法治化水平。"现代金融监管体系建立在法治的基础之上,强化金融法治是提升监管效能的基础举措。我国金融市场的法治实践成绩斐然,但仍有较大的改进空间。回顾我国金融法治实践,可以发现金融法治运行各环节仍存在一些有待解决的问题,不妨以例证的方式作一"管中窥豹"。

其一,金融立法脱节于金融市场的发展。表现为:(1)法律滞后。如我国自 1999 年《证券法》施行至今 20 余年,迟迟未确立证券实质概念,2004 年和 2019 年的两次《证

---

* 2022 年度北京市社会科学院一般课题"从证券概念看防范化解金融风险的证券法方案"和 2021 年度国家社会科学基金项目"回应型法治中的金融法动态适应性问题研究"(项目编号:21BFX204)的研究成果。

** 经济法学博士,北京市社会科学院副研究员。

券法》修订,也仅仅是有限缓慢地扩张了证券的种类范围。① 按理说,金融法离经济基础更近,受经济社会发展变化的影响更直接,其修改或修订应更频繁才是,但《证券法》并未表现出这一特点。作为对照,我国1986年原《民法通则》第2条、1993年《公司法》第3条第1款早就有关于民事行为、公司等基本概念的阐释,甚至于离经济基础相对较远的1997年《刑法》第13条都有关于犯罪概念的一般规定。此外,尽管历次《证券法》中均设置了"国务院依法认定的其他证券"条款,作为灵活的扩张机制,但在实践中,国务院鲜有主动据此作出新证券种类认定的行为。仅有但并非严格意义的一例是,国务院办公厅转发证监会《关于开展创新企业境内发行股票或存托凭证试点若干意见的通知》(国办发〔2018〕21号)同意证监会就创新企业境内发行存托凭证开展试点活动,该实践经验后为2020年《证券法》所吸收,最终明确存托凭证也属于证券。(2)法律不相协调。公司债、企业债、非金融企业债务融资工具本质上都是信用债,但分别由证监会、发改委、中国人民银行主管,三部门曾在发行、信息披露、监管执法方面作出不同规定,②直至《关于进一步加强债券市场执法工作的意见》(银发〔2018〕296号)、国家发展改革委《关于企业债券发行实施注册制有关事项的通知》(发改财金〔2020〕298号)和《公司信用类债券信息披露管理办法》(中国人民银行、中华人民共和国国家发展和改革委员会、中国证券监督管理委员会公告〔2020〕第22号)的出台,才使各方面的基本规则趋向统一。

其二,监管执法缺乏应有的前瞻性。表现为:(1)法律缺位导致的"无法可依、无法作为"。2015年各类集合投资计划、民间配资行为、违规P2P平台构建的资金池绕道进入股市,造成股市异常性的急涨急跌。这类集合投资计划、P2P产品在实质上属于证券,但因我国立法缺乏证券的实质概念,监管部门无法根据相对弹性的法律概念开展

---

① 在实质概念方面,尽管较激进的2015年《证券法(修订草案一审稿)》第3条曾规定,"本法所称证券是指代表特定的财产权益,可均分且可转让或者交易的凭证或者投资性合同",但后续的三审稿及新《证券法》均删掉了该规定。在种类范围的扩展方面,1999年《证券法》规定的范围包括股票、公司债券和国务院依法认定的其他证券;2005年《证券法》在1999年《证券法》的基础上明确了政府债券、证券投资基金份额的上市交易适用证券法(可将其理解为不完全证券);2020年《证券法》则在2005年《证券法》的基础上增加了存托凭证,并规定资产支持证券、资产管理产品发行、交易的管理办法,由国务院依照本法的原则规定。

② 例如,交易商协会管理的非金融企业债务融资工具自2005年开始就是注册制的形式,公司债、企业债则在新《证券法》实施后逐步由核准制向注册制过渡;又如,在企业债、非金融企业债务融资工具领域,国家发展和改革委员会、中国人民银行交易商协会均没有专门的执法队伍,直至《关于进一步加强债券市场执法工作的意见》和国家发展和改革委员会《关于企业债券发行实施注册制有关事项的通知》的出台,才完全确立由证监会开展债券市场统一执法工作。关于债市三分历史格局的介绍,参见洪艳蓉:《证券法债券规则的反思与重塑》,载《证券法苑》2016年第1期。

前瞻性的高水平执法，加之监管的条块分割，缺少完整的信息作决策判断，致使风险无法被及时预判、防范和化解。（2）监管体制导致的“执法困境”。根据国务院《关于清理整顿各类交易场所切实防范金融风险的决定》（国发〔2011〕38号）、国务院《关于同意建立清理整顿各类交易场所部际联席会议制度的批复》（国函〔2012〕3号）等规定，地方交易场所实行属地管理原则，即由省级人民政府按照属地管理原则负责日常监管、违规处理和风险处置；而证监会牵头的部际联席会议可以认定违法证券期货交易活动的性质（可理解为专业支持），但不能代替有关部门和地方履行监管职责。这种“地方属地管理＋中央专业支持”的监管体制忽视了市场的统一性和系统性风险的外溢性，导致了无人作为的执法困境。在泛亚非法交易所事件中，地方出于发展经济的考量，忽视了审慎监管的要求，而证监会碍于监管体制无法主动介入其中、进行事前的风险防范，最终风险不断积累。而证监会的相关发言人只能无奈地表示：“我会出具性质认定意见，本质上是应有权机关的请求，对其查处违法证券期货活动提供的专业支持……不能代替其依法作出的认定结论……如果投资者认为某项交易活动构成非法期货交易，应向有权机关提出，请其调查处理，这样才有利于依法有效地解决问题。”①可以预见的是，如不对监管体制加以适当的改进，类似的事件恐还会“卷土重来”。

其三，金融司法缺乏必要的能动性。表现为：（1）对行政监管的依赖。如证券虚假陈述民事案件一度被排斥在司法救济之外，后因亿安科技、银广厦、麦科特、蓝田股份等操纵证券市场、虚假陈述的案件层出不穷，最高人民法院最终出台了《关于审理证券市场因虚假陈述引发的民事赔偿案件的若干规定》（法释〔2003〕2号，已失效），开启了审理证券虚假陈述案件的征程，②但目前仍无关于操纵市场、内幕交易民事案件的专门司法解释，且司法救济还要更多地仰仗行政前置程序。③ 直至2022年1月，最高人民法院才修改司法解释，最终取消了行政前置程序，最高人民法院《关于审理证券市场虚假

① http://www.csrc.gov.cn/qingdao/xxfw/tzzsyd/201510/t20151022_285417.htm。

② 最高人民法院于2001年9月21日颁布《关于涉证券民事赔偿案件暂不予受理的通知》（法明传〔2001〕406号，已失效），明确对内幕交易、欺诈、操纵市场等行为引起的民事赔偿案件，暂不予受理，理由是目前立法及司法条件的局限，尚不具备受理及审理这类案件的条件。随后，最高人民法院于2002年1月15日发布《关于受理证券市场因虚假陈述引发的民事侵权纠纷案件有关问题的通知》（法明传〔2001〕43号），暂时只受理证券虚假陈述案件，并加快了相关司法解释的制定，于2003年2月1日起实施最高人民法院《关于审理证券市场因虚假陈述引发的民事赔偿案件的若干规定》。

③ 最高人民法院《关于受理证券市场因虚假陈述引发的民事侵权纠纷案件有关问题的通知》第2条和《关于审理证券市场因虚假陈述引发的民事赔偿案件的若干规定》第6条。

陈述侵权民事赔偿案件的若干规定》(法释〔2022〕2号)第2条2款规定,人民法院不得仅以虚假陈述未经监管部门行政处罚或者人民法院生效刑事判决的认定为由裁定不予受理。(2)对行政行为司法审查介入的不足。发行人(企业)起诉监管部门的案件极为少见,笔者在中国裁判文书网中以"当事人:证监会+案件类型:行政案件+文书类型:判决书"为条件进行检索,发现2017年以来至今仅有27件案件,且原告方均为自然人。笔者目前知道的关于发行人(企业)诉证监会的案件,仅有"海南凯立中部开发建设股份有限公司诉中国证监会案",①而在该案中,法院一般也仅在程序层面作出审查,并不涉及实体层面。(3)金融法司法续造功能的薄弱。基于法院的政治地位和成文法的法律传统,我国法院对金融案件多限于个案审理,其作为金融法制度供给者的重要功能反而被忽视了。

立足金融法治整体对上述问题进行系统性的思考和提炼,不难发现,上述金融法治运行各环节的问题实际都指向一个更根本的、深层次的问题,即我国金融法不能及时跟进并适应好金融市场的动态发展。笔者将这一命题概括为金融法动态适应性命题。国内一些法学学者也论及了金融法的适应性,他们主要是从金融法适应市场发展的角度来理解和把握这一命题的,既有关于金融法适应性的一般理论探讨,也有从金融法适应性角度探讨具体领域的金融法问题的。前者如蓝寿荣认为,金融法适应性原则,是指金融法必须适应所在国家的市场经济发展现实及其趋势这一基本要求,当前我国金融法的不适应性主要表现为金融业发展中由于金融行政机构设置及其职能不能适应市场经济发展、传统固有的行政主导运行惯性抑制金融发展、市场经济金融自主创新致使法律制度和行政监管滞后三个方面。② 又如,张建伟认为,金融市场的系统性、复杂性加剧了金融的不确定性和金融危机的发生频率,其主张开展增进金融法律适应性效率之改革,同时提倡简约规则之治。③ 后者如冯果从金融运行和社会发展互动的角度论述金融福利法,④又如,陈熔以智能理财的理财资质为例关注了金融科技的金融法适应性问题。⑤ 以上研究颇具开拓性和理论价值,但并未对金融市场和金融法之间的互动关系和内在机理进行进一步的剖析。笔者认为,在金融法研究中,仅仅谈

---

① 北京市第一中级人民法院(2000)年一中行初字第118号行政判决书。

② 参见蓝寿荣:《论金融法的市场适应性》,载《政法论丛》2017年第5期。

③ 参见张建伟、李妍:《复杂性、法律适应性与金融法之艺术》,载《金融法苑》2016年总第1辑。

④ 参见冯果、袁康:《金融福利法:金融运行与社会发展互动之法》,载《中国社会科学报》2014年第4期。

⑤ 参见陈熔:《金融科技的金融法适应性研究:以智能理财的理财资质为例》,载《海南金融》2017年第9期。

论适应性是不够的,因为适应性指向于法律的制度效能,最终却源自金融市场的客观需要,如不能对金融市场运行的基本特点进行分析,则很难把握金融法的适应性。正如下文所要论述的,经济金融运行的不确定性、民族国家博弈的政治需要和金融科技的迅猛发展加剧了上层建筑和经济基础的脱节,对金融法提出了及时跟进的要求,此可谓金融法的动态性。但金融法是否能更好地适应于金融市场的发展,则取决于其制度效能能否实现,包括外在的"推进器"效能、内在的"矫正器""稳定器"效能。动态性、适应性分别反映了金融法的速度要求和质量要求,两者是有机的、一体的,更通俗的说法是,金融法要更快、更好地满足金融市场的发展需要。因此,更全面准确的提法应当是金融法的动态适应性,但出于具体剖析的需要,下文对动态性、适应性问题分别进行阐述。最后,本文还将指出这一命题对金融法治建设的重要价值,包括彰显回应型金融法治理念、促进金融法治运行的完善、推动涉外金融法治建设等,从而提醒学界和实务界认真对待这一命题,尽量避免在金融法治建设中出现"头痛医头,脚痛医脚"的问题。

二、影响金融法动态性的三个因素

根据马克思经济基础和上层建筑辩证关系的基本原理,作为上层建筑的金融法的变动必然取决于经济基础(金融市场)的发展变化,同时,其他上层建筑、金融科技的发展也会影响金融法的变动,故下文从经济金融运行的不确定性、民族国家博弈的政治需要、金融科技的迅猛发展三个方面论证金融法的动态性。

(一)经济金融运行的不确定性决定了金融法的动态性

市场(包括金融市场)本身是变动不居、充满不确定性的。经济学家阿尔钦(Armen A. Alchian)从微观角度对此进行了阐释:市场主体占有信息不充分、预见能力有限,并缺乏足够的能力处理含有多种变量的复杂问题,在资源稀缺的激烈竞争条件下,它们的市场决策包含很多的随机因素。而这些市场决策可能与多个潜在的结果分布相关,并非仅仅指向唯一的结果。在很大程度上,市场幸存者所谓的"利润最大化"的决策,并非其事先精确计算出来的,只是事后看到的、经历了市场优胜劣汰后的"碰巧结果"而已。[①] 作为要

---

① 原文是:Uncertainty arises from at least two sources: imperfect foresight and human inability to solve complex problems containing a host of variables even when an optimum is definable. Tintner's proof is simple. Under uncertainty, by definition, each action that may be chosen is identified with a distribution of potential outcomes, not with a unique outcome. Implicit in uncertainty is the consequence that these distributions of potential outcomes are overlapping. It is worth emphasis that each possible action has a distribution of potential output. See Armen A. Alchian, *Uncertainty, Evolution, and Economic Theory*, Journal of Political Economy, University of Chicago Press, Vol. 58, p.211(1950).

素市场的重要组成,金融市场的运行同样离不开上述不确定性原理。具体地说,金融市场主体的决策并无先验的一定之规,在谋求生存和发展的博弈过程中,有很多突破成规的“创新”,指望其完全按照监管部门既定的具体规则行事,是不符合现实的。例如,为获取资金要素,市场主体除依托商业银行、信托、股票、公司债券、企业债券、保险、证券投资基金、短期融资券、证券公司集合理财计划等传统合法融资工具外,还可能出于成本或便捷性的考虑,采用貌似合法的商业交易形式进行非法集资,如发行股票、债券之外的其他有价证券、会员卡或债务凭证,以及对物业、地产等资产进行等份化,通过出售其份额的处置权进行高息集资……①

从宏观角度看,金融市场具有高度的外部性、涉众性,存在较突出的流动性波动(liquidity volatility)问题。市场主体并不总是能按照自己的意愿出售资产换取现金或其他资产。在金融市场普遍加杠杆并依赖未来再融资预期的情况下,市场主体一旦遭遇流动性短缺(liquidity shortage)问题,就会不可避免地下调资产价格,并形成市场效应,甚至引发金融危机。在面临被挤兑的风险时,尽管银行或者对冲基金可以通过存款保险制度、回赎限制等法律制度予以防范,但这仅仅是人们已经认识到的一部分风险。从根本上看,金融风险在暗中滋生,无法被准确识别和测量,从而也就无法彻底消除,这在很大程度上影响金融系统的稳定性,也显示了经济金融运行在根本上的不确定性。凯恩斯在《概率论》(*Treatise on Probability*)中写道:“我使用不确定性时,通常指向这样的场景,欧洲战争、铜价、20年利率的不确定,或者是创新会不会过时,私有者的社会地位会不会变化等。关于这些因素,没有任何科学的、可供计算的概率基础。我们对此一无所知。”②

经济金融运行的不确定性,既表明主体决策的分散性、动态性、随机性,也表明了金融市场体系内在的脆弱性和不稳定性,它给法律和监管的一个重要启示是:人们是无法通过概率计算的方式对市场运行进行预测。但这并不意味着法律和监管本身是不必要或无效的,而是说,固定不变的规则、事无巨细且一一列明的职责清单是不合时宜的,法律和监管的稳定性要建立在实质正义的基础上,在以不变应万变的同时,动态、及时地捕捉金融市场的发展变化,因势而动地对其加以规制。

---

① 中国人民银行《关于进一步打击非法集资等活动的通知》(银发〔1999〕289号)和《坚决防范和打击非法集资等违法犯罪活动——全国人大常委会法制工作委员会和国务院法制办公室负责人答新华社记者问》对这类集资的方式进行了归纳和列举。

② See Katharina Pistor, *A Legal Theory of Finance*, Journal of Comparative Economics, Vol. 41, p. 4 (2013).

(二)民族国家博弈的政治需要加剧了金融法的动态性

法作为执行国家职能的工具,不可避免地具有政治属性,①金融法也不例外。金融市场(法)事关国家资源的调动能力和科技创新发展。历史地看,股票市场的产生和发展是和国家筹措资金、对外殖民或战争紧密联系在一起的,除满足经济发展的需要外,还服务于国家政治的需要。在当代,金融市场(法)被视为推动科技创新发展的重要力量。创新理论的鼻祖、经济学家约瑟夫·熊彼特就在其著作《经济发展理论》中提出:"工业体系只有依靠创新才能建立,而金融是驱动创新和科技产业化的重要力量。"

在当下逆全球化潮流涌动和中美紧张关系的背景下,金融(法)更是被视为一个重要的分战场。一方面,美国对内通过金融法驱动科技创新,通过各类多层资本要素支持半导体企业全生命周期发展,强化其产业主导地位。另一方面,"不拘一格"地运用涉外金融法律制度、手段频频对外(特别是我国)发起经贸战、开展金融制裁,如出台《外国公司问责法案》(Holding Foreign Companies Accountable Act)迫使中概股退市回流、通过总统行政令(Executive Order)要求抖音强制出售、依托《海外反腐法》(Foreign Corrupt Practices Act)打击跨国竞争对手等。固然,美国法律政治化的倾向十分明显,不利于维护平等互信的国际关系,但理性地看,美国金融法具有较高的动态性,使其在本国金融市场的发展和民族国家博弈中占有很大的优势。一方面,美国法反应迅速,一旦有现实需要即可及时出台法案或行政命令,且相关法案、行政命令只要目的明确、具备核心条款即可,至于将来实施的具体细节问题,多授权相关部门制定落实、随时补充。如美国国会在《1934 年证券交易法》第 10b 条中,授权美国证监会(United States Securities and Exchange Commission,SEC)为维护公共利益或保护投资者制定必要或适当的规则和条例,对使用或利用任何操纵、欺诈手段或计谋的行为进行规制,该授权具有高度的概括性、广泛性,使 SEC 在特定范围内实质上可以代表国会行事。SEC 利用这一授权一条一条地发展出规制证券欺诈行为的系列规则体系。② 其中,最著名的当属第 10b-5 条,SEC 为打击当时一起欺诈交易案件,几乎连夜制定并公布了这一条规则,后来这一规则竟成为 SEC 和投资者防止财务欺诈的一般条款。③ 这一特点同样适

---

① 参见陈敏光:《马克思主义国家职能理论的法学启示》,载《毛泽东邓小平理论研究》2018 年第 12 期。

② 如第 10b-1 条规定,SEC 的欺诈法规甚至适用于通常豁免的证券;第 10b-3 条禁止证券经纪人和交易商直接或间接从事证券欺诈;第 10b-10 条要求经纪人和交易商在完成证券交易之前进行某些书面披露等。参见 17 CFR § 240.10b 系列条款。

③ See Michele Ferri and Jonathan Lurie, *National Security Exemptions and SEC Rule 10b-5*, https://constitution.solari.com/national-security-exemptions-and-sec-rule-10b-5/.

用于涉外的法律“压制”,如美国总统先行发布对抖音的禁令,但关于禁令的交易范围由美国商务部研究起草,并购中涉及的外资审查、反垄断问题则分别由外国投资委员会(The Committee on Foreign Investment in the United States, CFIUS)和联邦贸易委员会(Federal Trade Commission, FTC)负责,禁令的时间也可根据实际情况一再延长。另一方面,美国法重实用,不刻意区分所谓的法律部门,而是将公共行政法、刑事法、程序法的相关内容融入金融法中,运用相对弹性的法律概念,为其金融制裁大开法律的方便之门。例如,关于抖音的总统行政禁令依据的是《国际经济紧急权力法》中的“经济紧急权力”,理由是抖音对美国的国家安全构成了威胁。[①] 又如,美国证监会常根据《海外反腐法》(FCPA)的长臂管辖权,与司法部(Department of Justice, DOJ)共同发起对外国发行人、上市公司的调查执法,前者关注于经济上的会计条款(Accounting Provisions),后者侧重刑事上的反贿赂条款(Anti-bribery Provisions),两者互嵌,形成了责任闭环。

可以说,金融法的政治属性得以充分彰显,成为一国制裁别国的法律手段。对发动国来说,这些手段的频次、弹性、针对性等决定金融制裁的实际效果;而对受动国来说,必须认真考虑金融法的动态性问题,努力构建动态的法律实现机制,并在实践中发展出相应的金融法反制措施。

(三)金融科技的迅猛发展进一步凸显了金融法的动态性

科技是第一生产力,是推动现代生产力发展的重要因素和重要力量。随着现代信息技术的发展,大数据、人工智能、区块链等新科技开始全面融入金融体系,既促进了金融市场的创新发展,也给市场安全稳定和监管规制带来新的挑战。一方面,金融科技意味着市场机制的优化,使其能在更广的时空范围内对海量的资源进行高效、精准地配置,这对金融的发展是有利的,因为金融在很大程度上就是资金信息的中介。例如,作为信息型中介的P2P能够依托互联网平台对海量的借贷双方及其相关信息进行高效匹配,实现资金要素的优化配置。此外,基于大数据的人工智能技术能让市场决策的信息更加充分,并以自动化、规模化的方式运行,极大提升了市场效率。如相较传统投资顾问,智能投顾具有投资理性、效率高、成本低、实时追踪市场变化、管理便捷等一系列优势,能够降低起投门槛和费率,有效覆盖长尾客户,具有巨大的市场发展前景。另一方面,基于资本逐利的本性,金融科技往往有挑战现有法律规则的冲动和倾

---

① “By the authority vested in me as President by the Constitution and the laws of the United States of America, including the International Emergency Economic Powers Act (50 U. S. C. 1701 *et. seq.*) (IEEPA), the National Emergencies Act (50 U. S. C. 1601*et. seq.*), and section 301 of title 3, United States Code…” See *Executive Order on Addressing the Threat Posed by TikTok*, https://www.whitehouse.gov/presidential-actions/executive-order-addressing-threat-posed-tiktok/.

向，但其有创新光环的加持，外加监管部门对新生事物缺乏监管经验，这种挑战的弊端和风险往往容易被忽略。例如，在互联网金融元年（2013 年）的“东风”下，我国的 P2P 走上了异化发展的道路，从信息中介演化为信用中介，搞资金池和资金错配，以创新的名义掩盖了金融本质，脱离了持牌经营、资本充足率、不良贷款拨付率、存款准备金，以及抵押、担保等规则限制，最终导致无数投资者血本无归，影响了中国金融市场环境的净化及秩序稳定，①监管部门不得不开启长达6 年之久的 P2P 整治活动。② 在人工智能的金融应用方面，也出现了一些新的问题，人们发现，所谓的人工智能可能会固化和扩大设计者的一些错误或偏见，并形成集体的非理性。例如，为确保在股市暴跌中第一时间止损，一些人工智能被设计出来代替人作出投资决策。然而，这种不假思索的自动操作往往导致更多的抛售，导致出现雪崩式股灾。在 1987 年 11 月的“黑色星期一”，纽约证交所就出现了上述情况，最后所有计算机操作都被迫改为人工操作。后来，尽管各大券商更新了智能程序，2001 年“9・11”案件后的股灾、2008 年金融危机的股灾、2010 年金融危机后一次莫名其妙的股市暴跌，都被认为和智能炒股有很大程度的联系。③

需要说明的是，金融科技对金融法的挑战是多方面和深层次的，其应用场景也不限于上文提及的 P2P、智能投顾，还包括网络众筹、数字货币发行、区块链应用、监管科技等，限于篇幅，本文不一一展开。通过上述个案分析，应当认识到，金融科技是把“双刃剑”，具有很大的创新性。金融监管与金融创新同等重要，金融创新虽难以预料，且常常走在金融监管的前面，但金融监管一定要及时跟上金融创新，如此才能更好兴利除弊，实现金融科技向善的目标。金融监管和金融创新的这种冲突，进一步凸显了金

---

① 参见莫开伟：《P2P 网贷对中国经济伤害到底有多大？》，载龙发金融 2021 年 3 月 4 日，https://www.longfajr.com/info/270049.html。

② 2015 年 7 月，中央人民银行等 10 部委发布《关于促进互联网金融健康发展的指导意见》（银发〔2015〕221 号），将 P2P 网贷平台定性为信息中介，限定其从事投资方和融资方提供信息交互、撮合、资信评估等中介服务，不得提供增信服务，不得非法集资。2016 年 4 月，国务院办公厅印发《互联网金融风险专项整治工作实施方案》（国办发〔2016〕21 号），进一步明确 P2P 网贷平台的信息中介性质，要求其不得设立资金池，不得发放贷款，不得非法集资，不得自融自保、代替客户承诺保本保息、期限错配、期限拆分、虚假宣传、虚构标的。这两份文件的出台，标志 P2P 整治活动的开始，2021 年 8 月中旬，银保监会主席郭树清曾表示，专项整治工作基本结束后，将转入常规的监管。关于 P2P 整治的专门研究，参见冯辉：《金融整治的法律治理——以“P2P 网贷风险专项整治”为例》，载《法学》2020 年第 12 期。

③ Kinsey Grant, *A Storm That May Cause the Next Stock Market Crash Is Brewing-Even at Dow 23K*, https://www.thestreet.com/story/14335451/1/what-could-cause-the-next-stock-market-crash.html.

融法的动态性要求,而如何调适两者的冲突也成为金融法的重要使命。①

三、决定金融法适应性的制度效能

经济、政治、科技因素决定性地影响了金融法的动态性,但金融法对市场亦有相当的能动性和反作用,以此来适应市场的发展,这种适应性取决于金融法内外制度效能的有效发挥。

(一)金融法的外在制度效能——“推进器”效能

经济价值和法律形式是金融资产的“一体两面”。金融资产在法律形式上表现为合同,在很大程度上,其价值取决于法律保护和支持的力度。例如,在物理形态上,股票、债券和其他证券品种的价值几乎可以忽略不计,真正体现其价值的是以此为载体的发行人、投资者及其他相关主体的权利义务安排,而这些安排恰恰需要相应的责任制度、执法机制予以保障。更进一步,金融资产是否真正被“证成”,金融市场的范围、活跃度和韧性等,在很大程度取决于法律规则的有效供给以及监管机构、法院执法水平的高低。一般来说,资本充裕、流动顺畅并获得强大法律承诺和保证的国家,其金融市场的规模就会很大;而一国法律越富有弹性,监管执法、司法的适应性越强,其市场主体就会有很大的创新空间,且其行为也能及时地受到规范而不至于失序,这种状态下,该国金融市场的活力、韧性也就更强了。

20世纪末,美国拉坡塔(Lo Porta)等4位经济学家(合称LLSV)开拓了“法律与金融”(Law and Finance,1998年)的学科进路,他们择取49个国家作为样本,设置具体指标,通过实证性研究发现,对中小股东权益的保护程度最终是决定资本市场发展成败的重要条件。从法系角度的考察看,英美法系对投资者权益的保护程度最强,德国、北欧(斯堪的纳维亚)成文法系次之,法国法系最弱;相应地,各国资本市场的发达程度也依次呈现由高到低的层次。具体分析,则是因为英美法系的判例法制度更贴近市场,能实时回应投资者权益保护的需求,并对金融创新施加必要和及时的监管,加之强大的执法力量能对违法违规行为形成有效威慑。② 尽管LLSV的理论遭到了卡塔琳娜·皮斯托(Katharina Pistor)的批评(见后文),但其提供的思路是有启发意义的,即金

① 有学者探讨了此种调适的具体路径,包括选择性监管路径、规则扩张式监管路径和以“监管沙盒”为代表的实验式监管路径,提出构建金融法哲学、制定金融法典或金融法总则、创新金融法的更新机制,创建市场型金融创新合法性裁定制度、完善市场型金融创新的法律责任等主张。参见邢会强:《市场型金融创新法律监管路径的反思与超越》,载《现代法学》2022年第2期。

② See Rafael La Porta, Florencio Lopez-de-Silanes, Andrei Shleifer and Robert W. Vishny, *Law and Finance*, Journal of Political Economy, Vol. 106, No. 6 (1998).

融法外在性地决定金融市场的规模和质量,这种“推进器”效能是思考和实现金融法适应性的重要方面。

(二)金融法的内在制度效能

次贷危机后,LLSV 的法律外生性理论模型遭到批判,理由是其只关注投资者保护,而没有涉及法律与金融市场稳定、金融危机之间的关系。卡塔琳娜·皮斯托进一步提出金融的法律理论(Legal Theory of Finance, LTF),主张金融法是金融市场的内生要素,①能在很大程度上解决流动性波动、根本上的不确定性问题。伊曼·安纳布塔维(Iman Anabtawi)、斯蒂文·施瓦茨(Steven L. Schwarcz)干脆从系统论角度出发,将金融系统描述为与法律相关的系统(Law-Related Systems)。② 如果说,LLSV 着眼金融法外在的“推进器”效能,LTF 和与法律相关的系统理论的重要启发则是,金融法如何内在地矫正金融异化、维护金融稳定,实现金融法的适应性。笔者分别将其称为“矫正器”效能、“稳定器”效能。

1. 金融法的“矫正器”效能

在固有的逐利性驱动下,资本总是企图挣脱法律的束缚,使金融走向异化。马克思对此作了精辟论断:“资本逃避动乱和纷争,它的本性是胆怯的。这是真的,但还不是全部真理。资本害怕没有利润或利润太少,就像自然界害怕真空一样。一旦有适当的利润,资本就胆大起来。如果有 10% 的利润,它就保证到处被使用;有 20% 的利润,它就活跃起来;有 50% 的利润,它就铤而走险;为了 100% 的利润,它就敢践踏一切人间法律;有 300% 的利润,它就敢犯任何罪行,甚至冒绞首的危险。如果动乱和纷争能带来利润,它就会鼓励动乱和纷争。走私和贩卖奴隶就是证明。”③在现代社会,资本固然不会赤裸裸地践踏法律,但往往打着金融“创新”的名义,通过各类杠杆工具、资产证券化等创新手段谋求暴利,使金融偏离为实体经济服务的正常轨道与价值定位,走向“钱生钱”或资金空转的歧途,正如马克思所批判的:“一切资本主义生产方式的国家,都周

---

① See Katharina Pistor, *A Legal Theory of Finance*, Journal of Comparative Economics, Vol. 41, p. 315 – 330(2013).

② Iman Anabtawi, Steven L. Schwarcz, *Regulating Ex Post: How Law Can Address the Inevitability of Financial Failure*, Texas Law Review, p. 81 – 90(2013).

③ 这是马克思在《资本论》第 24 章“所谓原始积累”第 6 节的写作注释中,引用的英国经济评论家托·约·登宁(现译为邓宁格)《工会与罢工》文中的句子。参见《马克思恩格斯全集》(第 23 卷),中共中央马克思恩格斯列宁斯大林著作编译局译,人民出版社 1972 年版,第 829 页注释。

期地患上了一种狂想病,企图不用生产过程做媒介而赚到钱。"①不止如此,这种异化甚至会步入以下境况——资本空转乃至于严重挤压实体经济发展空间,引发金融危机后却沾沾自喜于所谓的"大而不能倒"(too big to fail)。

20世纪30年代的大萧条和2008年金融危机给了我们足够的教训和启示。大萧条与当时金融业的"创新"——混业经营有直接的关系,而各类金融衍生品的大肆创造、使用则是2008年次贷危机的导火索。从表面看,两次危机源于人们对当时的混业经营和各类金融衍生品的风险缺乏充分及时的认识,实质上则与政府一味让位于市场、忽视公平和监管的缺位、低效有很大关系。事后,美国政府不得不出台旨在矫正金融异化、防范风险的法案。大萧条后,美国于1933年出台《格拉斯—斯蒂格尔法案》(Glass-Steagall Act,也称《1933年银行法》),将投资银行业务和商业银行业务严格地划分开,保证商业银行避免证券业的风险。次贷危机后,美国出台著名的《多德—弗兰克法案》(Dodd-Frank Wall Street Reform and Consumer Protection Act),开始系统性、针对性地修补美国金融监管的漏洞,具体包括:成立金融稳定委员会(Financial Stability Oversight Council,FSOC),协调各部门开展宏观审慎监管;在美联储下新设消费者金融保护局(Consumer Financial Protection Bureau, CFPB),全面强化对金融消费者的保护;强化"系统性重要机构"监管,解决"大而不倒"现象;填补证券化市场(主要是资产支持证券)、场外交易(OTC)市场以及支付、清算和结算体系等方面的监管空白等。② 这意味着,被动应对系统性风险和金融危机的监管理念退出了历史舞台。它给我们提供了有益的历史经验:基于资本逐利的"金融创新"时时翻新,金融法的"矫正器"效能越发重要,它要求代表公共利益的政府对"金融创新"保持足够的警惕,主动、及时、高效地监管,防止出现法律空白、监管真空,解决"大而不能倒"的难题等。这种适应性要求,是矫正金融异化、防范金融风险,维护整个经济体健康和社会福祉的必然选择,一旦缓不济急,就要付出巨大的社会成本。

此外,资本的逐利通常是短期性的,未必符合国家产业政策或有利于社会公平目标的实现。例如,"嫌贫爱富、要求风险可控"的借贷资金通常不利于中小企业的融资;又如,半导体等高端信息技术的研发往往需要长期资金入市,而短期资金显然没这个耐心。这需要法律制度层面的引导,包括出台中小企业的金融支持措施、设立政府产业基金推动技术创新和税收制度的精准调节等。这些具体法律制度立足社会本位,融

---

① 中共中央马克思恩格斯列宁斯大林著作编译局编:《资本论》(第2卷),人民出版社2004年版,第67~68页。

② 参见周怡:《国际金融热词解读:美国〈多德—弗兰克法案〉》,载《人民日报》2013年4月25日。

金融措施、产业政策和税收调节于一体，其力度、方式依经济金融形势而为，并无先验的定法，也侧面反映了金融法“矫正器”效能和适应性方面的现实要求。

2. 金融法的“稳定器”效能

金融法“矫正器”的制度效能，旨在克服资本唯利是图和短期性的弊端，而“稳定器”的作用则侧重经济金融运行的稳定和外部冲击的应对。如上所论，流动性波动、根本上的不确定性、民族国家博弈等政治因素均会影响金融市场的运行，使其处于不稳定的状态中，单纯依靠市场的自我调控，往往缓不济急或成本过高，从而需要法律制度及相关的监管、执法嵌入金融市场中，充当起“稳定器”的作用。该“稳定器”要随时监测金融市场的动态运行，对一些潜在的、可见的异常波动予以及时熨平；在遇到突发事件或发生金融危机时，及时出台有针对性的应急措施，从而保持经济社会稳定持续地发展。

不止于此，在2008年金融危机后，一些主要国家出台了系统全面的金融稳定法，如美国的《多德—弗兰克法案》、英国的《银行法》和德国的《金融稳定法》，它们均设立金融稳定委员会或授权中央银行负责金融稳定，协调中央银行、财政部门、监管部门、金融机构开展工作，建立健全金融风险的监测识别和处置机制，不断加强中央银行的宏观审慎监管能力。为了强化人民银行宏观审慎管理和系统性风险防范职责，强化金融监管部门监管职责，确保金融安全与稳定发展，我国也于2017年11月设立国务院金融稳定发展委员会，建立起统筹协调的工作机制。在总结机制运行和风险处置经验的基础上，我国于2022年4月发布《金融稳定法（草案征求意见稿）》，从法律层面明确维护金融稳定的原则、目标和要求，对金融风险的事前防范、事中化解、事后处置作出全面的制度化安排。这些立法实践表明，金融法开始全面地内化到金融市场的稳定发展过程中，其“稳定器”效能也将越来越完善。

四、金融法动态适应性对金融法治的重要价值

前文对金融法动态适应性命题进行了理论证成，该命题具有金融法哲学意义，对我国金融法治而言，至少有以下三个方面的实践价值。

（一）彰显回应型金融法治理念

以赛尔兹尼克（Philip Selznick）和诺内特（Philippe Nonet）为代表的伯克利学派创造性地提出“回应型”法律发展范式，旨在让法律更多、更好地回应社会，并推动公众参与、提升法律机构能力。[①] 回应型法治对国家治理体系和治理能力的现代化颇有启发

---

① 参见诺内特、赛尔兹尼克：《转变中的法律与社会：迈向回应型法》，张志铭译，中国政法大学2004年版。

意义,尤其适用于金融领域。一方面,金融市场是最活跃的经济领域,发展变化的速度明显超过传统法律的变动,加之金融市场内在的不稳定性、脆弱性和巨大的外部性,以及民族国家政治博弈的影响,决定了金融法运行的不自洽性,但要求其"因势而动",从而呈现动态性的一面。另一方面,通过金融法"推进器""矫正器""稳定器"等内外制度效能的有效发挥,可以更好地适应、推动金融市场的发展。故金融法的动态性、适应性充分体现了经济基础和上层建筑辩证关系的基本原理,彰显了回应型金融法治理念。

作为回应型金融法治中的基础命题,金融法动态适应性命题不是具体制度正当性的论证和构建,而是金融法治中的根本性、深层次问题,具有突出的方法论意义和元问题价值。这一问题得不到解决,许多具体制度也无法及时到位。以证券概念和范围的立法问题为例,学界对此早已达成共识,认为以股票和债券为原型的相对狭窄的证券概念既限制了市场的证券品种和市场层次、交易的多样性和相关性,①也限制了企业投融资自主权,使打击非法集资及非法证券活动的范围过于宽泛,②其适用范围显然不足以应对金融创新的新发展,③也有学者在历次《证券法》修订中反复呼吁,确立证券实质概念、扩大证券种类范围。但如上文所述,我国自1999年《证券法》施行至今20余年,并未确立证券实质概念,2004年和2019年的两次《证券法》修订,也是有限、缓慢地扩张了证券的种类范围。正确的理论共识迟迟不能反映到立法当中,恰恰说明问题不在于具体制度正当性的论证和构建,而在于我国金融法动态适应性的法律实现机制出现了问题,不能满足回应型金融法治的要求。如不剖析金融法动态适应性不足的成因,在体制机制上进行有效改革,类似证券实质概念确立、证券范围扩大的问题,将反复"发作",最终危及金融市场的活力、韧性。

(二)促进金融法治运行的完善

金融法动态适应性命题所要着力解决的根本问题是,金融法如何跟得上并适应好金融市场的发展变化,它不局限于法治运行的某个方面或环节,而是指向法治运行的整体过程。当然,基于"结构—功能"主义,任何制度能够行之有效,皆取决于当地、当时的约束条件和各种机遇,故金融法的动态适应性必须契合一国的金融市场结构、发展阶段。结合我国实际,不妨立足金融法动态适应性的实现,从以下方面推动系统集成的改革,促进金融法治运行的完善。

其一,金融法治各环节的自我改进。立法方面,不仅要考虑法律制度本身的适应

① 参见吴志攀:《〈证券法〉适用范围的反思与展望》,载《法商研究》2003年第6期。

② 参见李有星、杨俊:《论我国证券法定范围引发的问题及其解决方案》,载《时代法学》2012年第4期。

③ 参见姚海放:《论证券概念的扩大及对金融监管的意义》,载《政治与法律》2012年第8期。

性,还要考虑立法程序的及时迅捷,故可在法的“入口处”打破法典化思维的禁锢,推进政策的法治化并将政策作为法的渊源,①在法的“出口处”则重在激活经济法问责制之下的错法纠正机制。② 此外,在立法技术上,可有更多的法律原则、概念,以便相机抉择,覆盖更多监管空白。监管执法方面,既要考虑非常态下的危机驱动,又要考虑常态下的“金融创新—金融规制”的“规制辩证法”,针对机构监管模式的静态性、滞后性的弊端,有必要将“机构监管模式”转变为“功能监管模式”,重点关注金融产品与服务的基本功能,把名称不同但具有相同功能的金融机构置于同一监管机构的监管之下,从而使监管获得更好的灵活性和良好的适应性,既可以有效防止监管套利,也更利于金融创新。③ 同时,可参考域外原则性监管(principled regulation)、轻触式监管(light-touched regulation)等制度、方式,增强监管和市场的沟通,提高监管的动态适应性。司法方面,针对金融司法抑制的整体状态,重点在于加快释放基于市场内在活力的司法功能,包括加强金融财产权的司法保障,加大司法受理金融案件的范围和力度,克服办案过程中的机械的“法条主义”等。

其二,金融法治运行的系统改进。金融法动态适应性暗含的理论前提是法律特别是金融法的不完备性。面对瞬息万变的金融市场、层出不穷的金融创新,指望立法者通过事前的固定规则将市场中的行为“一网打尽”,并不现实。事实上,在法无明文规定的情况下,一些案子早已涌入执法、司法领域。而且,金融固有的外部性、脆弱性,又迫使法律不仅不能“缺位”,更要及时“到位”“补位”,否则将会造成无法挽回、不可承受的社会后果。为此,必须对实在法进行解释、扩展,具体应用到变化的场景中,卡塔琳娜·皮斯托和许成钢将其定义为剩余立法权(residual lawmaking rights)和不完备法律下的执法权(law enforcement rights under incomplete law)。这些权力可以在立法机关、监管部门、法院之间进行重新分配,但如何分配取决于有害行为可否标准化,经济社会、技术的变化速度,监管成本,执法的迫切性等。④ 概言之,立法适宜于对可标准化的行为作出规制或对难以标准化的行为作出概括性的规定,而具体规则的立法、执法

---

① 参见史际春、胡丽文:《政策作为法的渊源及其法治价值》,载《兰州大学学报(社会科学版)》2018 年第 4 期。

② 参见史际春、冯辉:《论错法如何纠正》,载《新视界》2010 年第 1 期。

③ 参见华东政法大学课题组:《证券法的调整范围与立法体例研究》,载黄红元、徐明主编:《证券法苑》第 10 卷(2014 年 3 月号),法律出版社 2014 年版。

④ Katharina Pistor, Chenggang Xu, *Incomplete Law-A Conceptual and Analytical Framework and its Application to the Evolution of Financial Market Regulation*, NYU Journal of International Law and Politics, Vol. 35:4(2003).

可交由监管部门、法院分担。否则,就会面临社会成本过高、立法缓不济急的问题。此外,监管部门的事前执法效率更高,但存在“监管俘获”、监管不足或过度的问题,法院的事后执法恰恰可以弥补这些缺陷。这时,传统的立法权、行政权、司法权泾渭分明的条块格局就被打破了,它们在自我改进的同时,也需要一定范围和程度内的重新组合。具体来说,在剩余立法权的分配上,应当做到统一性、层次性、灵活性、纠错性的有机结合。统一性方面,主要在法律层面规定金融法的基本原则、制度、概念等,在行政法规层面规定制度框架和统筹协调方面的基本事项;层次性方面,除法律、行政法规外,还要细化到具体的规章、规范性文件、自律规则、司法解释、裁判规则、案例指引等;灵活性方面,法律、行政法规要通过概括授权条款“赋能”于一线的监管部门,由其结合监管实际,制定部门规章、实施细则,便于其开展具体工作;纠错性方面,因金融立法因势而动,市场和法律的不适时时凸显,相应的纠错机制也要及时跟进,同时它也是概括授权立法的责任配套和呼应,但这一重大问题未引起足够的重视,应加快激活现有的立法纠错机制,并在具体制度上予以完善。① 在执法权的配置方面,应加强司法和行政监管的协同,重视司法事后执法、个别调整的重要性,与监管形成优势互补,保持监管弹性;同时,应加大行政行为司法审查的力度、深度,避免监管过度或不足等。

(三)推动涉外金融法治建设

金融法动态适应性命题将政治因素,特别是民族国家博弈的背景纳入了考察范围,这在某种程度上强化了金融法治运行的涉外性。如上所述,在中美长期博弈的新形势和双循环的新发展格局下,这种强化尤为明显。

可喜的是,近年来我国金融法发生了一些新的变化,开始注重为民族国家博弈提供反制的法律工具。如2020年《证券法》第2条第4款增加了域外管辖条款。2021年1月9日,商务部公布《阻断外国法律与措施不当域外适用办法》(商务部令2021年第1号),2021年6月10日,全国人大出台《反外国制裁法》(中华人民共和国主席令第90

① 在规范文本上,我国有针对各层级的立法纠错机制,如我国《宪法》《立法法》规定了全国人大或国务院撤销或改变不适当法律、行政法规、地方性法规、行政规章的主体、权限和程序等;复议机关可通过附带审查抽象行政行为的方式纠正错误的规范性文件;法院除制定司法解释外,亦可在个案中对规章以下的规范性文件进行司法审查。但在实践中,涉及重大政治问题或社会影响力的,相关立法纠错的反应较迅速,如《香港特别行政区维护国家安全法》(中华人民共和国主席令第49号)的出台,弥补了国家安全在香港特别行政区的漏洞;又如,商务部、科技部调整发布《中国禁止出口限制出口技术目录》(中华人民共和国商务部、中华人民共和国科技部令2008年第12号),商务部及时出台《不可靠实体清单规定》(商务部令2020年第4号),为助力我国企业的境外博弈提供了有力的政策法律支撑等。但也要认识到,这是迫于外力的上层推动,并未形成常态化、持续化的有效机制。关于错法纠正问题,参见史际春、冯辉:《论错法如何纠正》,载《新视界》2010年第1期。

号)，旗帜鲜明地表明了中国政府反对外国法律与措施不当域外适用的严正立场，对信息报告，不当域外适用情形的确认，不得承认、执行、遵守有关外国法律与措施禁令的发布与豁免，有关司法救济及政府义务等基本内容作出了规定。这些做法实际上是反制手段的法律准备，对提升涉外金融法治建设水平亦很重要，但仍有不足，如《证券法》的域外管辖条款只是原则性规定，离真正落地还有不小的距离；《阻断外国法律与措施不当域外适用办法》《反外国制裁法》反映出有限的立法探索，如何操作落地还需继续细化完善。针对当前的国际交往环境，2021 年中共中央印发的《法治中国建设规划(2020—2025 年)》明确提出："加强涉外法治工作。适应高水平对外开放工作需要，完善涉外法律和规则体系，补齐短板，提高涉外工作法治化水平。"可以预见，涉外金融法治建设的步伐将会大步向前，这既是确保我国在民族国家博弈中处于上风的必然选择，也是实现金融法动态适应性的应有之义。

五、结语

金融法动态适应性命题是基于我国金融法治运行实践的观察而提出来的，它包含金融法动态性、金融法适应性这两个密切联系、有机统一的方面。金融法动态性取决于不以人的意志为转移的经济、政治、科技因素，即经济金融运行的不确定性、民族国家博弈的政治需要和金融科技的迅猛发展，体现了金融法"因势而动"的规律。尽管如此，我们在这一个规律面前，并不是无所作为。事实上，人类正是在金融市场的发展和金融危机的洗礼中逐步深化了对金融法制度效能的认识。金融法制度效能的有效发挥，能使金融法更好地适应金融市场的动态发展，服务于国家经济发展的需要。这种效能包括内外两个层面，外在的"推进器"效能、内在的"矫正器"效能和"稳定器"效能等，它们构成金融法适应性的基本前提。

金融法动态适应性命题对我国金融法治具有重要价值。它超越了具体的制度分析，彰显了回应型金融法治的理念，将问题引向更根本、更深的层次，具有突出的方法论意义和元问题价值。在实践中，它有利于促进金融法治运行的完善，不限于立法、监管执法、司法自身层面的自我改进，还包括对它们相互之间联系的深入认识和系统改进。此外，在民族国家博弈的历史背景下，它也有助于推动我国涉外金融法治的建设，做到对内发挥好金融法的制度效能，对外准备好必要的法律反制手段。

最后，需要指出的是，提出、论证金融法动态适应性命题，揭示其对于金融法治的重要价值，仅仅是"抛砖引玉"式的开始，至于金融法动态适应性不足的根源、法律实现机制及对策建议等，是同样重要的理论设计和实践探索问题，有待于更进一步地研究。

新时代养老服务业的财税支持政策：选择、组合与应用*

顾德瑞**

摘　要：财税政策内置产业促进、经济发展和权利保障等性能，是养老服务业的助推器和调节器，被世界各国和地区广泛采用。对于老龄化较突出的我国来说，着眼养老服务业的财税支持政策，意义深远。但当前我国养老服务领域的财税支持政策缺乏理论的整体建构、工具选择和组合考虑不周、与关联政策协调不畅、法治化程度低，严重影响了养老服务业的发展。鉴于此，须从宏观上进行理论建构，阐释国家运用财税政策支持养老服务业的理论基础；中观上进行规则设计，明晰财税政策工具选择与组合规律；微观上进行制度评估，检视当前财税政策实践，吸纳先进经验。在此基础上，对财税制度进行法治化改造，建构统一、协调和有效的财税政策体系，使内部工具有效组合配置、外部与关联政策融合协调，进而促进整个养老服务业的发展。

关键词：养老服务业；老龄化；财税政策

一、问题的提出

2021年11月18日，中共中央、国务院《关于加强新时代老龄工作的意见》明确指出“有效应对我国人口老龄化，事关国家发展全局，事关亿万百姓福祉，事关社会和谐稳定”，足以说明老龄化问题的重要性。从实际情况来看，我国老龄化确实较突出，并有加重趋势。自20世纪末进入老龄化社会以来，我国60岁及以上老年人口已从2000年的1.26亿人增加到第七次人口普查时的2.64亿人，老龄化率从10.2%升至18.7%，

---

* 国家社科后期资助项目“消费税法理构造与制度设计问题研究”（项目编号：19FFXB026）的研究成果。

** 法学博士，中南民族大学法学院讲师。

老龄化进程明显加快。[①] 与此同时,我国65岁及以上人口的绝对数量和老年抚养比持续增加,增长速度也一直居高不下,是世界上老龄化较快的国家之一。更复杂的是,我们还面临“未富先老”和“未备先老”的双重挑战。为此,我们必须清醒认识到,“人口老龄化将成为人类社会的常态,它所带来的挑战更多地源于老化的人口年龄结构与现有社会经济体制之间的不协调所产生的矛盾,这使公共政策调节成为必须”,[②]国家须采取各种措施积极应对。

其中,促进养老服务业发展是应对老龄化的关键举措,正逐步成为我国重要的国家战略。自国务院《关于加快发展养老服务业的若干意见》(国发〔2013〕35号,以下简称35号文)发布以来,党和政府以召开会议或出台文件等多种形式,强调对养老服务业发展的支持。[③] 在支持养老服务业发展的政策体系中,财税政策工具内置产业促进、经济发展和权利保障等性能,是推动养老服务业发展的天然利器,被世界各国和地区广泛采用。涉及养老的法律法规和政策文件中绝大多数包含财税政策工具,更有专门的财税政策文件,[④]足见财税政策对于养老服务发展的重要性。但由于宏观上缺乏财税政策支持养老服务业理据的深入考证,中观上没有对财税政策工具选择组合的规则

---

① 参见《2020年度国家老龄事业发展公报》,载国家卫生健康委员会网,http://www.nhc.gov.cn/lljks/pqt/202110/c794a6b1a2084964a7ef45f69bef5423.shtml。

② 彭希哲、胡湛:《公共政策视角下的中国人口老龄化》,载《中国社会科学》2011年第3期。

③ 《国民经济和社会发展第十四个五年规划和2035年远景目标纲要》明确要求:“推动养老事业和养老产业协同发展,健全基本养老服务体系,大力发展普惠型养老服务,支持家庭承担养老功能,构建居家社区机构相协调、医养康养相结合的养老服务体系”;党的十九大明确提出,“积极应对人口老龄化,构建养老、孝老、敬老政策体系和社会环境,推进医养结合,加快老龄事业和产业发展”;2018年9月,中共中央、国务院《关于完善促进消费体制机制进一步激发居民消费潜力的若干意见》要求健全养老服务体系;2018年12月修正的《老年人权益保障法》第39条第2款规定:“各级人民政府和有关部门在财政、税费、土地、融资等方面采取措施,鼓励、扶持企业事业单位、社会组织或者个人兴办、运营养老、老年人日间照料、老年文化体育活动等设施”;2019年3月,国务院办公厅颁布了《关于推进养老服务发展的意见》(国办发〔2019〕5号);2019年11月,中共中央、国务院印发了《国家积极应对人口老龄化中长期规划》;2021年11月,中共中央、国务院《关于加强新时代老龄工作的意见》出台;民政部等部委也发布了《关于进一步扩大养老服务供给　促进养老服务消费的实施意见》(民发〔2019〕88号)等文件,大力支持养老服务业的发展。

④ 如财政部、国家发展和改革委员会《关于减免养老和医疗机构行政事业性收费有关问题的通知》(财税〔2014〕77号),财政部等《关于做好政府购买养老服务工作的通知》(财社〔2014〕105号),国家发展和改革委员会等《关于印发〈养老服务体系建设中央补助激励支持实施办法〉的通知》(发改社会〔2020〕227号),财政部等《关于开展个人税收递延型商业养老保险试点的通知》(财税〔2018〕22号),财政部、国家税务总局《关于明确养老机构免征增值税等政策的通知》(财税〔2019〕20号),财政部等《关于养老、托育、家政等社区家庭服务业税费优惠政策的公告》(财政部公告2019年第76号)等。

设计、微观上未对当前财税政策实证评估,加之财税制度法治化程度低、执行落实困难,外部与金融、竞争、消费引导和产业布局等关联政策协调不足,养老服务业财税政策的运行处于相对混乱的状态,难以有效发挥作用。

二、宏观理论建构:财税政策支持养老服务业的设计原理

财税政策支持养老服务业,是政府履行养老责任、保障老年人权利、促进养老产业和经济社会健康持续发展的需要,更有公共产品、正外部性和产业发展等核心原理为其"摇旗呐喊"。养老服务,尤其是基本养老服务属于公共产品,人人都有权享有,政府负有提供的义务。与此同时,养老服务业具有很强的正外部性,能满足老年人的需要、利于家庭和谐与社会稳定等。政府不仅需要承担基本社会养老保障,更重要的是,通过有效的财税支持政策引导和激励企业、家庭和个人的养老参与。[①] 但遗憾的是,当前我国养老服务业发展还处于起步阶段,基础薄弱、服务供给不足、结构不合理、质量不高、社会力量参与不充分、扶持政策不健全、城乡区域发展不平衡,迫切需要财税等政策的大力扶持。

(一)政府履行养老责任,保障老年人权利

享受基本养老服务是宪法规定的老年人基本权利,国家有责任保障其实现,并为有效实现该权利采取措施。当然,"政府的养老责任不是简单地提升养老服务的经费支出,而是在提升现有财政支出效率的前提下通过差异化的服务供给方式,借助社会组织的力量,为老年人提供更有效的养老服务"。[②] 从老年人的整体需要来看,其对应各项基本权利:经济收入和住房需要对应生存权、精神和心理需要对应发展权、健康需要对应健康权、照料需要对应被照料权和安全需要对应安全权等。[③] "在成文宪法国家,宪法保障权利的主要方式是通过宪法条文宣示人权保障原则并明文规定现代文明社会已经认可的各项基本权利。"[④]我国《宪法》第33条第3款明确规定国家尊重和保障人权,其中生存权和发展权是最基本的人权;第45条第1款更是明确规定,公民在年

---

① 参见刘华、王姣、邹典璋:《老龄化背景下养老保障税收优惠政策的国际经验及启示》,载《税务研究》2021年第11期。

② 倪东生、张艳芳:《养老服务供求失衡背景下中国政府购买养老服务政策研究》,载《中央财经大学学报》2015年第11期。

③ 参见姚远等:《老年人的基本权利、不同老年人口群体的需要》,载邬沧萍主编:《社会老年学》,中国人民大学出版社1999年版,第246页。

④ 王方玉:《新兴权利司法证成的三阶要件:实质论据、形式依据与技术方法》,载《法制与社会发展》2021年第1期。

老等情况下，有从国家和社会获得物质帮助的权利；《老年人权益保障法》第3条第1款和2款进一步详细规定，国家保障老年人依法享有的权益，老年人有从国家和社会获得物质帮助的权利，有享受社会服务和社会优待的权利，有参与社会发展和共享发展成果的权利；《基本医疗卫生与健康促进法》第4条第1款规定国家和社会尊重、保护公民的健康权。

（二）养老服务具有很强的公共性，需要政府深度参与

养老服务业具有很强的公共性。作为典型的公共产品，养老服务尤其是基本养老服务能够满足老年人的需求、促进家庭和谐与社会稳定等，解决社会公共问题，推动经济社会的持续健康发展，公共性是其天然属性。与此同时，随着经济社会的发展以及老龄化程度的加深，社会对养老服务的需求进一步增强。大大小小的养老机构逐步出现在人们的视野中，养老服务开始作为一种经济业态得到初步发展。以北京市为例，截至2020年年底，全市登记注册的养老服务企业达到了1000多家，养老服务社会组织达到了900多家，涌现出了爱依、龙振、慈爱嘉等一批具有较高知名度的专注养老服务的企业。[①] 纵然如此，仍难以将养老服务业与公共利益完全剥离，公共性并不会因为提供主体不同而有所改变，养老服务业具有公共性这一命题仍然成立。营利性养老机构的发展，可以让更多人有机会享受到养老服务，不仅能够带动经济的发展，更重要的是，能真正为老年人提供服务，是保障老年人基本权利的重要途径。当前，养老服务获得政府、市场和社会的多元参与，这使其供给模式由单中心的政府供给转为多中心的政府、市场和社会多元协同合作的供给模式。但是，多中心供给只是政府履行供给责任的范式由直接供给转变为间接供给，并不意指政府可以削减或放弃公共供给责任。[②]

（三）当前我国养老服务业发展不充分，要求政府积极促进

初创阶段的养老服务业迫切需要财税政策支持。当前我国养老服务业处于初创阶段，“养老服务市场活力尚未充分激发，发展不平衡不充分、有效供给不足、服务质量不高等问题依然存在，人民群众养老服务需求尚未有效满足”。[③] 截至2020年年底，全国共有各类养老机构和设施32.9万个，养老床位合计821.0万张。其中，全国注册登记的养老机构有3.8万个，床位488.2万张；社区养老服务机构和设施有29.1万个，床

---

① 参见《北京市老龄事业发展报告（2020）》，载国家卫生健康委员会网，http://wjw.beijing.gov.cn/xwzx_20031/wnxw/202110/P020211014339342238728.pdf。

② 参见李蕊：《公共服务供给权责配置研究》，载《中国法学》2019年第4期。

③ 国务院办公厅《关于推进养老服务发展的意见》（国办发〔2019〕5号）。

位332.8万张,[①]每千名老年人拥有养老床位31.1张,显然不能满足人们的养老需求。与此同时,多数养老机构盈利水平在一般及以下,盈利水平为收支平衡、微利、一般的占比比较高。以北京市为例,即使已经考虑了政府补贴在内的情况,“大多数养老机构仍然处于亏损的状态。养老机构1~3年收回投资的仅占4.5%,4~6年收回投资的占4.9%,10年以上收回投资的占62%。经营方面,实现盈余的养老机构只占4%,基本持平的占32.8%,稍有亏损的占32.6%,严重亏损的占30.7%”。[②]

三、中观规则设计:养老服务业财税政策工具选择与组合规律

对于养老服务业,财税政策工具的选择和组合配置,要遵循基本的规律,充分考虑政策目标、工具的特性、工具应用的背景、以前的工具选择和意识形态等多种因素。[③]换言之,财税政策工具的选择和组合须依附于不同国家和地区养老服务业发展的目标,其从根本上影响财税政策支持的方向和力度;充分考量工具的运行环境(不同养老模式、老年人基本需求和养老服务供给情况等);紧密结合工具的特性,促进财税政策工具与养老服务类型的有效匹配;以整体效果为依归,不断优化工具的组合配置,使其最终有利于养老服务业的发展,切实保障老年人的基本权利。

(一)以政策目标为根本导向选择和组合财税政策工具

政策目标代表了国家导向,其从根本上影响财税政策对养老服务业的支持方向和力度,如在广覆盖、保基本的阶段,财税政策就不会对高端养老服务予以过多考虑。当然,随着经济社会的发展,政策目标不断发生变化,财税政策也会因应而动。近年来,我国养老服务的目标沿着“基本形成→加快发展→全面建成→持续完善→打造高质量”的轨迹发展,[④]不同阶段的财税政策工具的选用也有所不同,基本形成阶段主要是安排财政投资等支持公益性养老服务设施建设;加快发展阶段主要运用财政补贴和税

---

① 参见《2020年民政事业发展统计公报》,载民政部官网,http://www.mca.gov.cn/article/sj/tjgb/202109/20210900036577.shtml。

② 陈斯:《养老机构“一床难求”? 并不全面!》,载《北京青年报》2019年4月24日,B3版。

③ 参见陈振明、薛澜:《中国公共管理理论研究的重点领域和主题》,载《中国社会科学》2007年第3期。

④ 国务院办公厅《关于印发〈社会养老服务体系建设规划(2011—2015年)〉的通知》(国办发〔2011〕60号,已失效)明确规定:“到2015年,基本形成……的社会养老服务体系”;民政部、国家发展和改革委员会《关于印发〈民政事业发展第十三个五年规划〉的通知》(民发〔2016〕107号)强调“加快发展养老服务业”;国务院《关于加快发展养老服务业的若干意见》(国发〔2013〕35号)提出了“2020年,全面建成……的养老服务体系”;国务院《关于推进养老服务发展的意见》(国办发〔2019〕5号)要求“持续完善……的养老服务体系”;《国家积极应对人口老龄化中长期规划》明确指出,“打造高质量的为老服务和产品供给体系”等。

收优惠等,吸引民间资本进入;全面建成和持续完善阶段主要是营利性和非营利性养老机构并行发展,减少两者之间财税政策的鸿沟;打造高质量为老服务和产品供给阶段主要引导养老服务高质量全面发展,宜采用差异化的财税政策。但是,无论阶段性的政策目标如何变化,其核心目标始终是为老年人提供优质的养老服务,确保不那么富裕的老年人也有获得服务的机会,并将费用保持在可接受的水平。① 整个财税政策工具的设计既要适应阶段性目标的变化,更不能背离核心目标。总之,“要求投入规模适应经济发展水平与人口老龄化速度,做好财政持续支持养老服务的中长期投入规划,合理估算不同养老服务项目所需的财政投入,从多渠道筹集资金”。②

(二)充分考量财税政策工具的运行环境

各国和地区不同养老模式——主要表现为提供养老服务的主体不同,深度影响财税政策的侧重点和工具选用。世界发达国家养老模式分为3类:“一是以英国等福利国家为代表的统一主义的福利模式,注重通过机构为全体国民提供优质服务;二是以美国为代表的新自由主义福利模式,注重引入市场机制,减少政府责任,强调自立和互助;三是以日本为代表的政府主导型的‘合作’模式,注重政府与企业、NGO/NPO的配合,强调政府宏观的强力调控与微观的民主渗透。”③这些模式是根据各国的实际情况演变而来的,主要表现为提供养老服务的主体不同,统一主义的福利模式下,政府是养老服务提供的主体,财政直接投入居多;新自由主义福利模式下,市场是主体,引导类财税政策较多;政府主导型的“合作”模式下,政府和市场、社会组织相结合,多种财税政策均衡运用。

财税政策既要促进养老服务业充分满足老年人的需求,还要注重提升老年人的负担能力,将需求端和供给端有效结合起来。从本质来说,老年人获得保障的权利是以需求为价值目标,基于对人的价值的尊重,通过维护老年人的生活权来实现人的尊严;同时,也希望通过对需求价值的追求,促进社会协调和经济发展,以此来进一步改善老年人的生活。④ 在我国,“养老服务最大需求量在于96%的社区居家老人,当前社区居家养老服务需求相对失衡,进一步提高社区养老服务比重是解决养老问题的关键所

---

① 参见葛蔼灵、冯占联:《中国养老服务的政策选择:建设高效可持续的中国养老服务体系》,中国财政经济出版社2019年版,第190页。

② 官锡强:《我国财政支持政策对养老服务的影响——以山东省为例》,载《税务与经济》2020第6期。

③ 杨武主编:《中国社会组织养老服务策论》,中国人口出版社2012年版,第23页。

④ 参见董溯战:《养老社会保障权论》,立信会计出版社2010年版,第161页。

在”。[①] 财税政策支持的重点,也应集中于社区居家养老,国务院办公厅《关于推进养老服务发展的意见》(国办发〔2019〕5号,以下简称5号文)就明确要求,对在社区提供日间照料、康复护理、助餐助行等服务的养老服务机构给予税费减免扶持政策;《关于养老、托育、家政等社区家庭服务业税费优惠政策的公告》(财政部公告2019年第76号,以下简称76号文)进一步明晰了税费政策,是需求导向财税政策最好的例证。

还要特别注意的是,满足老年人的需求,不能仅停留在知晓他们的意愿,更重要的是提高消费能力,如为经济困难的高龄、失能老年人提供补贴、津贴等,如2018年我国修正的《个人所得税法》增加了赡养老人的专项附加扣除条款,使老年人家庭有更多可支配收入。此外,可以通过降低老年人的生活成本,来提升他们的生活品质。“从世界各国在增值税的税率设置上看,为保障人们基本生活需要,多数国家对诸如食品、水等生活必需品实行零税率或低税率,同时也对优值品(Merit Goods)和具有正外部性的物品如教育、医疗、文化、节能等实行零税率或低税率”,[②]这样可以降低成本。之所以采取这些措施,缘于养老花费较多,以北京普亲养老服务有限公司为例,其旗下有辛店和清河两个老年养护中心,均为公办民营项目,其收费还是比较高的,普通家庭难以负担。收费主要包括床位费、伙食费、护理费和其他费用:床位费2500~4100元左右/月;伙食费40元/每天(如果有特殊饮食要求,费用会有浮动);护理费根据护理等级不同,费用也不同;其他费用主要是根据部分老人的特殊要求来收费,如吸纯氧等,还有高温寒冷天气的空调、暖气费用,以及部分老人需求的一些一次性用品的耗材费用,如吸痰管等。

而供给端的养老机构则要求财税政策覆盖筹资、投资和经营等全环节,降低养老机构的成本,切实提高养老机构的供给能力,高质量地为老年人服务。以财政补贴为例,“首先,筹资环节的财政补贴,主要是对养老机构提供贴息贷款;其次,投资环节的财政补贴,应适当放宽条件,不论是否自有房产创办养老机构,都应该按照床位数量一律给予补贴,另外对于养老机构所采购的医疗、康复设备等也要给予一定的财政补贴;最后,经营环节的财政补贴,一方面对养老机构对外进行居家养老服务业的经营成本进行补贴,另一方面对民办养老机构收住老人的经营成本进行补贴,包括收住床位补贴和意外责任险的缴费补贴”。[③]

---

① 国家发展改革委社会发展司、民政部社会福利和慈善事业促进司和全国老龄办政策研究部编著:《走进养老服务发展新时代——养老服务业发展典型案例汇编》,社会科学文献出版社2018年版,第137页。

② 吉尔克:《人口老龄化背景下的税制演进趋向研究》,中国经济出版社2018年版,第166页。

③ 王琼、王敏、黄显官主编:《我国养老服务综合配套改革实践与创新》,西安交通大学出版社2017年版,第176页。

(三)紧密结合不同财税政策工具的特性

要结合工具性能,根据养老机构涉及的领域等配置不同的财税政策,调节养老资源配置、引导养老服务业朝着符合国家利益方向发展。从分类上看,财税政策分为财政激励与税收优惠。其中,财政激励主要有政府补贴、政府设立的专项技术投资基金与鼓励金融机构加大贷款等事前激励措施,以及政府采购或政府组织引导其他企业的采购等事后激励方式。① 税收优惠主要分为保障型税收优惠(救助型税收优惠)和经济调控性税收优惠(激励型税收优惠)。② 这些不同类型的工具有不同的性能。例如,"老龄化社会的到来,使养老服务问题日益凸显,庞大的老龄人口对养老服务提出了多样化、多层次的需求,政府直接提供公共服务的单一服务供给方式远远不能满足老年人的需要,政府迫切需要把部分养老服务工作转移给企业或其他社会组织,实现公共服务供给的多元化,政府养老服务转移的方式之一就是购买居家养老服务"。③ 这在一定程度上说明,政府购买服务比政府直接投资的养老机构在满足老年人多样化、多层面需求方面更具优势,但也要看到政府直接投资在保障老年人基本需求方面的重要性。

与此同时,养老机构涉及的领域不同,财税政策工具的选用也会不一样。对于养老服务,完全公共化的领域宜由政府直接投资,举办非营利性的养老机构;具有公共性和营利性双重属性的,宜采用间接优惠方式,引导其健康持续发展;而"高端养老服务提供交给市场去运作,地方政府停止给豪华养老机构财政、土地上的支持和各种补贴,政府应把工作重心放到低收入和中等收入老龄群体,特别是广大农村群体的养老建设上,加大对社区和居家养老服务的财政支持力度,支持机构定位于失智和失能老人群体的服务,加强对社会资本的引导与调控"。④ 财税政策支持并不是对养老服务业全覆盖,而是要保障老年人的基本生活,满足基本需求,如生活照料、健康维护和精神慰藉等,⑤这也符合保障老年人基本权利这一根本准则。

---

① 参见张同斌、高铁梅:《财税政策激励、高新技术产业发展与产业结构调整》,载《经济研究》2012 年第 5 期。

② 参见王霞:《税收优惠法律制度研究——以法律的规范性及正当性为视角》,法律出版社 2012 年版,第 8 页。

③ 包国宪、刘红芹:《政府购买居家养老服务的绩效评价研究》,载《广东社会科学》2012 年第 2 期。

④ 张瑾等:《我国养老服务体系建设重点问题研究》,中国经济出版社 2018 年版,第 93 页。

⑤ 国务院《关于加快发展养老服务业的若干意见》(国发〔2013〕35 号)提出"生活照料、医疗护理、精神慰藉、紧急救援等养老服务覆盖所有居家老年人"的要求,其蕴含对基本养老服务的大致描绘。

(四)有效组合配置财税政策工具

财税政策工具的组合配置,在于将财税政策作为整体系统,统一安排,以整体效果为归依,紧紧围绕养老服务业的初衷展开,综合考虑多种因素,收入与支出工具同等运用,不能过于倚重税收优惠(税式支出)等支出工具,合理设计财税制度,运用收入型工具,并根据工具的特性等对收入和支出内部的多种工具组合配置。对于税收政策,不仅要注意不同税种对养老服务业的影响,还要合理运用税收基本要素,通过调整税收主体、税收客体及归属、计税依据和税率等实现税收的调节功能,善于运用彩票公益金等收入工具。并且要实现财税工具的联动,同升同降,保持方向的一致性。鉴于此,财税政策的实效性也应纳入考虑的重点,建立稳定的绩效评估及调整机制,对财税政策的实施效果进行评估,根据评估结果及时调整,实现养老服务业的增质提效。持续对现有的养老服务政策进行评估,根据评估结果,对其作出相应的调整,以确保养老服务财税政策的时效性、价值性和应用性。①

四、中外国养老服务业财税政策

欧美、日本等老龄化先发国家采用重点支持需求方的财税政策模式,着力提高老年人消费能力,拉动养老消费,"已经形成了比较完善的社会养老服务体系,现阶段主要集中于如何加强质量监管、对比不同投入方式资金使用效率等中观或微观管理层面",②有相对完备的政策体系和相对成熟的工具运用。

当前,"发达经济体对养老服务的投入主要采取'补需方'的形式,包括两种主要方式:一是直接向社会组织购买服务并提供给老年人,二是直接向老年人提供补贴(Direct Payment),鼓励老年人自主选择服务方式。近年来第二种方式越来越受欢迎,其优点在于既可以控制费用,又可以增加老年人的选择性。意大利等国家甚至规定老年人可以用获得的补贴直接雇佣家庭成员提供照料,但英国等大多数国家目前还只允许老年人购买社会组织提供的正式服务"。③ "法国在全国范围内推行全国通用的预付定制服务通用券,其中包括养老服务券。企业和个人均可购买这种服务券,企业购买后可作为福利发放给员工,员工可以送给父母。企业为员工购买服务券,可以免缴

---

① 参见伍伊欣、杨翠迎:《养老服务政策评估及调整研究——以上海M区为例》,载《公共治理评论》2018年第8期。

② 国务院发展研究中心社会部课题组:《养老服务体系发展的国际经验与中国实践》,中国发展出版社2019年版,第14页。

③ 国务院发展研究中心社会部课题组:《养老服务体系发展的国际经验与中国实践》,中国发展出版社2019年版,第16页。

任何社会保障费,并享受服务券总金额25%的税收减免。这种由企业购买或政府购买所实现的税费优惠,既促进了服务需求的增加,也提升了对供给侧的需求。供给和需求同向增长,产业内部实现了良性循环。"①"英国实施了公共财政支持的服务津贴计划,这些机制可为老年人提供资金支持,以购买养老服务,而非直接接受服务。"②此外,英国政府不仅给予65岁以上的纳税人财政补贴,且允许其在国内旅游等时可享受优惠。再如,2001年开始,德国政府全面推行"里斯特改革",主要内容是:政府采取直接财政补贴和间接税式支出的方式,鼓励民众积极与保险机构、银行或基金公司等金融机构合作制定个人退休养老计划。其中,直接补贴方式为政府通过财政支出直接补贴参与该类计划的民众,间接补贴方式为政府通过税收减免、税收递延等税式支出方式,减免参与该类计划民众的个人所得税。③

与此同时,欧美、日本等老龄化先发国家采取包括财税政策在内的各种措施,增加养老服务供给、提高质量。"1980年代后半期起,日本老年人口及其购买力不断增长,但相关产品及服务供给不足,无法满足日益多样化的老年人需求。这一背景之下,日本政府及产业界视开发适老产品、适老服务,创造老年人的潜在需求,扩大市场规模,刺激经济增长为重要课题。1989年,日本政府下放部分权限给市、町、村(区、街道),即俗称的日本养老'黄金计划'。该计划把养老责任下放到社区和家庭,以居家养老、居所看护为发展导向,积极推行社区居家养老服务模式。坚持政府主导的同时,鼓励和支持社会力量广泛参与养老事业,以政府主导下的市场运营模式,大力推广嵌入社区中的就近服务,推动了养老服务全面进入家庭。"④澳大利亚则大力鼓励企业、慈善机构、基金会和保险机构投资老年服务产业,针对老年人需求提供多样化服务。通过全社会的共同努力,改善老年群体的生活和生命质量,实现健康老龄化。⑤ 而"英国的养老服务植根于其面面俱到的福利制度,无论是早期倡导的机构养老还是现在流行的社区照顾,政府的参与范围之广和程度之深都是其他国家所难以达到的。英国的养老服

---

① 孙倩璐、陆杰华:《关于养老服务业税收政策创新的国际借鉴与启示的思考》,载《老龄科学研究》2016年第3期。

② 郭林:《民营资本参与养老服务体系建设的研究现状与思考》,载《华中师范大学学报(人文社会科学版)》2014年第2期。

③ See Axel H. Borsch Supan, *Shifting Perspectives: German Pension Reform*, International Economics, 40(5), p. 248 - 250(2005).

④ 周扬、宋协毅:《日本养老服务业的发展经验及对我国的启示》,载《大连大学学报》2018年第1期。

⑤ 参见陈红敬、饶克勤、钱军程:《澳大利亚应对人口老龄化的社会支持体系分析》,载《老龄科学研究》2014年第5期。

务设施,特别是居家养老服务体系的配套养老设施是面向全体老年居民的,大多数由政府资助的,从事居家养老服务的工作人员主要是社会志愿者和政府雇员,提供的服务也多是免费,或者收费低廉,服务的标准和类型主要由各地方政府决定”。①

另外,要特别注意的是,遗产税的开征对解决养老问题起到重要作用。遗产税是一个历史较长的税种,其是“自然人死亡后,国家对其所遗留的全部财产转移给法定继承人或受遗赠人时所征收的一种赋税”,②目前,已有美国、德国、英国、法国、意大利、日本、韩国等国家和地区开征了此税。以日本为例,其遗产税实行10%～55%超额累进税率,是一项重要的老龄化税制改革。遗产税的高税率能够有效促进人们在生存期间将自己的收入合理消费,从而减轻政府对老龄人口的福利负担。另外,也是一种消除贫富差距的措施,能够让比较富裕的老人帮助那些比较贫困的、需要政府扶持的老人。③ 征收遗产税在一定程度上能够引导和鼓励富人投身慈善事业,因为遗产税一旦开征,那么对于富人来说,与其最后将财产以税收的形式上交国家,还不如通过大规模的捐赠获取当时的额外收益。④

五、当前我国养老服务业的财税政策

(一)我国养老财税政策的成就

我国财税政策支持重点是养老服务的供给方,支持方式主要包括财政投资、财政补贴(建设补贴、运营补贴、贷款贴息、保费补贴、培训补贴等对养老机构和从业人员及老年人的补贴)、政府采购、税收优惠、减免行政事业性收费等。⑤ 各级地方政府也积极响应,纷纷制定了加快发展养老服务业的措施,其中财税政策几乎照搬了中央的内容,基本未作改动。如湖北省人民政府《关于加快发展养老服务业的实施意见》(鄂政发〔2014〕30号),其中包括政府投资、政府购买服务、项目委托、以奖代补、财政贴息、小额贷款、税收优惠、减免有关行政事业性收费、高龄津贴、养老服务补贴、建设补贴、

---

① 李萌:《支持我国养老服务体系发展的财税政策研究》,财政部财政科学研究所2015年博士学位论文,第140页。

② 郑显文、王蕾:《中国近代遗产税立法及司法实践研究》,载《比较法研究》2019年第1期。

③ 参见李保仁、白彦锋、王凯:《中国人口老龄化背景下的财政政策研究》,经济科学出版社2017年版,第97页。

④ 参见王彦平、吴仕超:《开征遗产税的经济效应预测与推进战略研究》,载《理论探讨》2019年第2期。

⑤ 参见国务院《关于加快发展养老服务业的若干意见》(国发〔2013〕35号)和《关于推进养老服务发展的意见》(国办发〔2019〕5号)等。

运营补贴、彩票公益金、培训补贴、特殊岗位补贴或一次性奖励、土地划拨等。

目前，我国对养老服务业的财政投资政策主要以建设养老服务设施为主，具体可分为 3 类：一是养老机构建设；二是城市社区居家养老服务建设，部分省市建设了很多居家养老服务中心（站）和老年活动中心；三是农村社区养老服务建设，各省市依托乡镇敬老院、村级五保之家、废弃学校和村级社区办公场所，建成农村综合性老年福利服务中心（站）和农村老年人日间照料服务站。① 再就是财政补贴，主要包括对养老机构和从业人员及老年人的补贴等。对养老机构和从业人员的补贴涵盖建设补贴、运营补贴、贷款贴息、社保补贴、培训费补贴和职业技能鉴定费补贴等。建设补贴一般由财政给予一次性补助，如山东省自 2014 年起，省财政对新增养老床位不少于 20 张、符合有关部门规定资质条件的养老机构，按核定床位给予一次性建设补助。运营补贴则一般按实际服务人数（或床位数）给予补贴。贷款贴息是政府对养老服务业的贷款实行利息补贴。社保补贴的对象是按照规定缴纳社保的养老机构和灵活就业人员等。培训费补贴和职业技能鉴定费补贴针对符合条件的参加养老护理职业培训和职业技能鉴定的从业人员。对老年人的补贴主要有困难老年人养老服务补贴、失能老年人护理补贴和高龄老年人津贴等困难老年人养老服务补贴发放给低保、低收入、计划生育特殊家庭等困难老年人，用于日常照料等生活性服务。失能老年人护理补贴发放给重度失能或持有相应残疾证的老年人，用于因生活自理能力缺失而产生的长期照护。高龄老年人津贴发放给 80 周岁及以上的老年人，用于养老服务消费特别是生活照料护理服务。②

还有就是政府购买服务。20 世纪 90 年代末以来，我国政府便开始了推进政府职能转变，试图通过购买服务，将提供公共服务的职能转移给社会民间组织，使公众利益得到更高程度的满足。③ 2013 年，国务院办公厅发布了《关于政府向社会力量购买服务的指导意见》（国办发〔2013〕96 号），随后财政部和民政部等部门出台了细化政策。④ 而“目前促进养老服务业发展的政府采购政策主要是政府购买养老服务，即政府出资，

---

① 参见胡宪：《支持我国养老服务业发展的财税政策分析》，载《湖南社会科学》2017 年第 4 期。

② 参见北京市民政局等《关于印发〈北京市老年人养老服务补贴津贴管理实施办法〉的通知》（京民养老发〔2019〕160 号）。

③ 参见章晓懿：《政府购买养老服务模式研究：基于与民间组织合作的视角》，载《中国行政管理》2012 年第 12 期。

④ 如财政部《关于做好政府购买服务工作有关问题的通知》（财综〔2013〕111 号）、民政部《关于民政部门利用福利彩票公益金向社会力量购买服务的指导意见》（民发〔2014〕219 号）和财政部等《关于做好政府购买养老服务工作的通知》（财社〔2014〕105 号）等。

向大型养老服务机构、养老和家政服务企业购买专业的养老服务,除向散居的'三无'老人、'五保'老人提供外,也给一些空巢、高龄、失独、失能和困难等特定老人提供,政府一般通过公开招标确定若干家企业和社会组织为服务实施单位,服务产生的费用则采取签订契约化合同方式进行支付"。[①] 以浙江省为例,其政府购买的养老服务包括机构、居家养老的基本服务,老年文体活动服务和困难老年人家庭适老化改造服务等。[②]

另外是税收优惠和行政事业性收费,涉及非营利性和营利性等不同性质的养老机构,其因性质和服务种类不同,享受的政策也不同。首先,养老机构提供的养老服务、家政服务企业由员工制家政服务员提供的老人护理等家政服务等免征增值税,养老机构在资产重组过程中发生的不动产、土地使用权转让行为,不征收增值税。其次,民办福利性、非营利性养老机构取得的收入免征企业所得税。再次,对非营利性养老机构自用房产、土地免征房产税、城镇土地使用税,对经批准设立的民办养老院内专门为老年人提供生活照顾的场所免征耕地占用税,承受房屋、土地用于提供社区养老的,免征契税。最后,企业和个人等通过非营利性的社会团体和政府部门间接向福利性、非营利性的民办养老机构进行捐赠,捐赠额可全额在税前扣除,财产所有人将财产赠给社会福利单位所立书据免征印花税。当然,养老机构中的高新技术企业按15%的优惠税率征收所得税,小微企业享受普惠性税收减免政策。[③] 对于行政事业性收费,非营利性养老和医疗机构建设全额免征,营利性养老和医疗机构建设减半收取。此外,还有针对提供社区养老的税费优惠。[④]

(二)我国养老财税政策的优化空间

1. 公私养老机构财税政策二元化明显,优惠政策有待公平

我国财税政策对公立与民办养老机构的扶持带有鲜明的二元性,侧重扶持公立及非营利养老机构,而民办养老机构能够享受的优惠政策较少,造成养老市场不活跃,养老服务供给不足。35号文严格区分非营利性和营利性养老机构,仅对非营利性养老机构自用房产、土地免征房产税、城镇土地使用税、企业所得税及有关行政事业性收费,而营利性养老机构建设只能减半征收有关行政事业性收费等。各省加快发展养老服务业的实施意见无一例外地延续了这一思路。如北京市"养老机构中有78%的事业单

---

① 胡宪:《支持我国养老服务业发展的财税政策分析》,载《湖南社会科学》2017年第4期。

② 参见浙江省财政厅《关于印发浙江省政府向社会力量购买服务指导性目录(2022年度)的通知》(浙财预〔2021〕23号)。

③ 参见财政部、国家税务总局《关于实施小微企业普惠性税收减免政策的通知》(财税〔2019〕13号)。

④ 参见财政部等《关于养老、托育、家政等社区家庭服务业税费优惠政策的公告》(财政部公告2019年第76号)。

位得到政府补贴,民营非企业养老机构有88%得到了政府补贴,而企业养老机构仅52%得到了支持"。[①] 这一问题逐步被意识到,因此,76号文没再区分营利和非营利机构,而是对所有提供社区养老服务的机构给予税费优惠。

2. 侧重对供给方的扶持,对需求方支付能力的提高和真正需求重视不够

作为供给方的养老机构,是当前财税政策支持的重点,而作为需求方的老年人获得的支持较少,仅有贫困失能老年人护理补贴、高龄老年人生活津贴和养老服务补贴以及赡养老人专项附加扣除等有限的几种,且额度较少,老年人难以负担相关费用,养老消费严重不足。以上海市为例,补供方的财政项目数达44个,占总项目数的93.62%;补需方的财政项目数为3个,占总项目数的6.38%。[②] 即使是供给方相对充足的财税政策,也缺乏对老年人需求的深度关注。现实中,"表现为在许多养老机构中,较大多数的'常住老年人'都是生活能自理的老年人,而生活半自理或完全不能自理的老年人入住养老机构的比例较少,造成真正需要及时的养老服务资源的老年人被相对不需要老年服务的老年人挤占的现象,使养老医疗护理资源配置错位"。[③]

3. 财税政策工具使用不足,组合配置有待加强

财税政策不仅工具的类型和性能使用不足,工具本身有待完善,而且碎片化较严重,运用环节单一,运行效果欠佳。以税收优惠为例,现有政策主要是以减税或免税等直接优惠形式为主,较少采用加大税前费用列支、加速折旧、投资抵扣、减计收入、加计扣除等激励方式,引导作用较弱。再如,政府购买服务,"一方面,政府部门购买公共服务的意识不足,不能及时分析社会的有效需求,导致服务供给存在差距,特别是对群众所需的养老服务、医疗服务等投入力度不足;另一方面,现阶段政府向社会力量购买公共服务过程中还存在法律滞后于实践、购买服务方式单一、程序缺乏规范以及政府集中采购机构缺位等现实问题"。[④]

另外,"相关配套政策不全,政策的'碎片化'特征明显,系统性不够,尚未形成健全完善的政策体系"。[⑤] 国家已意识到此种问题,因此,正逐步整合高龄津贴、护理补贴

---

① 参见陈斯:《养老机构"一床难求"? 并不全面!》,载《北京青年报》2019年4月24日,B3版。

② 参见杨翠迎、鲁於、杨慧:《我国养老服务发展中的财政政策困境及改进建议——来自上海市的实践与探索》,载《陕西师范大学学报(哲学社会科学版)》2018年第5期。

③ 周爱民、姜耀辉、田利:《中国养老保障制度的改革和发展》,经济科学出版社2017年版,第230页。

④ 雷晓康:《创新社会治理模式应对老龄化社会》,载《社会科学报》2019年5月2日,第3版。

⑤ 曹立前、尹吉东:《供给侧改革下养老服务业发展研究》,载《河北大学学报(哲学社会科学版)》2018年第1期。

等,集中补贴经济困难的高龄、失能老年人等。[①] 并且,当前优惠政策主要集中于经营环节,对筹资环节、投资环节、分配环节等尚没有明确的税收激励政策,造成投融资积极性不高、市场主体的供给能力不强等。[②] 例如,由于现行税收政策在筹资环节并没有针对金融部门或民间投资者向养老服务业投融资行为的优惠鼓励,造成投资者的投资动力不足,资金量受限,也不利于拓展养老服务业建设资金的来源渠道。[③]

4. 财税政策在设计和执行上存在不足,落地较难

从财税政策的落地层面来讲,很多财税政策养老机构难以享受到。这是因为一些政策在设计和执行上存在不足,财税政策既没有充分考虑养老服务业本身的特性,也没有深度回应当地的实际情况。财税政策工具支持养老服务业发展的文本实践清晰地表明,养老服务业对教育产业、文化产业、旅游产业、战略性新兴产业等财税政策工具存在简单的复制和移植现象。在未能深挖养老产业自身特性的情况下,简单复制财税政策工具势必导致"水土不服",这种以政策经验为基础的工具移植,难以实现政策工具与产业发展的深度融合。[④] 5号文规定"聚焦减税降费,养老服务机构符合现行政策规定条件的,可享受小微企业等财税优惠政策"。但根据规定,小微企业要同时符合年度应纳税所得额不超过300万元、从业人数不超过300人、资产总额不超过5000万元3个条件。[⑤] 对于养老机构来说,很难同时符合这些条件,尤其是从业人数和资产总额。以南京朗诗常青藤养老服务有限公司为例,其包括专业护理团队、康复团队、营养师团队等专业团队,有南京宁康苑站等22个居家上门服务点,需要大量从业人员,从业人数不超过300人并不现实;其有4个日间照料中心,仅南京一处的建筑面积就有7000平方米,加之各种设备,资产总额很容易超过5000万元。另外,很多农村地区虽然建立了以养老为目的的"幸福院",但由于缺乏运营资金等问题,很大一部分处于瘫痪状态。再如,个税递延型商业养老保险,从成效看,存在诸如投保门槛高、流程烦琐、优惠力度不足、管理费用高、收益低等问题,大范围推广还面临一些困难。[⑥]

---

① 参见民政部《关于进一步扩大养老服务供给 促进养老服务消费的实施意见》(民发〔2019〕88号)。

② 参见王飞、池建:《我国体育产业发展的制度约束》,载《首都体育学院学报》2014年第4期。

③ 参见苑新丽、冀政宇、孙珍珍:《推进养老服务业发展的税收优惠政策探讨》,载《山西财税》2018年第10期。

④ 参见杨复卫、张新民:《支持养老产业发展的财税政策工具选择与应用研究》,载《西南大学学报(社会科学版)》2017年第6期。

⑤ 参见财政部、国家税务总局《关于实施小微企业普惠性税收减免政策的通知》(财税〔2019〕13号)。

⑥ 参见贾丽萍:《多层次养老保障体系的国际架构与中国治理实践》,载《社会科学战线》2021年第4期。

财税政策工具的使用方面,31 个省(自治区、直辖市)并没有完全考虑当地的实际情况,只是简单重复、机械照搬了中央政策的内容。但各地老龄化的状况是不一样的,既有老年抚养比相对较高的四川(23.2%)、江苏(21.2%)、安徽(20.7%),还有老年抚养比较低的西藏(8.9%),①也有上海、北京、广东等经济发展引发的老龄化,更有甘肃、贵州、青海等地区未富先老比较严重的老龄化,以及黑龙江、吉林、辽宁等人口外流老龄化不断加剧的情况。不同地区,老龄化的成因和情况等并不完全一致,完全采用一样的财税政策工具,其效果必然大打折扣。即使 35 号文所列的财税政策工具,各地也没有用足,如陕西省人民政府《关于加快发展养老服务业的意见》就没有列明政府购买服务、财政贴息、小额贷款、职业培训、职业技能鉴定补贴等。

六、实然政策调适:养老服务业财税政策的法治化改造

解决养老服务业财税政策存在的问题,法治化改造是康庄大道。在立法层面,对财税规则进行位阶提升、实体要求和程序控制,建构统一、协调和有效的财税政策体系,核心在于植入保障老年人基本权利、推动养老服务业健康持续发展等目的性条款,统领整个财税制度,解决财税政策"公私养老机构二元分化"等问题;在法解释层面上,善用养老服务业主管部门、财税机关等联合制定规则的形式,充分体现财税政策的产业属性;执行落实中,合理划分养老服务业主管部门、财税机关、市场监管以及发展和改革委员会等部门的权、责、利,实现部门的协同合作,促进财税政策与金融、竞争、消费引导和产业布局等关联政策的融合协调,推动养老服务业政策更好地落地。

(一)立法层面:推动财税政策的法治进阶

在立法层面,对财税规则进行价值植入、位阶提升、内容优化等,建构统一、协调和有效的财税政策体系。具体来说,首先,植入保障老年人基本权利、推动养老服务业健康持续发展等目的性条款,建构基础性规范,统领整个财税制度。从根本上来说,保障老年人基本权利这一根本价值,既能为财税政策支持养老服务业奠定正当性基础,也能防止财税政策偏离方向,使其始终围绕老年人的基本需求。其次,提高财税政策的法律位阶,对其进行体系化改造,形成完整的规则体系,增强其权威性和可操作性,可使财税政策工具的运行有更坚实的法律依据,也能够对财税政策进行系统的阐释和运用。

对于财税政策的内容进行合理设计,建构完善的财税制度,更加有效地支持养老服务业的发展。第一,需求方的财税制度,要能够切实减轻家庭负担,增加养老服务的

---

① 数据截至 2019 年年底,数据来源:国家统计局。

购买能力。进一步增加对老年人的直接补贴,完善向社会组织购买服务并提供给老年人等形式;推进递延个人所得税方法以促进商业养老保险,提高补充养老的效能。其"不仅可以享受跨期税率差异的收益,增加了即期消费水平,而且有利于退休后获得更高的养老保障水平";①结合被赡养人的年龄、收入水平和健康状况,以及赡养人的实际赡养支出设计更具针对性的个人所得税扣除政策,②提高家庭养老服务的购买力。第二,对于供给方的财税支持政策,要破除公立与民办二元性,缩小营利性养老机构与非营利性养老机构之间的支持力度差距,吸引更多民间资本进入养老服务业。调整财税支持政策结构,除传统的财政直接投资、财政补贴外,还要充分发挥政府购买服务等财税政策工具的功能,如浙江省明确规定各级人民政府应当建立健全政府购买养老服务制度。③ 明晰财税支持政策适用条件,保障其合理性。如对财政补贴,可进行如下要求:"养老机构收住下列情形之一的老年人,可以申请同级人民政府给予补贴:(一)无经济收入、无赡养人且无抚养人的;(二)收入低于生活保障标准的;(三)其他特殊情形。补贴标准,由民政部门提出,财政部门核准,并根据收养此类老人的多少给予适当的奖励或政策优惠。"④这也符合完善政府对养老服务机构运营补贴方式方法,由"补砖头""补床头"向"补人头"转变的要求。⑤ 第三,采取有利于吸引养老服务业从业人员的财税支持政策。对于养老服务业的从业人员,不仅给予培训补贴、职业技能鉴定补贴、入职补贴和岗位补贴等,还可以考虑对其收入采取税收减免等措施,尤其是对入职奖励等的减免。

(二)法解释层面:引入养老服务业主管部门的参与

在法解释层面,主要是善于运用民政、卫生健康等养老服务主管部门、财税机关等联合制定规则的形式,引入主管部门参与,对财税政策进行解释,加大对养老服务业的支持。但规则的制定要严格遵守财政法定原则,不能超出权限而创制新的规则。"观测我国财税行政管理体制可知,能够对税法行使行政解释权的机关包括国务院及其所

---

① 王晓洁、陈肖肖、李昭逸:《实施积极应对人口老龄化的税收政策:挑战与实现机制》,载《税务研究2021》2021年第12期。

② 刘华、王姣、邹典璋:《老龄化背景下养老保障税收优惠政策的国际经验及启示》,载《税务研究》2021年第11期。

③ 参见《浙江省社会养老服务促进条例》第38条。

④ 邬沧萍、顾鉴塘、谢霭、邓国胜等:《发展老龄产业:应对人口老龄化的一项重要战略》,载《人口研究》2001年第2期。

⑤ 参见中共中央、国务院《关于完善促进消费体制机制进一步激发居民消费潜力的若干意见》(2018年9月20日)。

属关税税则委员会、海关总署、财政部及其所属机关、国税总局及其所属机关,此外还包括地方财税部门。在这些机关中,国务院分身乏术,关税税则委员会和海关总署只适宜对关税、进口增值税和进口消费税行使有限解释权,地方财税部门无力掌控全局。因此,税法解释权主要归于国税总局和财政部。"①我国财政支出类规则等主要由财政部负责解释。但是财税机关并不熟知不同产业的特性,不可能深入各行各业,很难根据每个产业的特性配置完全适当的政策工具,这就需要养老服务业主管部门的参与,使财税政策更加合理有效。如76号文就采用了财政部、税务总局、发展改革委、民政部、商务部、卫生健康委等部门协同订立规则的方式,抓住了养老服务的重点——社区养老,体现了养老服务的产业属性,改变了以前公私分立的优惠模式,以提供社区养老服务作为优惠的条件。

(三)执行落实层面:建立多部门合作机制和不同政策融合机制

财税政策从制定到作用于养老服务业并发挥相应功效,执行落实是重要一环,而"落地难"是通病。除财税政策本身的问题外,养老服务业主管部门、财税机关、市场监管以及发展和改革委员会等不同部门协调困难也是重要原因。要想提高财税政策执行落实的有效性,可以尝试运用"政策网络理论"等阐释落实财税政策中不同部门间的互动博弈关系,并以此为基础设计落地方案。与此同时,明确不同部门在财税政策落实中的权、责、利,推动多部门协同合作,为老年人提供协调、无缝的服务,减少老年人的困扰,确保他们的需求被整体考量。因此,"有必要全面梳理我国各级政府、各类机构和各地区在老龄化治理上的资源投入、职权内涵、政策积累和发展目标,建立健全在信息交换与沟通、资源投入和共享、权力与责任调整、决策咨询与参与、政策实施支援体系与网络建设、政策效果评估等方面的跨部门和跨区域协作的行政统筹机制"。②

进行政策整合配置,推动财税政策与金融、竞争、消费引导和产业布局等关联政策的融合协调。《国民经济和社会发展第十四个五年规划和2035年远景目标纲要》明确提出:"坚持规划定方向、财政作保障、金融为支撑、其他政策相协调,着力构建规划与宏观政策协调联动机制。"当前,对养老服务业产生重要影响的政策主要有金融、竞争、财税、消费引导和产业布局等。这些政策的合理搭配,主要是指各政策均充分发挥自身作用,保持方向的一致性——促进养老服务业健康持续地发展,形成完整的政策体系。金融政策在于为养老服务业提供更广阔的融资渠道,解决养老服务业"融资难"的

① 叶金育:《国税总局解释权的证成与运行保障》,载《法学家》2016年第4期。

② 胡湛、彭希哲:《应对中国人口老龄化的治理选择》,载《中国社会科学》2018年第12期。

问题;竞争政策在于规范养老机构的竞争行为,营造良好的市场环境;[①]财税政策主要在于通过运用多种财税工具,引导和带动养老服务业的健康持续发展;消费政策方面在于多举措推动老年人消费,以消费带动产业的发展;产业布局政策在于产生集聚效应,使养老服务业与医疗、餐饮等产业有机结合,共同发展。各政策如果能够相互配合,实现优势互补,政策的整体效果才能更好地发挥。如财税政策与产业布局政策配合,既可以保障财政资金的合理投向,还能使养老服务业与其他产业形成集聚效应,协同开发,实现共同发展,打造一批主导产业突出、产业链条完整、服务功能完善的养老服务业园区。如果仅有财税政策,极有可能出现"独木难支"的局面,效果也会大打折扣。即使财税制度再优良,金融、竞争和消费引导政策等不发力,也难以带动整个养老服务业的发展。

(四)绩效评估层面:建构财政投入绩效评价机制

财税政策体系运转效果必须要跟踪评估,这样才能了解情况、发现问题,根据实施情况不断调整,决定财税政策的去向、对政策资源进行有效配置、检验政策质量、强化政府的责任,保证其能够实质性地促进养老服务业的发展。因此,要逐步确立财政投入绩效评价机制,及时有效地反馈财政资金的运行效果。[②] 对于此项工作,首先,要明确绩效评估的目标,即促进养老服务产业的发展,保障老年人的基本权利。其对评估工作的开展具有指导作用,导引评估工作的开展,也是评估指标设定的基础。其次,明晰评估的指标体系,并赋予各指标相应的权重。其中,最关键和核心的指标是,通过财税政策的选用和组合配置,养老服务业是否得到了持续稳定发展、运行状态良好,老年人权益是否真正得到了保障、基本权利是否得到了实现,如养老服务机构床位数是否增加、养老服务种类是否扩展、老年人服务满意度是否提升等。再次,还需知晓评估的程序,着力分解评估各阶段的主要任务。厘清财税政策评估的权责配置,明确评估主体及相应权义与责任,可吸收专家学者或者专业的第三方进入评估,获得中立客观的评估结果。最后,建立绩效评估的监控制度,确保促进养老服务业发展的目标按质按量完成。即使财税政策偏离了目标,没有达到效果,也可及时纠偏和调整,采取相应的补救措施。

---

① 参见民政部《关于进一步扩大养老服务供给 促进养老服务消费的实施意见》(民发〔2019〕88号)明确要求全面建立开放、竞争、公平、有序的养老服务市场。

② 参见海龙:《城乡居民基本养老保险财政补贴政策的缘起、发展与走向》,载《中州学刊》2021年第4期。

【域外法动态】

全球反不正当竞争法的发展趋势*

丁茂中** 于之齐***

摘　要：世界其他辖区的反不正当竞争发展动态充分证明，反不正当竞争监管趋势的主流特质变化，具体包括反不正当竞争监管的扩大化趋势、反不正当竞争监管的精细化趋势和反不正当竞争监管的现代化趋势。我国可以考察反不正当竞争监管趋势的主流特质变化，以促进我国反不正当竞争法的进一步完善。

关键词：不正当竞争；政府监管；扩大化；精细化；现代化

一、日本反不正当竞争监管的主流变化

反不正当竞争监管趋势目前呈现三大主流变化，即反不正当竞争监管的扩大化趋势、反不正当竞争监管的精细化趋势和反不正当竞争监管的现代化趋势。

（一）日本反不正当竞争监管的扩大化趋势

1. 反不正当竞争监管的扩大化趋势之外在表现

首先，突出表现在不正当竞争行为的大类数量不断增加上。日本1934年的反不正当竞争法总共设置了6个条款，其中并未设置不正当竞争行为的一般条款，具体列举的不正当竞争行为仅有3类，即知名商品表示的引人混淆行为、虚假原产地的引人误认行为、信用毁损行为。为了应对1934年《保护工业产权巴黎公约》（以下简称《巴黎公约》）的修订而在1938年所作的修订，日本反不正当竞争法就增加了知名营业表示的引人混淆行为和损害他人营业信用的散播虚假事实两类不正当竞争行为。在1950

* 国家社会科学基金重大项目“适应新时代市场监管需要的权力配置研究”（项目编号：20&ZD194）的阶段性研究成果。

** 法学博士，上海政法学院教授、博士研究生导师。

*** 法学硕士，上海政法学院竞争法研究中心研究人员。

年的修订中,日本反不正当竞争法又增加了来源地的引人误认行为和商品的品质、内容、数量的引人误认行为两类不正当竞争行为。若用现在的眼光审视日本这两次反不正当竞争法的修订,确实可以说在某种程度上其偏重对知名商品表示的引人混淆行为、虚假原产地的引人误认行为、信用毁损行为这三者所对应的大类不正当竞争行为所作的具体情形健全。但是,日本反不正当竞争法在1990年因《关税及贸易总协定》(General Agreement on Tariffs and Trade,GATT)对商业秘密保护的再三强调而将涉及商业秘密的不正当竞争行为列入其所规制的不正当竞争行为中,这毫无疑问使其在大类上有了实质性增加。

1993年的日本反不正当竞争法修订又增加了两类不正当竞争行为,即著名标识冒用行为和商品形状模仿行为。为了贯彻《防止在国际商务中贿赂外国公务员的公约》要求各成员采取必要措施预防与制止国际商务中贿赂外国公务员以扭曲贸易、投资等方面竞争条件的不正当竞争行为,日本在1998年的反不正当竞争法修订中增加了禁止以获取不正当利益为目的的向外国公务员等提供利益的行为,这明显与之前所列的不正当竞争行为比又有了重大突破。基于保护数字化产业健康发展需求和预防和制止各种擅自视听或复制行为等,日本反不正当竞争法在1999年的修订中增加了不正当限制技术行为,这在不正当竞争行为的大类上又有了明显发展。2001年的日本反不正当竞争法修订又增加了与域名有关的不正当竞争行为,这在性质上也有重大的变化。伴随物联网、人工智能等信息技术的飞速发展以及企业竞争力的源泉正在向数据、分析方法及利用这些技术的产品和商业模式转移,日本反不正当竞争法在2018年将限定对方作为行业提供的数据的不正当取得、使用以及披露行为认定为不正当竞争行为。

目前,日本反不正当竞争法规定的不正当竞争行为在大类上一共有10种,它们分别为引起知名标识的混淆、著名标识的冒用等、形态模仿品的提供等、商业秘密的侵害、限定提供数据的不正当取得等、经营用技术性限制手段的无效化装置等的提供行为、域名的不正当取得等、误认引起行为、商业信用的毁损、代理人等的商标冒用等。①

其次,突出表现在不正当竞争行为的小类数量不断增加上。根据《防止虚假或引人误认的原产地标识的马德里协定》,日本1953年的反不正当竞争法修订在相关条款中增加了“以公众所知的方法进行交易的文件或通信”这项内容。1965年的日本反不正当竞争法修订根据1958年修订的《巴黎公约》,在相应的条款中增加了“引人误认为

---

① 需要特别指出的是,在这些不正当竞争行为的大类变化背后,实质上还隐藏反不正当竞争法在调整对象和规制理念上的不断扩大。从起源上来讲,反不正当竞争法在初始性质上是一种特殊的侵权法,而在后续的演化过程中,其逐渐超出了这个初始范畴,慢慢同时兼具了竞争法的特质,也就是对竞争秩序的保护,而非仅仅基于对特定主体的权益救济。

在同一国内的其他地方生产的表示”,“制造方法、用途”,禁止其他盟国商标所有者在日本的代理人或代表者擅自使用商标、政府间国际机构的纹章等的使用禁止。1993年的日本反不正当竞争法修订,将原产地等引人误认行为的对象从先前的商品扩大到服务范围。为了与日本2002年制定的《知识产权战略大纲》保持必要的一致性,日本在2003年的反不正当竞争法修订中明确将通过电信线路提供不正当使用他人商品标识等的行为规定为不正当竞争行为。出于应对非法盗版游戏软件等能够使用的装置等横行现象致使相关供应商深受其害这类新的问题,日本2011年的反不正当竞争法修订将使技术性限制手段无效化的功能以外的功能装置之类的提供行为纳入相应不正当竞争行为类别的范畴。

2. 反不正当竞争监管的扩大化趋势之内在缘由

其一,主要是经济业态的不断增加。日本反不正当竞争法最早规定的不正当竞争行为只有知名商品表示的引人混淆行为、虚假原产地的引人误认行为、信用毁损行为这3类。这并非偶然的,它具有客观的必然性。事实上,几乎所有涉及市场活动的立法在起源阶段基本都是比较单薄的,特别是有关行为规范的具体条款。究其缘由,主要是相应阶段的经济业态无论是在形式还是内容上都比较简单。就日本反不正当竞争法最早规定的三类不正当竞争行为而言,它们聚焦在商品和商家上,基本立足于对有形要素的保护需求。随着经济的不断发展,经济业态也在不断增加,这就为新的不正当竞争行为的滋生或者演变打开了新的空间,最为明显的就是技术这个无形要素的重磅加入。与此相关,在日本反不正当竞争法的修订中,有很多非常直观的具体表现。虽然日本反不正当竞争法在1990年的修订中对涉及商业秘密的不正当竞争行为作出规定,在形式上是因为GATT对商业秘密保护的再三强调,但是在实质上也是因为技术这个无形要素的比重在不断加重。从以往的实践来看,尽管随着经济业态的不断丰富而滋生出的不正当竞争行为并不一定都会超出原有法律规定所列具体情形的适用范畴,但是它们在整体上确实会不断冲击既有的立法。在这种情况下,除非通过判例等其他方式进行补缺,否则其他常规的举措尤其是在大陆法系国家,就只能通过法律修订的方式进行补缺了。

其二,主要是规避举措的不断增加。趋利避害是人的本性,这种特质也会衍生到法人类型的经营者身上。这在企业日常经营行为活动中有很多表现,其中之一就是对法律不同程度地规避。“现在大量的不正当竞争行为从逃向第二条到逃向互联网专条兜底条款。”①可以非常肯定的是,互联网领域的上述现象只是这类现象的冰山一角。

① 姜广瑞:《互联网专条兜底条款的法律适用》,载腾讯网,https://new.qq.com/rain/a/20210511A0C4ZL00。

从以往经验来看,即便是在传统领域,类似问题也是比比皆是。譬如,将他人商标用于其他类别商品。如果既有的规定缺乏足够的延展性,那么这就极易导致法律出现漏洞或者其他制度供给问题。日本最早的反不正当竞争法只是具体规定了3类不正当竞争行为,并未设置一般条款,这就使其必然会面临此类问题的严重挑战。虽然在不正当竞争行为的小类条款中也设置兜底条款或/和在整个立法中设置一般条款可以在一定程度上应对规避带来的挑战,但是法律适用的要求在客观上还是使这类问题需要尽量通过更具体化的规范来进行处理。为此,进行相应的法律修订无论是从形式还是内容来看,在客观上都会使不正当竞争行为的规制条款不断增加,不正当竞争行为的类型也会随之不断增多。

(二)反不正当竞争监管的精细化趋势

1. 反不正当竞争监管的精细化趋势之外在表现

首先,突出表现在商业秘密保护的规定健全上。日本在1990年的反不正当竞争法修订中将涉及商业秘密的不正当竞争行为列入其所规制的不正当竞争行为中,并且对涉及商业秘密的不正当竞争行为设置了废弃、消除请求权的相关规定。2003年的日本反不正当竞争法修订引入商业秘密刑事保护,对非法获取、使用或披露他人商业秘密的行为设置了刑事处罚规定等。2004年日本反不正当竞争法的修订导入了保密命令,法院可以命令当事人等不得为诉讼目的以外的任何目的,使用或披露书面资料或证据中包含的商业秘密;并完善了所谓的不公开审判程序,法院在审理文件提交命令时认为有无拒绝提交文件的正当理由需要听取意见时,可以向当事人等公开相关文件。日本在2005年的反不正当竞争法修订中加强了商业秘密的刑事保护,将以不正当竞争为目的,使用和披露从日本带出的商业秘密的行为,以及基于在任职期间承诺的原干部和原雇员使用和披露商业秘密的行为,作为刑事处罚对象。2006年日本反不正当竞争法的修订强化了对侵害商业秘密的刑事处罚,将侵犯商业秘密罪的刑罚标准提升至10年以下有期徒刑或1000万日元以下罚款。

2009年的日本反不正当竞争法修订在此作了更大健全:一是变更商业秘密侵害罪的目的要件,从“以不正当的竞争为目的”变更为“以获取不正当利益或损害其拥有者为目的”。二是扩大第三方不正当获取商业秘密的刑事处罚对象范围。修订前仅限于通过欺诈等行为或管理侵权行为、获取商业秘密记录介质等或复制商业秘密记录等的商业秘密获取方式;修订后取消了其限制,并以图利加害为目的,通过欺诈等行为或管理侵权行为、非法获取商业秘密的行为,均被作为刑事处罚对象。日本在2011年的反不正当竞争法修订中进一步完善了保护商业秘密内容的刑事诉讼程序及加强了技术限制措施纪律,包括法院根据受害者等的申请,可以决定在公开审理中不公开特定的商业秘密等。2015年的日本反不正当竞争法修订又扩大刑事、民事保护范围,完善了对商业秘密转手者的处罚规定,导入了商业秘密侵害品的流通限制制度等。可以说,对商业秘密保护的完善是日本21世纪反不正当竞争法的修订重点。

其次,在其他方面也有重要表现。相对分散的,例如,1993年的日本反不正当竞争法修订明确了知名性要件,明确了预防请求权、废弃消除权,删除了行使工业产权的适用除外规定等。相对集中的就是有关商业贿赂的规定完善,包括:1998年的日本反不正当竞争法修订禁止以获取不正当利益为目的地向外国公务员等提供利益的行为,对违反禁止事项的人进行处罚,对法人的处罚金额上限提高到3亿日元;2001年的日本反不正当竞争法修订明确无论行贿方的主要办公地点与受贿方的外国公务员所属国家是否相同,"在国际贸易中"实施的贿赂行为都作为处罚对象;2001年的日本反不正当竞争法修订进一步完善了关于外国公务员非法利益提供罪的处罚规定。

2. 反不正当竞争监管的精细化趋势之内在缘由

其一,主要是政府干预的规范性要求在不断提高。"当政府政策或集体行动所采取的手段不能改善经济效率或道德上可接受的收入分配时,政府失灵便产生了。"①在这种背景下,强化政府干预的规范性成为实施市场经济国家的普遍做法。就性质而言,反不正当竞争法也是政府干预市场的一种重要方式。日本反不正当竞争法在不正当竞争行为的大类和小类上的逐渐扩大,意味着政府干预市场的敞口也在随之变大。如果相应的法律规定是比较粗糙的,那么就会使反不正当竞争执法机构在适用反不正当竞争法的过程中有较大的自由裁量空间。不言而喻,这将在客观上直接影响政府干预的规范性程度。在根据需求局部性扩大干预范围的基础上,通过对所涉条款及其相关内容进行不断细化,可以进一步有效规范反不正当竞争执法在适用反不正当竞争法的过程中的具体操作,从而在最大限度上减少潜在的随意性。

其二,主要是不正当竞争行为法律责任日趋严厉。简要梳理一下日本反不正当竞争法的修订不难看出,日本对不正当竞争行为设置的法律责任在整体上越来越严。这具体表现在两个方面:一是罚款越来越严。例如,1950年的日本反不正当竞争法修订在罚款上将先前的1000日元上限改为20万日元上限,1990年的日本反不正当竞争法修订则将20万日元上限调到50万日元上限,2006年的日本反不正当竞争法修订最高提到1000万日元。二是刑罚越来越严。例如,1950年的日本反不正当竞争法修订在刑罚上设为3年以下的有期徒刑,2006年的日本反不正当竞争法修订在刑罚上有的可

---

① [美]萨缪尔森、[美]诺德豪斯:《经济学》(第12版)(下册),高鸿业等译,中国发展出版社1992年版,第1189页。

以高达 10 年有期徒刑。在这种背景下,所涉的行为规范条款自然就应当需要更具体、明确。如果相关条款尤其是存在刑事责任的条款在立法上出现较大的模糊性时,就极易导致刑事责任在实践操作中发生泛化问题。由此首先会给相关的自然人带来巨大的社会影响,包括工作岗位丢失和不良的犯罪记录等;其次往往会给企业的日常经营带来巨大的社会影响,包括为了在最大限度上规避潜在的风险而放弃对一些商业领域的探索。客观而言,法律条款的进一步明确必然有个过程,这通常需要通过法律修订的方式来进行。

其三,主要是竞争合规促进逐渐与事后规制并重。虽然确保经营行为在最大限度上不会触及竞争法是企业自身固有的义务,但是越来越多的国家格外重视促进企业竞争合规工作。企业竞争合规不仅对经营者自身具有重要价值,而且对整个社会具有正外部效应。即便一项违规竞争行为迅速得到有效规制,其往往也会对市场产生不同程度的负面影响。如果能够在最大限度防患于未然,那么效果则是最理想的。这也就是为何越来越多的国家格外重视促进企业竞争合规工作的原因。尽管企业竞争合规的具体开展受诸多因素的影响,但是法律规范的明确性和清晰度应当是关键。若所涉问题在实践中越为普遍或者常见,则这点在表现上就越为重要。这也正是日本反不正当竞争法在进入 21 世纪之后多次重点对有关商业秘密的规定进行不断完善的原因,其目的应当就是尽量减少这类不正当竞争行为及其可能给企业和市场带来不可逆转的影响的发生。

(三)反不正当竞争监管的现代化趋势

1. 反不正当竞争监管的现代化趋势之外在表现

首先,突出表现在监管对象的演进上。虽然日本在 20 世纪对反不正当竞争法进行了多次修订,但是监管对象在性质上基本停留在工业时代的内容上。例如,1950 年的日本反不正当竞争法修订增加了“来源地的引人误认行为”,增加了“商品的品质、内容、数量的引人误认行为”。非常明显,这些涉及的对象基本是工业时代的有形商品。在临近 21 世纪和进入 21 世纪以来,日本反不正当竞争法的修订开始大幅延展至互联网和数字经济。2018 年的日本反不正当竞争法修订将限定对方作为行业提供的数据的不正当取得、使用以及披露行为及其他相关行为纳入不正当竞争行为的规制范畴。就内容而言,这貌似与作为日本 21 世纪反不正当竞争法修订重点的商业秘密差异不大。实际上,它们之间还是存在实质区别的。如果说,日本 1999 年的反不正当竞争法修订增加“不正当限制技术行为”和对使利用或复印的管理技术无效化的设备和程序软件的销售行为等赋予禁止请求权等在此具有重要的里程碑意义,那么日本 2001 年的反不正当竞争法修订增加域名相关的不正当竞争行为在此则具有分水岭意义。非常明显，域名是互联网时代的标志性事项，对此所涉的相关问题进行具体规定至少可以说标志着日本反不正当竞争法开始超越了工业经济的时代范畴，初步完成了历史性的进化。

其次，突出表现在监管手段的演进上。除先前通过设置禁令请求权、废弃请求权、消除请求权、善意取得的适用除外等来使反不正当竞争的规制逐渐趋于周密外，日本在进入21世纪之后对反不正当竞争法的修订格外重视必要手段和机制的采纳与引入，这在有关商业秘密的法律完善上最明显。例如，2003年的日本反不正当竞争法修订强化民事救济措施，而在2004年反不正当竞争法的修订中，日本又导入了保密命令等。日本在2011年的反不正当竞争法修订中又相继采取了多项举措，包括法院根据受害者等的申请，可以决定在公开审理中不公开特定的商业秘密等。在2015年的反不正当竞争法修订中，日本又导入了商业秘密侵害品的流通限制制度、商业秘密侵害罪未遂罪、商业秘密侵犯罪海外重罚规定等。显而易见，这些举措都是紧跟实践的发展需要，具有明显的与时俱进的色彩。

2. 反不正当竞争监管的现代化趋势之内在缘由

其一，主要是科学技术的跨越式发展。虽然日本反不正当竞争法的制定在起源上最早是受德国的影响，但是直接促成日本反不正当竞争法出台的是当时的《巴黎公约》。“巴黎公约反不正当竞争条款在很大程度上是工业化时代欧洲国家反不正当竞争法的总结、吸收和延伸，在两者交互作用的基础上形成了传统的反不正当竞争法。其突出的标志主要是：与工业产权结缘，被纳入工业产权领域，二者客观上虽有密切联系，但更多是实用主义考虑；将保护对象限定为经营者或者竞争者，而不是消费者；巴黎公约支撑和推进了反不正当竞争规范的国际一体化。”①非常明显，现代社会的环境已经发生了巨大的变化。伴随芯片制造、算法运用、数据采集、人工智能等领域相关技术的不断突破，无论是日本还是世界其他的重要经济体，都正在加速进入后信息社会。法律作为社会活动的调整规则，必须跟着社会环境的变化而不断调整，包括调整的幅度与调整的频率。事实上，这在日本反不正当竞争法的修订上表现得非常明显。由于科学技术在相应阶段的迭代性不是很大，日本反不正当竞争法在20世纪90年代之前的修订无论是在幅度还是频率上都远远低于之后的修订，而导致20世纪末至今日本反不正当竞争法频繁且大幅修订的核心缘由就是技术飞速发展引发的社会环境的日新月异变化。标志性的技术就是具有很强迭代性色彩的互联网技术、数字化技术、人工智能技术等。

---

① 孔祥俊：《论反不正当竞争法的现代化》，载《比较法研究》2017年第3期。

其二,主要是社会治理的应变性需求。随着市场的快速发展,经营者之间的竞争压力也在不断加大。除商品的质量、价格、售后服务等传统要素外,这些竞争也逐渐演化到非商品要素之外的内容,特别是利用法律规则来进行博弈或者施压。例如,通过向执法机构进行投诉或者举报竞争对手侵害自己的商业秘密来干扰竞争对手的日常经营。这就要求立法必须对此作出必要及时的回应,包括反不正当竞争法。仔细观察一下日本在21世纪以来就商业秘密的保护问题进行的不断修订就可以看出,其在不断调整和优化商业秘密的纠纷处理机制。之所以如此,缘由就是在合理满足纠纷解决的基础需求之上,必须最大限度地防止相关商业秘密在这个过程中被他人尤其是别有用心的诉讼主体获得。伴随数字化和人工智能的深度发展,这类要求必然越来越高,特别是带有机制性的具体操作。

二、美国反不正当竞争发展状况

丰富且具有普遍性的内在缘由客观决定了日本反不正当竞争法的频繁修订现象背后实质折射出的反不正当竞争监管趋势的主流特质变化应当绝非个案,这在事实上也得到了较充分的验证。①

就形式而言,美国是没有专门的一部反不正当竞争法的;但是,美国在实质上是存在反不正当竞争法的,只是比较分散而已。

1. 美国反不正当竞争监管的扩大化趋势及其表现

根据美国反不正当竞争法的演进来看,美国的反不正当竞争监管也呈现扩大化趋势,这首先也突出表现在不正当竞争行为的大类数量不断增加上。"在美国,商标法的发展对反不正当竞争法可能最为重要,因为商标法构成了反不正当竞争法的核心部分。"②1948年美国颁布的《兰哈姆法》规定,本法的目的是通过使在商业中对商标的欺骗性和误导性的使用可诉,而在国会的控制下调控商业;保护在商业中使用的注册商标不受州或地区立法的干预;保护从事商业的人不受不正当竞争;防止因使用注册商标的复制品、伪造品、仿冒品或欺骗性的仿制品而造成商业中的欺诈和欺骗;通过美国和外国签订的关于商标、商号和不公平竞争的条约和公约的规定提供权利和救济。修订后的美国《联邦贸易委员会法》规定,商业中或影响商业的不公平的竞争方法是非法的;商业中或影响商业的不公平或欺骗性行为及惯例,是非法的。"该条既是反垄断

---

① 除美国和欧盟的实践外,韩国的实践也充分证明了这一点。由于篇幅限制问题,本文在此就只列举美国和欧盟的相关内容。

② [德]弗诺克·亨宁·博德维希主编:《全球反不正当竞争法指引》,黄武双、刘维、陈雅秋译,法律出版社2015年版,第767页。

(反托拉斯)的依据,又是联邦反不正当竞争的重要法源。但是,该条规定并未明确区分反垄断与反不正当竞争之间的界限,致使对其解读并不明确和统一。"①除上述规定外,美国还先后发布和修订了有关商业秘密保护的法律、反对商业贿赂的法律等。前者如1979年的美国《统一商业秘密法》,后者如1977年的美国《反海外腐败法》。非常明显,仅这些成文法就不断拓展了不正当竞争行为的具体类型。

事实上,美国还有其他诸多的法律渊源在此有直接表现。"与其他法律重述一样,《反不正当竞争法重述》没有强制性的法律效力,但是由于其规则的成熟与先进,以及美国法律协会在编纂重述方面享有的声誉,它一经公布就得到许多关注,并为包括美国联邦最高法院在内的许多法院在判决中引用。而这也正是它发挥作用的基本方式,即通过影响司法判决而在事实上起到准法律的作用。"②在内容上,《反不正当竞争法重述》有竞争的自由、欺骗性营销、商标法则以及对无形商业成就的侵占4个部分;在"欺骗性营销"这部分,它规定经营者在市场中推广其产品时,如果对其商品、服务或其他商业行为作出了有可能欺骗、误导未来消费者的陈述,并有可能对他人造成商业损害,须承担责任。就类别而言,这实质上就是所说的虚假或者引人误解的商业宣传。当我们进一步考察构成美国法律重要渊源的法院判例可以看到,美国在不正当竞争行为的小类数量上也有所增加。例如,就假冒而言,相关判决就分化出明示假冒、暗示假冒、反向假冒、反向暗示假冒等多类具体的情形。

2. 美国反不正当竞争监管的精细化趋势及其表现

从美国反不正当竞争法的演进来看,美国的反不正当竞争监管也呈现精细化趋势,这首先突出表现在商业秘密保护的规定健全上。美国早期以各州法或判例法为先导,以美国法学会《侵权法重述》《反不正当竞争法重述》等为基础,将有关商业秘密保护的判例进行汇编,而后美国国会又将有关商业秘密保护等的内容编入美国《联邦法典》,1948年将其整合为《商业秘密法》。《商业秘密法》后经数次修改,这些内容均成为美国法院对相关案件的重要裁判依据。美国法学会《侵权法重述》明确定义商业秘密并规定了具体的侵权行为,将窃取或泄露商业秘密作为不正当竞争行为加以规制。其虽不具有法源效力,但仍有法院据以作出裁判,因此其应具有事实上的法律约束力。1979年美国《统一商业秘密法》作为示范法在境内绝大多数州得以施行,统一了商业秘密的定义和保护范围,规定了侵害他人商业秘密行为的民事救济措施,但未涉及刑事制裁。因此,虽起到协调美国各州立法的作用,但仍无法解决跨州

---

① 孔祥俊:《论反不正当竞争法的现代化》,载《比较法研究》2017年第3期。

② 董晓敏:《美国的〈反不正当竞争法重述〉》,载《中国公证》2002年第5期。

商业活动中法律适用混乱的问题。1996年美国《反经济间谍法》主要规定非法获取商业秘密的行为人应负刑事责任,且让本国的商业秘密保护走向国际化,可追诉在境外实施的商业秘密犯罪行为。美国2013年出台的《外国经济间谍惩罚加重法》则将经济间谍罪的罚金上限提升至500万美元,组织犯此罪者可判罚1000万美元。2013年奥巴马政府为应对商业秘密窃取案件对自由贸易所造成的冲击,发布商业秘密保护战略。美国2016年颁行的《保护商业秘密法》旨在修正1996年《反经济间谍法》的内容,使联邦获得对窃取商业秘密行为的司法管辖权,同时通过统一的联邦制定法协调商业秘密保护立法;在具体内容上,其进一步对不当取得商业秘密或以不正当手段侵害商业秘密的行为作出明确规定,增加各种民事救济程序。在此之前,有关商业秘密的刑事案件由检察官依据《反经济间谍法》提起刑事诉讼,而有关商业秘密的民事案件则只能由私人依据各州的商业秘密保护法和反不正当竞争法提起诉讼。在《保护商业秘密法》通过后,当商业秘密被侵犯时,商业秘密持有人可以涉商业秘密案件属于联邦法律问题为由直接向美国联邦地区法院申请禁令和请求赔偿救济。此外,《保护商业秘密法》进一步强化了证据保全、禁令、扣押令等民事救济手段,以避免商业秘密损害进一步扩大。①

另外,在其他方面也有一定表现。例如,在虚假不实广告上,美国联邦贸易委员会将其进行格式化,具体包括不实及欺诈性广告、不正当广告、吹嘘广告、诱饵广告、虚假不实的推荐或证言广告、保证广告、电视模型试验广告、香烟广告和信用消费广告9小类。另外,有些广告虽然不具有欺骗性,但是也会被认定构成不正当竞争行为。譬如,利用弱势群体(如老人、儿童)的声明,以及消费者因广告主隐瞒了产品或广告中提及的竞争对手产品的重要信息而无法作出真正的选择。

3. 美国反不正当竞争监管的现代化趋势及其表现

根据美国反不正当竞争法的演进来看,美国的反不正当竞争监管也呈现现代化趋势,这首先突出表现在监管对象的演进上。就相关的成文法而言,除前面提及的法律外,美国还在1997年颁布了《网络著作权责任限制法》《世界知识产权组织著作权条约实施法》《数字著作权和科技教育法》等,在1998年颁布了《千禧年数字著作权法》。它们对互联网领域的一些不正当竞争行为作了规定,包括网页抄袭、不正当链接、关键词的不当利用等。譬如,《千禧年数字著作权法》明确禁止任何人明知以及故意地引诱、促使、促进或隐藏侵害事实,或散布或为散布而引进错误的著作权管理信息;禁止任何人在明知该行为将引诱、促使、促进或隐藏侵害事实的情况下,故意移除或修改任何著

① 参见李薇薇、郑友德:《欧美商业秘密保护立法新进展及对我国的启示》,载《法学》2017年第7期。

作权权利管理信息,或散布或为散布而引进已知在未经著作权人授权的情况下被移除或修改过的著作权权利管理信息。另外,美国同期的判例还开始对域名不正当竞争问题进行回应。非常明显,伴随互联网的飞速发展,美国对不正当竞争行为的规制,也逐渐开始超越工业经济的有形商品,向互联网经济的无形商品拓展。美国近来热议的几部数字法案虽然在主要内容上确实关注的是反垄断问题,但是其中有些在性质上也不同程度地涉及不正当竞争问题,譬如,针对类似通过特定的算法将竞争对手的产品在搜索结果的显示上放在比较靠后位置的规制建议。

另外,在监管手段的演进上也有一定的表现。以商业秘密的保护为例,《保护商业秘密法》在免责上作了与时俱进的设计,以豁免为例,它规定,在下述情况中,任一主体披露商业秘密的行为在联邦或州商业秘密法的规定下都不需要承担刑事或者民事责任——(A)披露商业秘密系:(i)以保密的方式直接或间接地向联邦、州或地方政府官员、律师作出,且(ii)仅出于举报或调查涉嫌违反法律的行为的目的;或者(B)在诉讼或其他司法程序中,以保密形式在起诉状或其他法律文书中披露商业秘密。

三、欧盟反不正当竞争法的发展状况

就形式而言,欧盟也是没有专门的一部反不正当竞争法的;但是,欧盟在实质上也是存在反不正当竞争法的,只是比较分散而已。

1. 欧盟反不正当竞争监管的扩大化趋势及其表现

根据欧盟反不正当竞争法的演进来看,欧盟的反不正当竞争监管也呈现扩大化趋势,这首先突出表现在不正当竞争行为的大类数量不断增加上。虽然《欧洲共同体条约》第3条规定了正当竞争原则,但欧盟在20世纪80年代之前没有出台过任何有关不正当竞争行为的规制法律。直到1984年,欧盟才通过《误导广告指令》。该指令规定的不正当竞争行为只有一个,即误导广告。1999年,欧盟通过了《反腐败刑法公约》和《反腐败民法公约》,对商业贿赂的治理问题明确了欧盟与成员国的法律适用于司法管辖。2005年,欧盟发布了《不正当商业行为指令》,其在性质上可以说是欧盟较集中的反不正当竞争法,这无论是在形式上还是实质上都具有非常重要的历史意义。除规定认定不正当商业行为所要考虑的构成要件外,它还通过附录的方式详细列举了具体的不正当商业行为,包括误导型商业行为和压迫型商业行为。其中比较符合狭义上的不正当竞争行为的就有数十种,例如,不实宣称为某行为准则的签署者;未获必要授权而标记证明商标、质量标记或者类似标记;不实宣称行为准则已获得公权力或者其他机关的背书保证等。2016年,欧盟通过了《商业秘密保护指令》。该指令是以《与贸易有关的知识产权协议》第39条第2款为基础确立的商业秘密保护的基本原则,界定了商业秘密信息窃取的重要方式,并且规定了这些行为对应的惩罚性措施。

另外,在不正当竞争行为的小类数量不断增加上也有一定的表现。例如,前面提到的欧盟1984年才通过的《误导广告指令》所作的规定仅限于误导广告,而到了2006年,欧盟出台的《误导和比较广告指令》则将范围扩大到比较广告。就性质而言,这是对虚假广告行为内容的进一步扩充,只不过欧盟在此对比较广告的规制方式并不完全与误导广告一致。从《误导和比较广告指令》的规定来看,欧盟并未原则性地禁止比较广告,而是对其设立了合法性的限制条件,即只要符合规定要件的比较广告是可以进行使用的。

2. 欧盟反不正当竞争监管的精细化趋势及其表现

根据欧盟反不正当竞争法的演进来看,欧盟的反不正当竞争监管也呈现精细化趋势,这首先突出表现在商业秘密保护的规定健全上。虽然《商业秘密保护指令》在2016年才问世,但是欧盟早在2013年就已经开始系统推进这项工作,即商讨《防止未公开专有技术和商业信息(商业秘密)被非法获取、使用和泄露的指令草案》。2014年,欧盟又提交了商业秘密保护新框架以此为基础在经历多次修改后,才最终形成《商业秘密保护指令》。该指令对商业秘密的相关问题作了非常细的规定:在保护对象上,它规定了商业秘密的统一定义;在保护内容上,它规定不正当行为包括未经许可地接触、侵占或复制具体的商业信息;此外,所有"违反诚信商业实践"的行为也属于不正当行为;在侵权救济上,它规定拥有商业秘密的公司可以提出4种要求;在保护期限上,它明确商业秘密保护本身是无限期的,仅依赖秘密的保持;在保密举措上,它具体列举了可采取的保护措施。

另外,在其他方面也有一定的表现。例如,欧盟2006年出台的《误导和比较广告指令》详列了比较广告合法性的8个要件:一是不具有误导性;二是所比较的商品或者服务满足相同需求或者用于相同目的;三是客观上比较商品或者服务的一个或者多个重要的、相关的、可验证的及代表性的特质,可包括价格;四是不能诋毁或者贬损竞争对手的商标、商号或者其他区别性标识;五是对附有原产地标识的产品,只能在附有同样标识的产品间进行;六是不得不当利用竞争对手商标或者其他区别性标识的声誉;七是并未将商品或者服务模仿或者复制为载有受保护商标或者商号的商品或者服务;八是并未在广告商和竞争对手之间制造混淆。

3. 欧盟反不正当竞争监管的现代化趋势及其表现

根据欧盟反不正当竞争法的演进来看,欧盟的反不正当竞争监管也呈现现代化趋势,这首先突出表现在监管对象的演进上。除前面提及的指令外,欧盟先后还发布了《电子商务指令》《隐私保护和电子通信指令》等,它们有些条款在性质上也涉及不正当竞争行为的规制问题。非常明显,这些也开始超越工业经济的有形商品向互联网经济的无形商品拓展。2021 年,“欧洲议会内部市场和消费者保护委员会 11 月 23 日以 42 票赞成、2 票反对、1 票弃权的绝对多数通过了旨在限制国际互联网巨头不正当竞争行为的《数字市场法》建议案”。① 就严格意义来讲,欧盟在数字经济领域的最新动作应当是侧重于推动反垄断的规制发展。但是,其在客观上也会不同程度地涉及狭义上的不正当竞争行为的规制。譬如,平台通过技术手段刻意降低竞争对手在特定算法标准下的排名分值或者排名顺序,这在效果上就类似于“流量劫持”。在欧盟没有一部独立的反不正当竞争法的背景下,类似行为的竞争规制在客观上应当是无法被有效排除在反不正当竞争监管范畴之外的。

另外,在监管手段的演进上也有一定的表现。以商业贿赂的治理为例:欧盟在 1999 年成立了反欺诈办公室,负责监督欧盟资金使用情况,调查各类腐败行为;2013 年,欧盟组织独立专家组对各成员国反腐败工作进行评估,主要内容包括成员国腐败状况、采取的措施、取得的成效、造成的损失和今后的整改措施,促使成员国在反腐败领域积极采取行动。为发挥评估机制的作用,评估结果与其他欧盟项目直接挂钩,从而影响成员国获得的援助款比例以及新成员国能否加入申根区。

四、中国反不正当竞争法的优化

我国《反不正当竞争法》在近些年里自实施以来所作的两次密集修改客观顺应了反不正当竞争监管趋势的主流特质变化,我们应当在此基础上继续采取科学的举措,进一步完善我国反不正当竞争法。

(一)继续进行扩大化问题

1. 继续进行扩大化的现实诉求

过去几年的实践充分表明,即便是两次修改后的《反不正当竞争法》,其中不少所列的具体情形也已经无法有效满足规制需求。以新增的互联网专项规制条款为例,实践中出现的很多情形远远超出所列的三项具体规定。最为典型的就是屏蔽视频广告行为,这类纠纷在日常商业活动中也经常发生,如“深圳市腾讯计算机系统有限公司诉北京世界星辉科技有限责任公司不正当竞争案”。众所周知,屏蔽视频广告行为是特定经营者给某些视频用户的消费者提供了一种潜在选择,消费者通过浏览器提供的屏蔽功能可以直接跳过视频网站所设置的时长不一的商业广告,而这些服务通常只有购

---

① 《限制互联网巨头不正当竞争,欧洲议会通过数字市场法建议案》,载澎湃网 2021 年 11 月 24 日,https://m.thepaper.cn/baijiahao_15519422。

买了视频网站的会员才可以享有。对照一下应当不难看出,它既不符合“未经其他经营者同意,在其合法提供的网络产品或者服务中,插入链接、强制进行目标跳转”,也不符合“误导、欺骗、强迫用户修改、关闭、卸载其他经营者合法提供的网络产品或者服务”,更不符合“恶意对其他经营者合法提供的网络产品或者服务实施不兼容”。类似问题还有刷量行为,即为有需求的用户提供大量不真实的微信、微博等各种社交账号的点赞数、阅读数、分享数和粉丝数。

我们知道,国家市场监督管理总局2021年年初对唯品会(中国)有限公司罚款人民币300万元。该案是依据《反不正当竞争法》新增的互联网专项规制条款的兜底规定进行查处的。但是客观而言,这类情况在反不正当竞争执法的案件中占比是非常低的。究其原因,就是类似兜底条款在法律适用上指引性比较低,比较容易带来激烈争论,故使反不正当竞争执法在此问题上往往格外慎重。

除一些兜底条款外,无论是修改前的《反不正当竞争法》还是修改后的《反不正当竞争法》都设有不正当竞争行为的一般条款,只是具体内容有所变化。但是,“与法院频繁适用一般条款的情况不同,行政监管部门目前不能依据该条款展开执法。行政机关的监管执法遵循的是‘法无授权不可为’,而《反不正当竞争法》并未授权监管部门援引第2条的一般条款展开执法。该法第18条至第24条分别针对第二章的七种不正当竞争行为规定监管部门有权采取责令停止违法行为、没收违法商品或违法所得、罚款等措施,但未就违反第2条的情形加以规定,因此按现有规定监管部门没有依据第2条进行处罚的权力,同时该法第三章关于‘对涉嫌不正当竞争行为的调查’的规定同样无法适用于违反一般条款的情形。在实践中,监管部门严格遵守了立法者设定的权限,如广东省监管部门2020年共立案查处不正当竞争案件351宗,这些案件适用的全部都是《反不正当竞争法》第二章的规定,没有一宗案件是依据一般条款查处的。这是现有规定引致的结果”。[①] 不言而喻,这在客观上又大大抑制了反不正当竞争执法机构的执法效能。如果《反不正当竞争法》能够进一步具体列举各式各样的不正当竞争行为,那么反不正当竞争执法机构在此的情况就可以得到相应改观。

2. 适需继续进行扩大化的关注重点

就内容而言,应当重点关注法院依据《反不正当竞争法》的一般条款所作裁决的纠纷问题。从目前的实践来看,数据抓取引发的不正当竞争纠纷尤为突出。例如,广东省深圳市中级人民法院审理“深圳市谷米科技有限公司诉武汉元光科技有限公司不正当竞争纠纷案”,裁定武汉元光公司利用网络爬虫技术大量获取并无偿使用“酷米客”

---

① 彭运朋、于海洋:《反不正当竞争法一般条款的监管执法权研究》,载《知识产权》2021年第11期。

App 实时公交信息数据的行为,是一种不劳而获的行为,破坏他人的市场竞争优势,具有主观过错,违反了诚实信用原则,扰乱了竞争秩序,构成不正当竞争。除数据抓取引发的不正当竞争纠纷外,还有其他不少情形,如浙江省杭州市余杭区人民法院审理的“拜耳消费者关爱控股有限责任公司、拜耳消费者护理股份有限公司诉李某、浙江淘宝网络有限公司不正当竞争纠纷案”所涉的职业商标抢注人恶意抢注商标行为。法院裁定李某的获利方式并非基于诚实劳动,而是攫取他人在先取得的成果及积累的商誉,属于典型的不劳而获行为,该种通过侵犯他人在先权利而恶意取得、行使商标权的行为,违反了诚实信用原则,扰乱了市场的正当竞争秩序,应认定为《反不正当竞争法》第 2 条规定的不正当竞争行为。在充分吸取以往的经验与教训基础上,我们应当重点根据这些实践不断提炼和归纳,及时总结出相应具体类型的不正当竞争行为补充到《反不正当竞争法》中去,从而为反不正当竞争执法提供具体的法律依据,进而可以充分利用反不正当竞争执法机构的执法效能。

就方式而言,可以增加不正当竞争行为的大类。我国目前所列的具体不正当竞争行为有七大类,即混淆行为、商业贿赂、虚假或者引人误解的商业宣传、侵害商业秘密、不正当有奖销售、商业诋毁、互联网不正当竞争。如果确有必要,那么也可以根据需要将及时总结出的相应具体类型的不正当竞争行为进行大类化的增列。应当讲,这点对于充分利用反不正当竞争执法机构的执法效能是至关重要的。虽然因兜底条款在指引性上比较低而使反不正当竞争执法机构在此方面的适用上往往比较拘谨,但是反不正当竞争执法机构对此毕竟是有执法权的。正如前文所述,我国修改后的《反不正当竞争法》限制了反不正当竞争执法机构在一般条款上的执法权。毫无疑问,增加不正当竞争行为的大类可以有效解决这个问题,而且也可以实现立法所追求的制约。当然,如果在条件还不成熟的情况下对不正当竞争行为大类的增加可能导致条款之间在适用上存在冲突或者其他较大问题时,我们更适宜优先考虑在现有的不正当竞争行为的大类项下增加具体的小类。譬如,可以在互联网专项规制条款中进一步增列有关数据抓取的具体不正当竞争行为。

(二)继续进行精细化问题

1. 继续进行精细化的现实诉求

反不正当竞争监管的精细化趋势在我国 2017 年和 2019 年的《反不正当竞争法》修改上有非常直观的表现。以商业贿赂的规制为例:首先,商业贿赂的范畴定位步入历史正轨。修改后的《反不正当竞争法》将对方单位从商业贿赂的规制对象中删去,这种做法具有拨乱反正的性质,它使商业贿赂的法律规制历史性地步入正轨。其次,员工个人行贿问题得到明确性规制。修改后的《反不正当竞争法》第 7 条第 3 款规定:

"经营者的工作人员进行贿赂的,应当认定为经营者的行为;但是,经营者有证据证明该工作人员的行为与为经营者谋取交易机会或者竞争优势无关的除外。"以法律的形式直接对经营者的工作人员进行贿赂情形的责任主体范围作出明确规定,不仅彻底消除工商系统在之前的执法实践中客观面临的一系列问题,而且使立法本身无论是在形式上还是在内容上都得到了极大完善。

但是,现行《反不正当竞争法》在客观上还存在不少有待于进一步精细化的地方。仍以商业贿赂的规制为例,譬如,商业贿赂的主观要件表述比较模糊。修改后的《反不正当竞争法》第7条第1款对商业贿赂的主观要件作了表述,即"以谋取交易机会或者竞争优势"。虽然这并不是修改后的《反不正当竞争法》原创,中央治理商业贿赂领导小组在2007年5月28日印发的《关于在治理商业贿赂专项工作中正确把握政策界限的意见》就已经指出,"商业贿赂是在商业活动中违反公平竞争原则,采用给予、收受财物或者其他利益等手段,以提供或者获取交易机会或者其他经济利益的行为",但是它具有非常重要的现实意义,至少在形式上有助于进一步控缩商业贿赂的泛化问题。但令人遗憾的是,立法用语的非精确性使这种效果大打折扣,很难达到预设的理想目标。优胜劣汰是市场竞争的基本规律,经营者必须不断为己谋取交易机会或者竞争优势才能得以生存发展。因此,谋取交易机会或者竞争优势不仅是所有经营行为固有的潜在目的,而且是所有经营者必须完成的任务。所以,立法仅以谋取交易机会或者竞争优势作为商业贿赂的主观要件应当是很难将正当的商业行为与违法的商业贿赂进行有效区别的。

2. 继续进行精细化的关注重点

首先,应当是商业秘密的保护条款。虽然我国两次的《反不正当竞争法》修改都对商业秘密的相关内容重点作了改进,但现行规定还存在不少有待进一步完善的地方。例如,"最新的《反不正当竞争法》和《中美经济贸易协议》减轻了权利人在证明商业秘密秘密性和被告不当行为方面的举证责任。这一制度安排虽然在一定程度上降低了原告维权的难度,但是会不合理地加重弱势被告的负担,妨碍人才的自由流动,增加企业的管理成本。对中国的决策者来说,更合理的选择应该是,接受证明责任分配理论的指引,坚持让商业秘密权利人承担证明责任,重申合理的证明标准,然后为权利人履行举证义务提供更具体的指引。与此同时,决策者应该考虑利用实体法或程序法上的一些配套制度,比如,惩罚性赔偿、民事调查令、伪证责任、败诉方负担诉讼成本等,来减轻权利人的举证压力。决策者应避免将法律推定事实或证明责任倒置视为解决问题的唯一方案,否则会打破权利人与公众之间的利益平衡,损害中国的长期产业利益”。①

其次,应当是互联网专项规制条款。从实践来看,《反不正当竞争法》修改后新增的互联网专项规制条款确实存在不少问题需要加以完善,与此相关的就是恶意不兼容规定。一方面,所谓的不兼容在性质上不明确,使很多行为都可以被涵盖进来;另一方面,所谓的恶意在认定上缺乏较明确的标准,使主观定性存在很大的弹性空间。正因如此,该条款逐渐成为企业试图替代禁止滥用市场支配地位规定的重要选项。毫无疑问,禁止滥用市场支配地位的规定在适用上有严格的条件,至少包括行为主体是在相关市场上具有支配地位的经营者,实施了特定的行为,缺乏正当理由;若涉及兜底条款的应用或者将禁止滥用市场支配地位制度定位为对具有市场支配地位经营者特别潜在的竞争审查时,则还需要所实施的行为存在排除限制竞争的效果。无论是从形式还是内容来讲,这两者之间应当存在区别,但是,恶意不兼容规定在客观上确实可以替代禁止滥用市场支配地位的相关内容,尤其是在差别待遇上。譬如,某平台禁止特定竞争对手的视频在自己的平台上点播,但是允许其他具有合作关系的经营者将相关视频放在该平台上播放。就潜在的性质而言,这类现象最有可能涉及的便是差别待遇。但由于其在适用上有较高的门槛,所以便有人将目光转向恶意不兼容规定。从宽泛意义上来说,这类现象也确实可能构成恶意不兼容,但是,这就出现了法律的竞合。从应然的角度来讲,反垄断法与反不正当竞争法理应分工明确。

最后,应当是商业贿赂的规制条款。除前面提及的问题外,目前有关商业贿赂的规定还存在其他问题。修改后的《反不正当竞争法》第 7 条第 3 款在将经营者的工作人员进行贿赂原则性地推定为经营者的行为基础上,还允许经营者进行反证以获得责任的切割。虽然这种做法在形式上貌似具有一定的合理性,但是它在实质上却是非常不科学的。从实践来看,员工个人行贿通常都会给经营者带来不等的销量或者业务,这就使经营者至少具有纵容员工个人进行行贿的内在动因。在这种背景下,允许经营者对员工个人行贿进行反证以获得责任的切割,很有可能会成为一个随时被打开的商业贿赂版“潘多拉魔盒”。一方面,这可能导致经营者不会再把竞争合规的重点放在实质性的行为防范上,而是不知不觉地转移到对员工个人在商业贿赂禁止态度的形式告知上;另一方面,这还有可能导致经营者充分利用该规定来实施商业贿赂而却可以不用承担法律责任。例如,密谋通过员工进行商业贿赂以谋取交易机会或者竞争优势的经营者一开始就从形式上充分做好各类风险告知和合规要求,以便在面对执法机构的调查时证明与己无关,但是却通过超出正常业绩要求的压力以及采取比较模糊的纵容

① 崔国斌:《商业秘密侵权诉讼的举证责任分配》,载《交大法学》2020 年第 4 期。

态度实质性地推动员工进行商业贿赂。

(三)继续进行现代化问题

1. 继续进行现代化的现实诉求

应当讲,迄今经过两次修改的我国《反不正当竞争法》在客观上已经大幅完成了现代化的演进。对此,有的权威专家指出:“新修法的时代气息扑面而来。1993年立法之后的经济、社会和技术背景已发生翻天覆地的变化,修订法律的重要意图是除旧布新,使其反映时代精神和适应时代需求,实现法律调整的与时俱进。无论是理念层面还是制度层面,新修法都体现了鲜明的时代特点,具有浓厚的现代气息。例如,第12条互联网条款是互联网时代的产物;仿冒混淆、虚假宣传等行为中增加了涉互联网、电子商务等新技术和新经济的内容(如第6条第3项和第8条),如域名、网站名称、网页等成为新的商业标识,互联网技术的便利所带来的虚假交易等虚假宣传新问题。有些问题涉及传统规则的新延伸,传统规则需要扩展至新的经济技术领域;有些则需要另行创设新规则。尤其是新修法第2条第2款将损害消费者权益纳入考虑范围,彻底实现反不正当竞争基本范式的变革,直接导致该法跨入现代反不正当竞争法的行列,并必然深刻地影响到不正当竞争行为的认定、竞争关系的定位等问题。这些修订看似平常,却是该法在法律定位上的重大变革,表象背后有深刻的甚至革命性的意蕴变化,在法律适用上有待深入展开和发掘。”①

但是毫无疑问的是,近几年我国社会发展也进一步发生了较大变化,其中最突出的应当就是人工智能的发展。早在2017年,国务院就发布了《新一代人工智能发展规划》,指出:“人工智能是影响面广的颠覆性技术,可能带来改变就业结构、冲击法律与社会伦理、侵犯个人隐私、挑战国际关系准则等问题,将对政府管理、经济安全和社会稳定乃至全球治理产生深远影响。”根据以往的经验来看,人工智能成为经济发展的新引擎和人工智能发展的不确定性带来新挑战应当会给我国反不正当竞争法带来一些新的问题。譬如,特定经营者的人工智能系统在开发产品或者提供服务的过程中因意外性的技术问题而客观涉及不正当竞争的商业侵权之规制,域外被赋予特定人格的人工智能所创作或者设计的内容在我国境内被自然人或者法人在没有任何相应授权的情况下进行商业化利用的查处。

若就严格意义而言,我国《反不正当竞争法》的迄今两次修改应当只是就工业化向互联网时代的转变作了重要的阶段性响应,而并没有及时或者超前地对人工智能时代的发展作出有效响应。即便将互联网专项规制条款的兜底规定进行实质性放大,其也

---

① 孔祥俊:《论新修订〈反不正当竞争法〉的时代精神》,载《东方法学》2018年第1期。

最多算是对弱人工智能的相关问题进行了形式化响应,对于强人工智能涉及的诸多问题在适用上往往会面临不小挑战。事实上,弱人工智能向强人工智能不断演化过程中必然涉及的大数据使用和算法问题就已经使互联网专项规制条款在应对上逐渐显得力不从心,这突出表现在有关反不正当竞争法的一般条款在涉及数字经济领域甚至互联网领域纠纷案件的应用数量上。“人们在生产力、生产关系和上层建筑所有领域进行的创造性活动,即技术进步和制度变革都是一种创新过程。智能革命引发的法律、政策和伦理话题刚刚开始,伴随人类社会的知识创新,我们需要跟进理论创新和制度创新。”①不言而喻,作为我国市场经济秩序治理体系当中重要组成部分的反不正当竞争法,其必然也要对此作出及时的响应;并且毫无疑问的是,这必然是个不断演化的过程,相关内容的具体设计与改进绝不可能一劳永逸。

2. 继续进行现代化的关注重点

一方面,应当是新经济涉及的新行为。就现阶段而言,新经济应当主要是数字经济。虽然数字经济在很多方面确实发生了翻天覆地的变化,但也并非所有涉及此的行为都超出了现有不正当竞争行为的范畴,尤其是现行具体规制条款的适用范畴。譬如,数据交易过程中对所涉数据的内容所作的虚假或者误导性宣传,与传统的虚假或者误导性宣传并无二样。就反不正当竞争监管的现代化而言,我们需要特别关注的是那些即将或者极有可能会出现新行为的具体领域或者具体现象,譬如,目前正在兴起的元宇宙。应当讲,这个领域极有可能会催生新的不正当竞争行为。例如,随着实现眼、耳、鼻、舌、身体、大脑的6类需求有不同的技术支撑,连接不仅满足了需求,而且通过供给刺激需求、创造需求,现实世界的具体主体、虚拟世界的相应身份、被赋予特定人格的AI之间可能会交叉出现身份标识以及其他利益关系的混淆。相较而言,其中有些内容就必然会超出当前范畴。这就需要我们在现有的反不正当竞争规制条款基础上进行相应升级,以满足潜在的需求。

另一方面,应当是新经济涉及的新理念。以数据经济领域目前已经出现的不少有关数据使用的纠纷为例,如何对是否构成不正当竞争行为作出科学认定已经成为当前迫切需要统一解决的重要问题。但是在这个问题上,确实又存在两个不同的基本路径选择。其一,是在“当前数据资产化势不可挡的前提下,一种数据新型财产权制度的构建极为迫切,堪称‘供给侧改革’之急需……对于数据经营者(企业),在数据资产化背景下,基于数据经营和利益驱动的机制需求,应分别配置数据经营权和数据资产权”。

---

① 吴汉东:《人工智能时代的制度安排与法律规制》,载《法律科学(西北政法大学学报)》2017年第5期。

其二,是"建议突破'所有权—使用权'的法理范式,依据数据资源的物理属性与经济特征,不设置数据所有权,只设置具有排他效应的数据控制权。数据控制者可以决定是否将其控制的数据予以公开、许可使用、或是转让他人"。① 非常明显,前者是比较传统的思维观念,后者是比较现代的思维观念。就适应性而言,后者应当会比前者更适应现在和将来的发展情况。从目前的实践来看,涉及用户、平台以及第三方的诸多因素确实使我们在不少情况下难以对数据的所有权作出较清晰且合理的划分。在此背景下,客观上需要我们适时调整一些理念进行灵活应对。譬如,目前我们可以逐步引入双轨制:当相关数据的产生和加工是可以按照传统的产权机制进行确权时,我们可以采用数据所有权模式;而当相关数据的产生和加工无法按照传统的产权机制进行确权时,我们就应当采用数据控制权模式。

五、结语

党的十九大报告强调,全面依法治国是国家治理的一场深刻革命,必须坚持厉行法治,推进科学立法、严格执法、公正司法、全民守法。目前,《反不正当竞争法》的第三次修改已经列入了政府工作日程。应当讲,全球反不正当竞争监管所呈现的扩大化、精细化、现代化三大趋势对我国是有研究价值的,以进一步促进我国社会主义市场经济健康发展。

① 参见丁文联:《数据竞争的法律制度基础》,载《财经问题研究》2018年第2期。

剥削性高价之证明研究：基于欧盟相关案例

张　郁[*]　王传辉[**]

摘　要：在反垄断领域，剥削性高价之规制极具争议。除规制之正当性外，如何认定该价格之违法性是难点。本文以欧盟相关案例为基础，对证明剥削性高价的方法以及证明过程的难点和争议性问题予以论述。长久以来，执法机构侧重单独研究各认定方法，忽视了对证明程序的整体分析。将证明过程分为过高和不公平两步骤进行，各阶段中所采取的证明方法都各有缺陷，唯有根据个案情形，评估各自考察因素和合理参考值，灵活交叉运用各种方法，才能得出公正结论。另外，高价持续时间和商品经济价值对商品剥削性高价的最终判定也有决定性影响。对证明过程清晰严谨的要求不仅可以对企业起到指示作用，也是对执法机构的逆向约束。

关键词：剥削性高价；超高；不公平性；双重分析法

剥削性高价现象是企业市场支配力量滥用之表现，既影响社会经济效率，又损害消费者合法权益。各国反垄断法对其干预的立场不同，美国非常明确坚定地反对干预，欧盟则采谨慎干预的立场。欧盟委员会的观点是：只有在特定情况下才对超高价格干预，而非提倡积极的系统性干预。欧盟委员会和欧盟法院均认为："在相关企业拥有根深蒂固支配地位的市场中对超高价格进行干预，是因为在可预见的未来，无法指望有新竞争者的进入和扩张以确保有效的竞争。"但迄今为止，无论是执法机构还是学界，都未对如何认定和证明违法的剥削性高价予以充分讨论，更鲜有细致的行政执法指南和司法判例对该问题予以明确。

---

* 澳门科技大学法学院经济法专业博士研究生。

** 澳门科技大学法学院副教授、博士研究生导师。

本文在讨论反垄断法规制剥削性高价的必要性的基础上,以欧盟代表性案例为主要研究资料,分析欧盟执法实践中的双重分析法以及该分析法中的重点证明事项、剥削性高价的其他认定方法及证据采纳问题,指出证明过程中的难点。最后,对我国有关剥削性高价认定之执法改进提出建议。

一、反垄断法规制剥削性高价的必要性

欧盟规制剥削性高价的出发点是阻止该行为破坏欧洲共同市场的形成和发展以及维护消费者利益,立法目的是鼓励"市场上存在可行的竞争,即确保遵守基本要求和实现条约目标所必需的竞争程度"。①

(一)干预之必要性

如今各国反垄断执法机构对干预企业市场支配之滥用的必要性的理解正在演变为,反垄断执法不再仅局限于针对已发生的对竞争之损害,而且要清除市场进入中的隐形壁垒。试想:若占支配地位之企业在竞争者进入市场后立即降价,那么新进入者很难有利可图。因此,除非占支配地位之企业向潜在竞争者发出进入市场会有利可图的信号,否则潜在竞争者一旦发觉支配企业更有效率或其产品更有吸引力,进入市场后很难与之竞争,即使目前该市场之利润诱人,潜在竞争者也不会进入市场。规制剥削性高价可作为对占支配地位之企业进行反垄断的最后防线。由于剥削性滥用尤其是剥削性高价是垄断企业达至的最终目标,执法者对最后出现的垄断高价进行干预,可有效遏制因对其他排他性滥用执法无效而可能发生的损害竞争之结果的出现。

第一,干预的首要目的是促进资源的公平配置和市场的有效竞争。占支配地位之企业可以通过提高价格来增加利润,消费者却无法轻易转向其他企业,只能以低于垄断价格、高于竞争价格的价格购买产品或服务(以下简称产品)而蒙受损失,从而导致资源分配不当,造成社会资源的无谓损失。反垄断干预则是通过减少这种"错配"来提高经济效率。②

第二,干预的另一目的在于保护消费者权益。价格上涨造成了财富从消费者向垄断者转移,需求越无弹性,进入壁垒越高,剥削性高价持续时间越长,产品更新升级的动力就越小,向垄断者转移的财富也就越大;同时,消费者能享受的现有和未来的可能利益就越小,损失也就越大。反垄断法制止垄断企业以牺牲社会整体福利为代价换取个体财富的

---

① Mark Furse, *Excessive Prices, Unfair Prices and Economic Value*, European Competition Journal, Vol. 4: 1, p. 77(2008).

② See Richard S. Markovits, *Economics and the Interpretation and Application of U. S. and E. U. Antitrust Law: A Summary*, The Antitrust Bulletin, Vol. 61:1, p. 14(2016).

增加,目的并非只是打压价格,其所维护的不是只有在符合低价格和其他消费者福利参数的利益时才值得维护的竞争,①而是消费者应从竞争所产生的多样优质产品中获益。

(二)证明要件与标准

只有垄断企业利用其支配地位"剥削"消费者的行为,才属于滥用。支配企业以牺牲消费者之利益为代价获取垄断利润,为剥削。然而,任何盈利的企业都可能被误解为"以消费者为代价"赚取利润。支配企业利用支配力获取在充分有效竞争中无法获得的利益,属于不合理利益;支配企业以进一步牺牲消费者利益为代价收取的更高价格属于剥削性高价。这种高价与产品经济价值无合理联系,可被认为直接剥削消费者,因为消费者支付了比在完全竞争条件下更高的价格。因此,剥削性高价的行为要件包括两个方面:一是该企业获得了实质性利益,可以成本—价格分析来反映;二是严重损害消费者利益,可通过价格之对比来确定对消费者的不公平性。

由于价格为市场信号,且市场运行机制既直观又复杂,执法者在认定中如果没有准确区分滥用之高价和其他可能被误解的合理高价,就会干扰价格信号和机制乃至干扰到市场的正常运行。因此,慎重制定和适用证明剥削性高价的标准至关重要。在证明时,除表明企业收取高价是要剥削消费者这一目的外,回收成本、用于创新等其他目的都无法解释或无法更好地解释该高价行为,即排除几乎所有其他合理高价的可能性,才可完成证明并得出违法的结论。

二、剥削性高价之证明方法

在被认为分析最清晰的著名"United Brands(UB)诉欧盟委员会案"②(以下简称"UB案")中,欧盟法院的判决指出,"如果产品高价与经济价值无合理联系,则可视为滥用市场支配地位行为",并解释了如何评估剥削性高价。其中有关不公平的分析虽然模糊,但欧盟法院指出了对比参照标准。总体而言,欧盟关于剥削性高价的执法非

---

① See Anne C. Witt, *The European Court of Justice and the More Economic Approach to EU Competition Law*, The Antitrust Bulletin, Vol. 64:2, p. 178(2019).

② See United Brands Company and United Brands Continental B. V. v. Commission of the European Communities, Nos 27/76 [1978], https://eur-lex. europa. eu/LexUriServ/LexUriServ. do? uri = CELEX:61976CJ0027:EN:HTML. 欧盟委员会裁决纽约企业UB滥用其支配地位,对其在比利时—卢森堡经济联盟、丹麦、荷兰、爱尔兰和德国的客户销售奇基塔香蕉收取了不公平的价格等4种行为。之后UB向欧盟法院就该裁决提出上诉,欧盟法院确认了欧盟委员会裁决的三种滥用行为:禁止经销商转售未成熟的香蕉,拒绝向经销商供货,以及歧视性价格。但第四种滥用行为——价格过高——尚未得到证实,欧盟法院特别指出,欧盟委员会应该要求支配企业"提供其生产成本所有构成要素的详细资料"。

常谨慎。2002 年以后,欧盟委员会竞争总司只就一个有关超高定价的案件作出了正式处理决定,即 2004 年的“赫尔辛堡港口案”。该决定未支持原告关于赫尔辛堡港口超高定价的指控。

(一)证明方法介绍

欧盟委员会、欧盟法院都没有建立有充分说服力的证明价格过高的方法,但相关决定和判决仍提供了清晰的认定思路,相关证明方法都是对成本价格评估的各种组合,证明过程是对成本、利润和价格中核心要素分离提炼后的分析。

1. 双重分析法(“two-limbed”或“two-fold test”)

在 1975 年的“UB 案”中,欧盟法院提出了迄今最有影响力的双重分析证明法。第一步是确认产品价格与实际成本差额(利润差),判断利润差是否显著过大导致超高价格,在得到肯定结果后进行第二步分析,确定产品价格与其自身过去或与竞争产品价格相比是否不公平,即对价格与实际经济价值之间可能存在的过度利润差额之合理性进行分析。综上,剥削性高价行为须具备“价格超高”和“不公平”两个条件。

2. 盈利能力分析法

该方法也称作价格成本溢价分析法,因为过高价格通常与过高的利润有关,可以使用企业在其他更具竞争力之地域市场的盈利能力或成本价格进行对比分析。马克·威廉姆斯(Mark Williams)认为,利润水平同样可以证明高价,提出了 5 个序列标准来进行判断。① 有学者也对此作了研究,将支配企业的利润与正常竞争利润或其他企业利润进行对比,得出当公司对该产品的资本回报率大于其加权平均资本成本(Weighted Average Cost of Capital,WACC)②时,该产品的价格过高。③

在实践中,评估利润率需要确定相关资料来源。虽然从技术上讲,会计记录是企业报酬率的数据来源,但它并不是计算利润完全可靠的基础。通过利润率推断是否属于剥削性高价的判定方法也不一定受到认可。在“赫尔辛堡港口案”中,原告 Sundbusserne 和 Scandlines 均称渡轮业务的利润率超出他们认可的合理水平,足以断定港口收费过高/不公平,但欧盟委员会裁决即使港口的利润率很高,也不能就此认定价

① See Konkurrensverket, *The Pros and Cons of High Prices*, Swedish Competition Authority, 2007, p. 12.

② See Konkurrensverket, *The Pros and Cons of High Prices*, Swedish Competition Authority, 2007, p. 36.

③ 南非竞争上诉法院(Competition Appeal Court)认为,盈利分析是检测超高定价的合理方法,甚至是标准的方法。See Claudio Calcagno & Mike Walker, *Excessive Pricing: Towards Clarity and Economic Coherence*, Journal of Competition Law & Economics, Vol. 6:4, p. 908(2010).

格不公平,构成滥用。[1]

(二)证明方法的选择和兼容性

明确证明过程的目标是使企业清楚应该在何种水平上定价,才能避免被判定价过高和不公平。把任何一个证明方法视作独立工具都有其局限性,即使用最客观的方式去证明,也无法证明高价达到怎样的程度可称为剥削,因此只能尽量揭示。

1. 证明方法的选择

鉴于在实践中对双重分析法的质疑最少,执法者在审查案件时仍以该方法为主,以其他方法作补充。证明方法中所用的检验方式或标准可以择一或交叉运用,这样"有助于将错判有罪风险降到最低,并确保对所获得结果的信心"。[2] 在双重分析法中对成本的认识可向经济学寻求定位恰当的成本作参考,而并不优先适用盈利能力分析法,因为对利润的判定要比成本更加敏感、复杂和有争议。利润率本身并不能证明价格过高,利润率是被允许的,只有不公平的价格才是被禁止的。

2. 证明方法之兼容

如果不同的检测得出了不同的结果,或者,基于不同方法判断剥削性高价得出的结论不一样,则意味着虽然证明本身未必是错误的,但是证明过程很有可能是不充分的。另外,执法者也存在预设偏见,即在评估和证明该未知行为前,执法者会先预设一个参考结果,再在证明过程中有意识地向预期结果趋近。因此,无论是预想的还是实际的结果都会受各种内外因素影响,可能出现偏见误差。执法机构为了避免偏见误差的产生,应采用多种指标、方法结合的组合检测方法来多方面评估和互相验证。根据可验证原则,当结论不一致时,需要调整方法的应用,反复检验结论。

(三)抗辩理由

支配企业对其被指控的高价的抗辩理由主要有二:经济价值及投资与创新。

1. 经济价值

经济价值在供求相交点产生,由生产成本、需求弹性、购买意愿和支付能力共同决定。有观点认为,有人愿意支付剥削性高价,说明消费者必定至少为这种商品赋予了那么多经济价值,而又要用经济价值证明这种商品的确值得支付高价。要避免这种对经济价值的循环性论证,就要明白对概念的理解不能偏离执法的实际需要,不能落入经济理论窠臼。因此,须明确"经济价值"更多是法律概念,而不仅是经济概念,才能从

---

① See Michel Lamalle & Lenita Lindström-Rossi, *Two Important Rejection Decisions on Excessive Pricing in the Port Sector*, Competition Policy Newsletter, Vol. 3, p. 41(2004).

② Peter Davis & Vivek Mani, *The Law and Economics of Excessive and Unfair Pricing: A Review and a Proposal*, The Antitrust Bulletin, Vol. 63:4, p. 406(2018).

法律角度进行讨论和适用。在司法实践中,对所谓"经济价值"的定义几乎没有详细的分析或指南可以借鉴。阐释此概念时,应该以司法实践与经济学理论对其形成的一致观念为基础,并将这种观念注入法律研判中。

2. 投资与创新

由于某些行业对投资的要求高于其他行业,竞争执法机构必须根据具体情况,评估投资在多大程度上能支持价格上涨之合理性。过高价格的合理性应该由真实的,而不仅仅是假设的投资计划来证明。同时,也要证明企业投资研发是出于对利润的期望,允许成功的创新者从投资中赢得收益,对市场运作至关重要。

三、剥削性高价之"超高"或"过度性"的证明

欧盟委员会在对剥削性高价执法时声明其"不是也不希望扮演价格监管者的角色",但在处理"超高定价"问题上,其事实上几乎就是监管者,将《欧盟运行条约》第102条适用于超高定价并对市场中价格产生影响是不可避免的。

(一)价格之"超高性"的界定

从经济学角度看,当且仅当某一价格允许相关企业获得超额利润时,该价格才被认为是超高。因此,可采用成本"加成"方法和价格比较方法两种证明方法完成证明。在司法实践中,欧盟法院没有在所有案件中强制实施单一的成本—价格分析,而是建议依靠多个指标进行比较来证明价格的过高。

1. 成本—价格分析

经济学家依据会计数据测量成本,向执法者提供证据。在"赫尔辛堡港口案"①中,欧盟委员会直接根据港口提供的财务报告中的数据进行成本的大概估算和分割。纷繁复杂的生产和市场运作导致成本类型也多样,有边际成本、可变成本、固定成本、平均可变成本、平均总成本、长期增量成本等,分析时应参考哪些成本值得商榷。在"UB案"中,欧盟法院计算成本时提到只有与特定生产供应直接相关的生产成本才应该被

---

① Scandlines Sverige A. B. v. Port of Helsingborg, Nos COMP/A. 36. 568/D3 (2004), https://ec.europa.eu/competition/antitrust/cases/dec_docs/36568/36568_44_4.pdf. 在"赫尔辛堡港口案"中,欧盟委员会采用UB案中的双重分析法,驳回了关于价格过高的诉请,认为仅仅采用成本加成的方法不足以证明价格过高。赫尔辛堡港口提供从瑞典到丹麦穿越狭窄海峡的轮渡服务,轮渡运营商Scandlines和Sundbusserne于1997年向欧盟委员会诉称,赫尔辛堡港口有高价滥用和歧视性定价行为:前者渡轮商称港口收费过高,没有体现向渡轮商提供服务的真实成本,属于超高价格滥用行为,后者称向其收取的费用严重高于港口其他使用者,收费应该被平衡,其属于不公平价格中的价格歧视。2004年欧盟委员会驳回了两处运营商的诉求。值得一提的是,该港口只有此轮渡业务是盈利的,而其他业务是亏损的。

考虑在内,通常是与生产有关的可变成本(或平均可变成本)、固定成本和可避免成本。仅将固定成本或可变成本作为成本门槛进行比较都有失公允,在固定成本相对可变成本占很高比例的市场中,不能采用将成本负担落在可变成本上的部门成本作为相关成本门槛,①企业也不可能接近于可变成本或边际成本定价,这将无法支付或弥补其固定成本。欧盟委员会在分析时确认赫尔辛堡港口大部分成本都是间接成本和固定成本,但须在不同类别用户之间进行再分割,而需考虑的可变成本(随赫尔辛堡港的渡轮操作员呼叫次数或渡轮上运输的集装箱/车辆数量而变化的成本)比例非常低。②

企业的运营还会产生建立、运营和资本等成本。需要执法者酌情考量的是,经久修建的设施可以被忽略不计还是需要被重新评估(沉没成本),品牌等无形资产的估值,机会成本以及共同成本等。③

对比始终要在一个恒久稳定的基础之上进行,既要参照建立商品生产线所涉及的历史成本,还要观察以现在价格建立生产线所需要的成本。当然,成本并不能传达全部信息,如果支配企业所拥有的市场力量是持久的,那么还应该注意支持这种持久力的因素。

2. 与竞争价格中的成本比较

在竞争环境中价格的决定性因素是边际成本(在实践中很难计算),一般采用可变成本或有效企业的长期平均成本作参考,在此基础上,接近长期平均可变成本原则上可被认为是最符合有效竞争的价格。④ 将竞争价格之成本作为比较标尺,只有在该比较标尺所在的相关市场竞争正常充分有效,市场和管制条件方面的差异得到充分控制的情况下才有助于比较。

仅仅通过成本—价格分析认定剥削性高价的方式,是无法评估支配企业经营活动的合法性的。如果企业的生产成本降低但价格保持不变,价格仍然合理,这样仍会将其他企业置于不利局面。因此,该高价格情形下的成本利润率不足以确定一个价格是否过高。

---

① See Konkurrensverket, *The Pros and Cons of High Prices*, Swedish Competition Authority, 2007, p. 33.

② See Michel Lamalle & Lenita Lindström-Rossi, *Two Important Rejection Decisions on Excessive Pricing in the Port Sector*, Competition Policy Newsletter, Vol. 3, p. 41(2004).

③ See Peter Davis & Vivek Mani, *The Law and Economics of Excessive and Unfair Pricing: A Review and a Proposal*, The Antitrust Bulletin, Vol. 63:4, p. 406(2018).

④ See Claudio Calcagno & Mike Walker, *Excessive Pricing: Towards Clarity and Economic Coherence*, Journal of Competition Law & Economics, Vol. 6:4, p. 908(2010).

(二)证明之总结

对于证明过高的界线,即利润超过成本多少属于超高或过度,无论是欧盟委员会还是欧盟法院,在相关裁决中均未给出明确提示,可能也无法明确。这一步分析的目的是对进入下一步有关不公平之分析起到导向作用。甚至在有的案例中,法院直接越过第一步,直接审查价格的不公平性问题。①

衡量差额是否过大的界线主要有两方面,一是资本回报率(return on capital employed, ROCE),二是销售回报率(return on sales, ROS),在医药行业案例中可窥见一二:2016年"阿斯彭案"中,意大利竞争局调查发现企业在所指控药品上的销售回报率达150%至400%。意大利竞争局另将阿斯彭20年时间内的净现金流与其2009年收购此药物的投资进行了比较,发现该企业该药的内部回报率比仿制药的平均回报率(8%)高出2~4倍。最后,执法机构得出阿斯彭收取的价格为"过高"价格的结论。在2017年英国"辉瑞弗林案"中,英国市场竞争局(Competition and Markets Authority)根据价格管理计划允许的目标销售回报率[药品价格管理计划(Pharmaceutical Price Regulation Scheme)中使用的6%]计算出合理的回报率,并将结果与使用资本回报率的结果进行交叉核查计算。② 在证明价格是否过高时,制药行业制定的回报率可作参考,因为制药行业受到严格监管的同时也强调利润的作用,该行业制定的回报率具有一定合理性。但基于医疗行业之特殊性,行业回报率并非可适用到所有行业之过高价格分析。凡提交到执法机构审查的案件,相关企业的回报率大多会远超可对比回报率的上限,接下来的难点就在于证明价格之不公平性上。

(三)成本—价格法界定存在的应用难题

执法者除要对给定的3类成本基准,即固定成本、可变成本、平均成本进行变通取舍外,还应根据相关行业和企业的特点灵活选择其他成本作为辅助观测基准。另外,执法者还会遇到成本、利润测量中的分配问题。

1. 固定成本、沉没成本和共同成本的分配

当固定成本或沉没成本在主产品和其多个产品变体中普遍存在时,在多大程度上可以从单个产品或消费者群体中收回,在判断价格是否过高时乃一重要问题。在"赫尔辛堡港口案"中,原告认为,在港口的部分投资应被视为沉没成本,而被告则辩称应

---

① See OECD Policy Roundtable: Excessive Prices, DAF/COMP (2011), p. 314. "Bodson案"裁决。

② See Organization for Economic Co-operation and Development (OECD) Policy Roundtables: Excessive Pricing in Pharmaceuticals, DAF/COMP(2018)12, p. 15, www. oecd. org/daf/competition/excessive-pricing-in-pharmaceuticals. htm. 英国参与药品价格管理计划的制药企业可以自由设定自己的价格,其利润的上限为所用资本回报率(ROS)的21%或销售回报率6%。

按当前资产价值评估。上述不同观点会对有关的成本量度产生非常重大的差异化影响，因为向渡轮营办商重新提供完全相同水平服务和设施的成本，会远远高于港口法定账目所列的折旧成本。① 经济分析表明，应允许通过定价收回沉没成本。有关企业如何分配沉没成本额度，执法机构无法提供一个独立指标来评价，只能对沉没成本的分布时长和范围以大概的指导性准则作参考。

为正确评估成本价格高低，应该将共同成本，即与特定产品没有直接关系但仍可归属于该特定产品的成本，与生产者其他活动的有关成本区分，排除相关其他产品生产成本及完全无关的费用。在"赫尔辛堡港口案"中，欧盟委员会排除了不相关运营成本，将港口与渡轮业务相关的收入，港口成本与其他运营成本分开评价。② 在实践中，生产者经常统一将成本分配到每一生产单位，或将其总固定成本平均分配在所有消费者中，无法准确计算出生产某一特定产品的平均总成本。无论企业如何分配成本，评估共同成本时都应根据企业规模、目标、运营区域适时适量作调整，③以直接相关性准则提炼不同梯度的成本，过滤出所需成本内容，尽量用标准化程序选择分配所需的成本类型。

2. 利润之充分性难以确定

欧盟委员会指出："……不同港口渡轮业务的利润之比较会取决于其市场运作、企业个体成本结构（规模经济、范围经济和成本效率）、投资水平、资金筹措，以及股东回报的内部决定。"④欧盟法院并没有给出判断利润率是否过高的具体标准，在没有任何理由设定合理利润上限的情况下，不可能通过固定一个基准来确定支配企业赚取的利润是否过高。从生产商在其他市场上所获利润或与竞争对手之价格和利润对比的方法推断利润率是否"过高"，必须基于对生产者在其他市场或竞争对手成本结构所处的内外部条件的分析，这加重了举证责任。

---

① See Peter Davis & Vivek Mani, *The Law and Economics of Excessive and Unfair Pricing: A Review and a Proposal*, The Antitrust Bulletin, Vol. 63:4, p. 408(2018).

② See Alla Pozdnakova, *Excessive Pricing and the Prohibition of the Abuse of a Dominant Position*, World Competition, Vol. 1, p. 127(2010).

③ See Massimo Motta & Alexandre de Streel, *Exploitative and Exclusionary Excessive Prices in EU Law*, ResearchGate(July, 2003), https://www.researchgate.net/publication/251745586. 欧盟法院采用成本—价格分析法驳回了对欧盟委员会的起诉，欧盟委员对处罚法国电视公司（当时是一家垄断公司）为播放电影而支付的不公平低价的诉求予以驳回。"CICCE 案"中，欧盟委员会拒绝将所有电影的平均制作成本与平均销售价格进行比较，而是认为应该对每部电影单独进行分析，因为每部电影成本费用不同，欧盟法院赞同这一做法。

④ Alla Pozdnakova, *Excessive Pricing and the Prohibition of the Abuse of a Dominant Position*, World Competition, Vol. 1, p. 129(2010).

3. 合理边界的任意设定

如果能够确定价格远超生产成本,就有必要评估价差是否大到“过度”。欧盟委员会的举证责任是在充分证据基础上证明《欧盟运行条约》第102条所规定的滥用行为的存在,“无论(支配企业)提供的信息多么不可靠……事实仍然是应该由欧盟委员会证明价格的不公平”。① 竞争执法机构对被调查企业所在的相关行业并不像行业监管机构那么了解,且其角色不是价格制定者,贸然规制实质上等于为企业定价。欧盟委员会拒绝进一步追踪无法严格确定成本或进行比较的案件,造成成本易于计算的企业会受到调查指控,而不易计算的可能会继续其定价策略。② 虽然执法者在涉及特定行业的案件中采用了行业回报率作参考,但这不应被视为跨部门的可普遍适用的规则。

四、剥削性高价之“不公平性”的证明

在发现生产成本和销售价格之间的差距不合理之后,对价格不公平的进一步论证,才是整个证明过程的重点,该论证也可保护支配企业不受成本分析不精确问题可能产生的不利影响。企业的未来支出,如被排除在“生产成本”之外的与投资和生产资产重置有关的费用,应在这一步分析时加以考虑。

(一)高价之“不公平性”的界定

在界定高价之“不公平性”(unfairly high)时,主要有3种方法:同一相关市场之价格比较,同一国或另一国的另一个市场的产品价格比较,专利与非专利产品的价格比较。在“赫尔辛堡港口案”中,欧盟委员会是与港口向其他使用者所收取的价格对比,以及与有其他渡轮运输业务的港口对比。前一比较因不同消费者对服务品质、种类的要求不同而未被采用,欧盟委员会认为可以参考的竞争者是丹麦的埃尔西诺(Elsinore)港(渡船定期往返两个目的地),③但仍有可质疑之处。最终欧盟委员会还考虑了港口的沉没成本、机会成本(土地价值)及优越的地理位置等经济价值因素,未支持指控。

1. 与自身价格对比

该对比方法观察的是被指控企业就同一产品跨时空收取的不同价格,对比时应考虑成本增加或币值变化的因素,客观比较其间运营成本、税收政策等方面的不同。采

---

① Michel Lamalle & Lenita Lindström-Rossi, *Two Important Rejection Decisions on Excessive Pricing in the Port Sector*, Competition Policy Newsletter, Vol. 3, p. 41(2004).

② See Mark Furse, *Excessive Prices, Unfair Prices and Economic Value*, European Competition Journal, Vol. 4:1, p. 83(2008).

③ See Peter Oliver, *The Concept of Abuse of a Dominant Position under Article 82 EC*, European Competition Journal, Vol. I:2, p. 321(2005).

用该方法有助于提高相关企业对相关法律标准事先可预见的确定性。然而,以企业过往之价格作为比较基准,会让企业意识到如果他们现在的定价远高于最近时间段的价格,就有被指控滥用支配地位的风险,这就有可能导致企业将其作为战略变量来获利,激励企业在今天设定更高的价格。①

2. 与竞争品价格对比

对所涉产品和类似的竞争品之价格进行比较,具体是在同一市场或其他市场内,将所涉产品与其他企业相同或类似产品之价格进行对比。② 上述对比要在相互比较之产品具有相同或类似质量、功能、体量、交易条款条件的基础上进行。要得出有足够信服力的结论,必须满足以下条件:产品具有对等性或可比性,即生产条件、成本因素等相似,比较基础一致。③ 竞争对手收取该价格的预设市场情况,是竞争对手不太可能直接参照支配企业收取的价格来确定自己的价格。当竞争对手仅是价格的跟随者时,该比较则无意义。

(二)证明之总结

当同一相关市场中竞争企业能提供相同的产品时,说明市场仍存在有效竞争或表明进入该市场是可能的,竞争力量可能会侵蚀支配地位。在其他市场上进行对比,不同空间中的"客观差异",例如,不同的投资水平或地方税收等,能用以解释价格差异的合理性。因此,在选择证明"不公平性"的基准参照时,应避免以上误区。成本和在其他市场上收取的价格,竞争对手在同一市场上的产品价格以及在其他市场上的同类产品价格等都可作为候选参照。上述参照被单独使用或组合使用,要取决于具体案例中的具体情况和相关可用之信息。在大多数情况下,执法机构并不知道准确数据,他们会用可观察到的但不完善的其他价格指标来猜测作为超高价格之下限的竞争价格。除选择和确定合理的参照基准外,执法机构还应对相关市场的特征进行详细评估,并对该不公平价格差异可能损害竞争的理由进行经济学分析。④

在几乎各种相关条件一致的基础上,当支配企业收取的价格明显高于其他可对比

---

① See Pinar Akman & Luke Garrod, *When are Excessive Prices Unfair*, Journal of Competition Law & Economics, Vol. 7:2, p. 421(2011).

② 支配企业收取价格与其次最盈利竞争对手的成本,与它在其他市场所收取价格,与其他市场上的其他企业所收取价格的比较法分别是在"Bodson 案"、"Turnier 案"和"Lucazeau 案"中由法院提出的。

③ See Alla Pozdnakova, *Excessive Pricing and the Prohibition of the Abuse of a Dominant Position*, World Competition, Vol. 1, p. 132(2010).

④ See Massimo Motta & Alexandre de Streel, *Exploitative and Exclusionary Excessive Prices in EU Law*, ResearchGate(July, 2003), https://www.researchgate.net/publication/251745586.

价格时,这种差异就可以被视为对市场支配地位的滥用,接下来企业可以就该客观差异举证其可能存在的合理性理由。音乐作家、作曲家和出版商协会(以下简称SACEM)是法国管理音乐作品版权的实体,具有绝对垄断地位,不可能找到竞争对手的价格进行比较。执法机构将其价格与其他成员的类似实体所收取的价格进行比较。SACEM认为,各成员确定版税税率之基于的方法不同;执法机构认为,进行比较的确需考虑不同成员在迪斯科舞厅等场所的入场人数、开放时间、气候和社会传统习惯等方面的显著差异。但是,如果SACEM在法国收取的价格比在其他成员所收取的价格高许多倍,那么该价格显然是不公平的。SACEM声称,法国迪斯科舞厅之所以收取高价格是因为法国提供高水平版权保护。迪斯科在法国收取高昂价格,即使是有根据的,也可能是若干因素的结果,高版税只是因素之一。最终法国普罗旺斯地区法院从文档中发现其与成员版权管理协会间较明显的差异之一是管理和运营费用,这很有可能是缺乏竞争导致了行政成本过大。因此,法院认为,高价格是该机构管理运作低效的结果。①

在"AKKA/LAA案"中,②拉脱维亚竞争委员会借用两套不同的参照价格进行了比较:一是与两个邻国的相关价格进行比较;二是与其他20个欧盟成员国的相关价格进行比较。欧盟法院认为,这一比较方法是有效的,因为同更多的成员进行比较可能有助于核查同数目有限的会员进行比较的结果。对处理不同消费者群体之间或同一特定群体内的比较问题,法院认为竞争执法机构必须核实哪一种比较更有意义,以便确定样本的选取不会使比较得到的结果受影响。

(三)证明过程的重点

与自身价格对比时,会陷入价格歧视或价格战略的循环论证中。经济学分析表明该歧视是需求、成本和市场结构的不同所致,也可能是企业收回成本的有效途径,禁止

---

① See Lucazeau and others v. SACEM and others, 110/88 [1989] ECR-2811. 法国版税是在迪斯科营业额的基础上计算,其他成员参考面积进行计算。

② Autortiesību un komunicēšanās konsultāciju aģentūra/Latvijas Autoru apvienība v. Konkurences padome, Nos C-177/16, [2017] (AKKA, [2017] C-177/16), https://eur-lex.europa.eu/legal-content/EN/TXT/PDF/?uri=CELEX:62016CJ0177&from=EN. 在"AKKA/LAA诉KP案"中,AKKA/LAA是一个处理音乐作品版权的集体管理组织,是拉脱维亚唯一被授权对其管理版权的音乐作品公开演出颁发许可证的组织。该协会为在商业场所公开表演音乐作品颁发许可证,收取国内和有合同关系的外国版权所有者的报酬的费用,收费是根据进行公开表演场所的面积计算的。拉脱维亚竞争委员会发现这些费用比率过高故处以罚款,后AKKA起诉至地区行政法院要求撤销根据营业额计算罚金的决定。法院认可了剥削性高价行为的存在和价格不公平比较方法的合理性,但撤销了罚金部分的决定。拉脱维亚竞争委员会提出上诉。

可能会对福利产生不利影响,还会促使企业根本不为某些低价市场服务。[①] 最初被认为不公平的价格可能在未来成为潜在的参考交易价格,会误导企业现在的价格策略,使企业作出更不利于消费者的定价以逃避管制。因此,除明显的提价行为外,执法者大多会选择与竞争品价格比较。

1. 正确看待价格差异

将调查价格与竞争对手提供的类似产品的价格进行比较,观察其高于竞争对手产品之价格多少才是违法。首先,被比较的企业不是竞争对手或不在同一相关市场;其次,即使属于同一市场,但支配企业的产品品质卓越,值得收取高价,且竞争对手的存在本身就是一个强有力的威胁标示,表明支配地位是可以被竞争的。对这两种情形,执法机构应谨慎处理,避免无辜企业遭受惩罚。仅通过与竞争对手的价格进行比较,无法得出确定性的结论,应分析其他因素进行补充。各个市场间的价格之差异不足以被定性为剥削性高价,基于效率,存在差别可能是合理的。因此,应根据客观、适当和可验证的标准在一致的基础上选择可对比市场。这些标准可包括消费习惯和其他经济和社会文化因素,如人均国内生产总值、购买力指数等。欧盟法院的结论是,没有最低门槛价格,只有明显的价格比较差才应被视为滥用,且这种偏差在相关市场的存在"重要又持久"。[②]这种比较检验有其局限性,如很难适用于药品市场,因为不同国家的医疗系统彼此差异巨大。

2. 选取的参照样本须全面

比较的最大前提是要有共同接受的标准。对案例进行总结,会发现执法机构局限于小范围的样本,无法反映市场的复杂性。选择参照样本主要从被控价格与参照样本的相关程度、参照样本的代表性、样本选取的多样性三方面来考虑。相关程度用以说明该比较是在同一基础上进行的,是指与产品所在的市场结构和其成本结构类似;而样本的代表性则是能保证与选取的样本进行比较有意义,显著重要的样本应有较高的权重;至于多样性则是样本能最大地覆盖各种可能性的影响,为了保证结果的公平性,有时会选取多种样本进行识别、洞察和对比。欧盟委员会在"Deutsche Post I 案"[③]中的

---

① See Massimo Motta & Alexandre de Streel, *Exploitative and Exclusionary Excessive Prices in EU Law*, ResearchGate(July,2003),https://www.researchgate.net/publication/251745586.

② See Peter Davis & Vivek Mani, *The Law and Economics of Excessive and Unfair Pricing: A Review and a Proposal*, The Antitrust Bulletin, Vol. 63:4, p. 415(2018).

③ Peter Oliver, *The Concept of "Abuse" of a Dominant Position Under Article 82 EC*, European Competition Journal, Vol. I:2, p. 320(2005). 欧盟委员会通过了这一项滥用类型关于德国邮政的正式裁决。欧盟委员会裁定企业因对经由英国、来自德国的跨境邮件收取过高的费用而违反《欧盟运行条约》第102条的规定。

灵活对比方法很值得借鉴。因德意志邮政在德国处于垄断地位,不可能将其与任何竞争对手的费率进行比较,欧盟委员会根据德意志邮政本身的数据及其他成员国对应机构所提供的数据,发现它的跨境服务费相对于其国内收费来说高于必要收费标准。其次,考虑到国情的相同(如均为高成本)和不同处(瑞典更幅员辽阔人口稀少),欧盟委员会将其与瑞典邮政进行对比,发现瑞典邮政递送跨国邮件的收费远低于其国内邮件的收费。因此,欧盟委员会最终作出该费率违法之决定。

3. 正确分析"不公平性"

观察可对比的参考交易的贸易条件,如果支配企业收取的价格由于市场支配地位的滥用而高于参考交易价格,企业获利以消费者损失为代价,损害消费者利益和经济效率以实现自身潜在收益,那么就是"不公平"的。具体来讲,更高的价格如果是由于缺乏竞争,则是不公平的;如果该价格是由于生产成本等因素所致,则是公平的。无论支配企业的效率如何低下,都应允许其收回成本。对企业来说,如果市场条件发生变化,企业设定比参考交易价格更高的价格来维持自身利益也是公平的。但是,如果成本上升可以避免,那么这种上涨就是不公平的。考虑时间推移过程中的企业收益和损失,目前的收益可用以弥补过去的机会成本,如果企业不需要这样的成本却收取这样的高价,那么就会被认为不公平。

(四)考虑经济价值和时间因素

支配企业赚取高利润不能成为确定产品价格与经济价值无合理联系的充足理由,有可能高价格反映了主流消费者的态度。经济价值与价格的关系是供求之间相互作用的结果。需求方认知的价值往往是无形的,不会在会计报告中反映出来,因此很难评估庞大的消费者群体是否相信所涉产品的高价格不是滥用行为的结果。确定价格必须高于"经济价值"多少,才能说它与经济价值"没有合理的关系",这个问题的分析要考虑到不同案件的特别情况,在决定产品的经济价值时,也要重视其与需求方的相关性和必需性。如在"赫尔辛堡港口案"中,乘客和轮渡经营者受益于港口的优越地理位置能迅速渡过厄勒(Øresund)海峡,这本身就是对需求方的价值,其在下游市场(轮渡运输服务)和上游市场(向轮渡经营者提供港口服务的市场)间产生并维持了需求,从而增加了产品/服务的经济价值。①

当生产相对固定时,需求短期波动会引起价格的大幅波动(供应或库存所致),高价和低价时期交替相随。执法机构应关注的是价格的持续性,即不公平高价必须持续

---

① See Michel Lamalle & Lenita Lindström-Rossi, *Two Important Rejection Decisions on Excessive Pricing in the Port Sector*, Competition Policy Newsletter, Vol. 3, p. 42(2004).

多久才能被视为滥用。在涉及占支配地位企业的情况下,这取决于力量相对弱小的竞争对手需要多长时间才能扩张或进入市场。事实上,高价作为有力信号向市场发出了盈利机会的提示,一旦了解,竞争者就会积极谋求进入或扩张。对潜在的进入者或扩张者来说,更重要的是关注进入后的价格。如果支配企业有能力且有意愿在竞争者参与后将价格降低,力量更小的竞争者就会有所犹豫。这意味着竞争者必须能计算出支配企业的预期反应,若支配企业积极回应,那么即使目前价格非常高,也不会吸引竞争者进入。如果小竞争者进入或扩张时必须投资部分不可回收的沉没资产,他们就会特别关注所预期的支配企业的事后反应。①

五、优化我国相关执法

我国《反垄断法》第 22 条对不公平的高价或低价予以禁止,但并未进一步规定如何认定该价格的"不公平"。国家市场监督管理总局于 2019 年施行的《禁止滥用市场支配地位行为暂行规定》(已失效)第 14 条对如何认定不公平价格作了进一步规定,与支配企业自身价格比较、与竞争对手之价格比较、与成本的稳定性和增长幅度进行比较。另外,该规定强调了在认定违法行为时,比较得出的差异幅度应达到"明显性"。进行比较时,相关市场条件应相同或相似,应考虑的因素包括销售渠道、销售模式、供求状况、监管环境、交易环节、成本结构、交易情况等。

(一)执法现状与问题

国家市场监督管理总局公布的涉及不公平高价行为的案件主要是医药行业。在"湖南扑尔敏原料药供应企业不公平高价销售案"(以下简称"扑尔敏案")中,执法机构认定该高价违法的理由是:在制造和采购成本没有发生重大变化的情况下,销售价格增长明显超过正常幅度,导致下游高价采购原料药的生产商无法公平参与市场竞争,相关市场竞争秩序被破坏。② 在"山东 3 家葡萄糖酸钙注射用原料药供应企业不公平高价销售案"中,执法机构认定的步骤更细致,从购进成本、历史价格对比予以证明,并且还分析了企业内部层层加价行为亦是高价的原因。

目前,无论是相关规定还是行政执法决定与法院判决,我国关于如何认定不公平高价仍欠缺全面和细致的规定或分析。具体而言,应改进的地方有以下三个方面:

一是反垄断执法机构规定了认定应依据价格比较和成本利润比较,但并未明确构成不公平高价的两步分析,即区分价格的"过高"和"不公平"并依次认定,而仍然是混

---

① See Konkurrensverket, *The Pros and Cons of High Prices*, Swedish Competition Authority, 2007, p. 74.

② 参见《国家市场监督管理总局行政处罚决定书》国市监处〔2018〕21 号、22 号。

合式的综合认定方法。区分式认定可以节省执法资源,即第一步认定后,如果不成立,则不需要进行第二步认定。“过高”和“不公平”两个方面认定的因素有所不同,区分开来有利于各自认定的准确性。另外,混合式的认定并不要求所有因素都必须考虑,执法机构可以根据案件情况进行“挑选式”的分析,例如,根据有限的证据选择进行成本利润分析,或自身价格比较或竞争对手价格比较,但这是证明迁就证据,会导致证明过程片面,有失公正。例如,在“扑尔敏案”中,执法机构主要依据成本来推断价格的不公平。

二是对于价格比较和成本利润比较的规定仍然是简单的一般性的规定,缺乏具体的商业因素、市场条件和经济学分析的指南或说明,对于企业来说,可预见性和清晰性欠缺,对于执法机构来说,也可能因操作上的规定和指引不充分而使错误执法的可能性增加。

三是企业进行合理性抗辩的理由欠缺,例如,行业的特殊性、企业的特殊情况、经济价值、时间因素抗辩等。由于价格干预必须谨慎,否则会严重伤及企业和市场,所以执法机构应受三重约束,谨慎执法。除前述的具体步骤、考虑因素、方法的选择、评估的标准等应细致而具体,具有可操作性和指引性外,还应通过赋予被执法企业以充分的合理抗辩理由和机会来对抗执法机构,以制约执法机构在认定上可能出现的偏见或误差。另外一重约束为中立的、对价格干预持谨慎立场的司法救济程序。

(二)改进建议

基于价格干预应谨慎之理念,反垄断机构在认定违法的不公平高价时,其证明过程应满足完整性、相关性、合理性和专业性的要求。具体而言:证明过程应完整,包括“过度”和“不公平”两方面的完整分析。证据资料应完整,各种相关的企业、市场、行业等方面的数据应有相关性,在处理之前应作基于相关性的筛选。论证的过程应体现合理性,尤其是要结合企业和市场情况进行基于现实的分析,而非抽象的概念式论证。如果论证存疑,鉴于干预价格应谨慎,应疑证从无。专业性则要求分析应由符合资质的经济分析专家进行,其分析报告,应允许被执法企业质证。

即使是在对剥削性定价进行反垄断规制的代表性地区——欧盟,其执法机构在认定剥削性定价方面一直是高度谨慎的。在进一步的司法程序中,法院的立场和态度更慎重,从不轻易认定剥削性高价行为。该谨慎或慎重之态度主要体现在对剥削性高价的证明过程上,无论是在概念、理论、方法的使用还是具体基准、参照、证据、数据等的挑选和适用上,其执法机构都全面而充分地论证其合理性,分析力求专业性,反复验证,定论极为谨慎。这样的证明过程与其说是旨在干预企业市场行为,不如说是通过对证明过程的合理、严密和透明化要求对执法机构的价格干预进行高度约束,减少其随意裁决的可能性以免误伤企业和市场。借鉴欧盟的执法和司法经验,有关我国对不公平高价的规制,可在如下方面进行改进。

首先,明确谨慎执法理念,认定过程客观严谨。不公平定价是我国反垄断机构唯一直接干预价格之行为。鉴于直接干预价格要比其他垄断行为之规制更谨慎,并且反垄断机构并非日常监管之行业机构,因此针对不公平定价之执法应比其他垄断行为之执法更谨慎。无论是对国企还是私企,都不能将支配企业赚取巨额利润或价格远高于成本作为剥削性高价的充分证据。在进行价格对比时,如果发现市场上存在同样效率的竞争者可以与支配企业有效竞争,就可以推断支配企业的定价不太可能对有效竞争产生不利影响,那么就无须进行干预。执法机构若能够在调查证明过程中始终坚持中立,小心充分论证,作出令消费者、竞争对手和被控企业都信服的结论,那么既能降低企业的违法率,也能规范执法机构的行为,尽量减少不当执法对市场竞争可能造成的伤害。

其次,证明过程具体清晰,标准明确且可预见。为使企业对未来行为之规制有可预见性,反垄断机构应制定全面细致的有关不公平定价之认定指南。内容包括:认定的步骤,各个步骤中具体的认定问题,重要概念界定,各种认定方法,认定方法之筛选组合原则,特殊行业和特殊情况,企业的抗辩理由,认定结论之验证,专家证言之要求等。反垄断机构借此指南可将其未来纷繁复杂的证明过程清晰化为具体的步骤、过程、方法和标准等,使相关企业在定价决策前知晓反垄断规制所涉及的价格判定标准及方法,从而自我约束并尽量减少可能的违法。此指南的预防作用也有利于节省事后执法的资源耗费。

再次,以双重分析法为主要分析方法。剥削性高价之证明能否有公信力,取决于所运用的理论是否合理并且可被实证检验,所依据的证据是否可靠,得出结论的分析过程是否专业而严谨。双重分析法已被众多国家沿用40余年,在没有出现其他接受度更高的检验方法前,借鉴和适用该方法是最佳选择。另外,鉴于我国经济发展和市场竞争方面可能与其他国家有不同之处,可针对具有特殊性的企业和行业,对分析过程中的成本类型、非成本因素、参考值等进行调整。

最后,多种检测方法结合并交叉验证。采用双重分析法对剥削性高价判断和评价需要一个客观的测试过程,现有的各种检测都有局限性。反垄断机构根据具体案情结合几种检测方法进行交叉验证并尽力纠错纠偏是正当执法的关键。或者累积应用,或者设置优先规则,或者交叉叠加运用。通过这种方式,出现错误的风险可以被最小化,得到最可靠答案。成本估算和对比市场之选择被认为是最重要和敏感的测量问题,或确定一个恰当基准来比较价格,或有精确真实的成本数据,或是合适的跨市场比较。根据我国市场发展不平衡的特点,在有政策倾斜或重点扶持的行业和区域,监管机构对于适用标准可作适时适情的伸缩变化。监管机构在检测时不应将问题过分夸大,应尽量作出合理、接近事实的判断。

六、结语

反垄断机构规制剥削性价格仍然是旨在实现反垄断法之促进经济效率和消费者福利的目标。即使是在立法和执法最有代表性和借鉴价值的欧盟,其对剥削性价格之规制仍然是基于对排他性滥用行为之规制可能出现损害竞争之执法空白,以该规制作为防御垄断企业滥用市场支配地位伤害竞争的最后防线。因此,反垄断执法仍应以维护经济之整体效率为主,避免仅以造成对消费者群体之剥削或伤害消费者之权益为执法理由。

寻找可参考的合理竞争价格以确定价格是否公平,可能就像在追求不可能的完美,是对执法机构之分析、决策甚至是市场预测能力的极大考验。何为高价之程度和幅度在相关企业被指控之前并不是确定而清晰的常识,完成证明的有效途径是结合个案之特殊性,既要遵循标准化的证明规则,也要灵活选择参考值和证明方法,还要充分理解经济价值和时间维度对判定剥削性高价的影响。证明剥削性高价的重点不在于其价格的高低,而是其不合理性和不公平性。明晰证明过程,增加证明的确定性和易操作性,才能形成稳定的且与我国经济发展相配的市场监管体系。无论是成本评估阶段还是认定“不公平”的比较阶段,都要坚持证明过程的客观审慎。参考标准须是共识,比较样本越多,重视各数据采集时段的公平全面,结论越充分合理。经济市场复杂多变,我们对其观察认识范围有限。因此,知识和手段的适用范围也有限,只能通过严谨的证明程序弥补认识的不足。

与其争论政府是否应该干预高价行为或争论干预的限度,不如设置一个逻辑严谨、执行严格、令人信服的论证程序,使竞争者、企业和消费者都能提前知晓高价的判断标准。如此一来,既降低了违法行为发生之可能性,也可逆向限制执法机构权力之不正当行使。

日本企业数据立法保护模式
——以“限定提供数据”条款为例*

韩欣悦**

摘　要：在开放性的财产权保护体系下，被企业持有控制、合法取得、具有经济价值的数据可以成为财产权利的保护客体，但学术界对于如何保护企业数据存在不同看法，现行法律制度对数据相关权利的保护都有其现实局限性。日本《反不正当竞争法》增设“限定提供数据”条款，将数据的内涵具体化，将侵权的行为类型化，在稳定与变革、守护与创新之间寻求平衡。

关键词：企业数据；限定提供数据；行为规制；不正当竞争

在第四次工业革命的背景下，物联网、大数据和人工智能等信息技术在不断发展，①数据作为企业竞争力的核心来源，其价值正在不断提高。企业通过地图数据、机器操作数据、消费趋势数据，以及与数据创建、收集、分析、管理等有关的商业运营方式，不断拓展新的业务领域并创造更高的经济价值。但是，由于数据的可复制性，一旦数据被非法获取，便可能被迅速传播，使企业遭受巨大损失。日本《反不正当竞争法》将非法获取、使用和披露“限定提供数据”作为不正当竞争行为予以类型化规制。其规定非法获取、使用和披露限定提供数据的不正当竞争行为应受民事措施（禁令要求、损

* 陕西省社科基金项目“陕西自贸区知识产权综合管理和执法体制研究”（项目编号：2017F012）的研究成果。

** 西安交通大学法学院博士研究生。

① 参见杨永凯：《互联网大数据的法律治理研究——以大数据的财产属性为中心》，载《石河子大学学报（哲学社会科学版）》2018 年第 2 期。

害赔偿要求)的约束。为了安全合理地使用数据,防止出现寒蝉效应,①其还规定了与"限定提供数据"不正当竞争行为相关的免除条款。当前,大数据技术的发展为我国实现技术赶超提供了新的机遇窗口;为实现数字经济高质量发展,必须构建出与技术创新相匹配的制度环境。②

一、企业数据法律保护的现存局限

企业数据基于企业抓取、收集、整合、处理数据等行为而获得。依据劳动价值理论,当企业利用大量人力、物力、财力去收集和处理数据,使数据具有经济价值和效用时,企业应当享有基于加工行为所产生的财产权益。③ 如不保护企业对数据应享有的利益,互联网企业盗用、爬取数据的恶性竞争将难以避免。④ 企业获取的数据当中可能包含用户个人信息或隐私等个人数据,⑤但企业数据与个人数据并非不能并存的对立关系。为规范数据处理活动,保障数据安全,促进数据开发利用,2021年6月10日全国人大常委会通过了《数据安全法》,明确了国家保护个人、组织与数据有关的权益,保障数据依法有序流动,促进数字经济发展。但对于企业所持有的数据究竟归属何种权利类型,企业间的数据权利纠纷应适用哪项条款,该法则并未详细说明。在企业竞相争夺数据资源的背景下,数据持有企业通过抓取、处理、利用数据而产生的财产权益应当如何处理,一时间成为争论焦点。

有学者认为,基于数据经营和资产化的需要,可以为企业设定一个具有占有、使用、收益和处分权能的类物权。也有学者认为,数据文件作为有体物能够成为所有权客体,从而将数据看作民法中的物。⑥ 赋权模式能够使权利人享有排他性的支配力,也能够禁止他人对数据信息的访问、窃取、破坏与篡改。但数据以电磁形式存在,非独立物,且极易复制和移转,同样的数据可以被多个不同主体占有和控制,因此能否将其看作民法中的物,有待商榷。即使其被纳入物的范畴,数据所包含的范围实际非常广泛,

---

① 寒蝉效应着重涉及个人思想、言论、集会等核心价值和自由权利的社会存在及其影响,或专指人民因恐惧于遭受国家刑罚,或是无力承受所必将面对的预期耗损,而必将放弃行使其正当权利,从而打击公共事务、社会道德、个人信心。

② 参见管洪博:《大数据时代企业数据权的构建》,载《社会科学战线》2019年第12期。

③ 参见纪海龙:《数据的私法定位与保护》,载《法学研究》2018年第6期。

④ See Dennisd H. , *That's Unfair! Or is It? Big Data, Discrimination and the Ftc's Unfairness Authority*, Kentucky Law Journal, Vol. 3, p. 345 - 362(2015).

⑤ See Joseph W. J. , *Buying and Selling Privacy: Big Data's Different Burdens and Benefits*, Stanford Law Review Online, Vol. 6, p. 47 - 54(2013).

⑥ 参见梅夏英:《数据的法律属性及其民法定位》,载《中国社会科学》2016年第9期。

在不同分类体系中讨论数据的所有权往往难以达成共识。同时,由于数据涉及的权利主体众多,企业数据中可能包含个人隐私、商业秘密、社会公共利益等,故必须对企业保有的数据财产权利有所规制。由于具有无形财产属性,[①]且其涉及不同群体和不同利益,难以界定数据权利人与不特定义务人之间的关系,所以在数据承载的多元化利益没有明确的划分标准与规则的前提下,构建数据财产所有权的设想无法具体明确数据财产所有权的内容和边界,而若无精细的制度设计则只能是不切实际的幻想。个人信息保护的立法宗旨倾向用户对数据信息的自决和保护,如被遗忘权、纠错权等,而企业数据保护的立法宗旨则是促进数据流通和利用。[②] 所有权保护必然导致对数据信息的强约束,以数据信息为所有权客体的立法框架极易造成企业对数据的控制和垄断,与保护数据产业的立法宗旨背道而驰。我国数字经济在加速成长的同时伴随一些问题,数据权利尚未类型化,数据利用与流转的行业规范和商业道德尚未形成,贸然设定强排他性的数据财产所有权体系,也不利于数据产业的发展和创新。

企业数据保护应着眼数据持有企业的财产权益与数据市场的竞争生态。反不正当竞争法关注当事人的竞争利益,当前我国各级法院在处理数据纠纷案件时都惯于适用反不正当竞争法。但随着信息网络对竞争行为的不断重塑,适用反不正当竞争法处理数据纠纷也存在诸多问题。如适用商业秘密条款,要求数据不为其所属领域的相关人员普遍知悉,能为权利人带来竞争优势,并采取合理保密措施。[③] 数据信息要同时满足以上 3 个要件非常困难,尤其是"保密措施"要件。数据的商业价值在于流通,企业将数据提供给他人,以此获得相应的对价,这使数据信息保护与商业秘密保护的立法宗旨出现显著区别。数据保护的目的在于促进数据流通和利用,数据持有企业把数据提供给目标客户,数据信息属于半封闭、半公开的状态。商业秘密保护的是信息的独家占有和垄断,以及基于独家占有形成的信息不对称竞争优势,因此要求商业信息处于完全封闭的状态。

在数字经济时代,商业行为超出了传统竞争法所包含的商业行为类型,为规制企业间的数据竞争行为,在司法实践中多依赖反不正当竞争法的一般条款。但是,一般条款内在的模糊性和抽象性赋予了法官过大的自由裁量权,其要求法官立足个案具体场景中当事人的利益关系和权利义务,平衡数据保护和数据流通的关系,这在实践中往往难以把握。在保障数据持有企业竞争优势的同时,容易忽视其他竞争者的竞争利

---

① 参见吴汉东:《无形财产权基本问题研究》,中国人民大学出版社 2013 年版,第 3 页。

② 参见高完成:《大数据交易背景下数据产权问题研究》,载《重庆邮电大学学报(社会科学版)》2018 年第 1 期。

③ 参见宁立志、傅显扬:《论数据的法律规制模式选择》,载《知识产权》2019 年第 12 期。

益。一般条款作为类型化条款的辅助和补充,也是法律适用的次优选择,在数字经济发展的初期可以作为过渡,但不宜成为一种特定的保护模式。同时,数据纠纷案件的审理向一般条款靠拢的倾向,也有损司法的稳定性和正当性。

近年来,对于数据财产行为规制模式的研究逐步发展起来。王镭阐述了行为规制模式对于数据财产利益保护的显著优势。① 刘影、眭纪刚对大数据立法保护的路径进行了探讨,对客体保护路径与行为规制路径分别展开了分析,并从背景、对象、救济措施等角度介绍了日本"限定提供数据"条款的主要内容。② 随后,陈楚翘指出,我国对企业数据的立法保护可以通过新增数据不正当行为条款,打造自由、创新的数据市场。③ 总体来说,我国对数据财产行为规制模式的相关研究时间较短,主要集中在近几年,对企业数据权利开展行为规制模式保护的制度构建处于探索阶段。

二、"限定提供数据"条款内容概要

(一)"限定提供数据"的内涵及特征

"限定提供数据"即在一定条件下以营利为目的提供给特定对象的数据。在数据所有者提供数据时,明确向外界表示出仅对特定对象提供数据并进行管理的意思,由此来确保外部人士的可预见性和经济活动的稳定性。与商业秘密一样,"限定提供数据"条款保护的是"技术或商业信息",但保护对象为由商业运营商通过交易等方式提供给第三方的数据,与在公司内部保密的商业秘密是不同的。"限定提供数据"条款将作为商品被广泛提供的数据、被广泛共有的数据以及通过交易等方式提供给第三人的信息作为保护对象。日本《反不正当竞争法》第 2 条第 7 款规定,限定提供数据是以营利为目的提供给特定对象的信息,是通过电磁方法(电子方法、电磁方法以及其他不能被人的知觉所识别的方法)被大量积累和管理的技术或业务信息(不包括作为秘密被管理的信息)。④

---

① 参见王镭:《电子数据财产利益的侵权法保护——以侵害数据完整性为视角》,载《法律科学(西北政法大学学报)》2019 年第 1 期。

② 参见刘影、眭纪刚:《日本大数据立法增设"限定提供数据"条款及其对我国的启示》,载《知识产权》2019 年第 4 期。

③ 参见陈楚翘:《企业数据的保护路径探析》,载《湖南广播电视大学学报》2021 年第 1 期。

④ 不正競争防止法第 2 条第 7 項:この法律において「限定提供データ」とは、業として特定の者に提供する情報として電磁的方法(電子的方法、磁気的方法その他人の知覚によっては認識することができない方法をいう。次項において同じ。)により相当量蓄積され、及び管理されている技術上又は営業上の情報(秘密として管理されているものを除く。)をいう。

1. 向特定人提供

“限定提供数据”是企业通过交易等方式向第三方提供的信息,如作为产品被广泛提供的数据,即数据的提供面向特定对象,不涵盖免费提供的、没有指定或限制提供对象的数据。“特定人”,是指在特定条件下接收数据的人,而无论实际接收数据的人数如何。

“限定提供数据”中的数据是连续提供的,如果数据持有者愿意连续、重复地提供数据(包括一次提供给多个人的情况,也包括为每个客户量身定制的情况),即使尚未实际提供数据,也适用“限定提供数据”条款,如数据持有人宣布从下个月开始销售数据。“限定提供数据”的提供者多为企业,如果是由个人提供,但可以将其作为重复和连续行为的一部分进行评价,则依然满足“限定提供数据”的要求。

2. 大量积累

鉴于电子数据的特征,定义了“电磁方法”的要求。“限定提供数据”是作为业务提供的数据,要求进行大量积累的目的是保护已经积累到一定程度的电子数据。“大量积累”需根据不同数据的性质来判断,但根据惯例,应适用于通过电磁方法进行累加的、具有价值的数据。可以是由持有人管理的数据,可以是投入相应成本创建的执行特定程序所需的数据集合,也可以是收集和分析这些数据而产生的新增数据。判断是否为“大量积累”应考虑通过电磁方法积累数据所创造的增加值、利用可能性、交易价格、劳动力与时间成本等因素。如通过对大量过去的气象数据投入劳动力、时间、费用等来提取和分析与台风有关的信息,从而总结特定区域中发生台风的频率与趋势。

3. 电磁管理(电磁可控性)

数据持有人按照日本《反不正当竞争法》第 2 条第 7 款的规定提供数据,即“通过电磁方法管理向特定人员提供的信息”。明确其对提供给特定人员进行管理的意图,提高该特定人员以外第三方的可预测性以及经济活动的稳定性,确保安全。为了满足电磁可控性,第三方必须能够将所有者的管理意图识别为仅提供给特定的人。管理的措施、具体内容和程度将根据公司规模、业务类型、数据性质以及其他情况而有所不同,但是管理必须使第三方容易识别。同时,还要有采取防止数据持有者和持有者提供的人员(特定人员)以外的任何人访问数据的措施,即需要采取限制访问的技术。

访问控制通常是通过用户身份验证执行的,包括单独或组合使用认证技术,或者将认证技术与加密技术结合使用。认证技术的组成部分主要包括 ID/密码(只有特定对象知晓),IC 卡/特定终端设备以及人脸、指纹、声纹等生物识别信息(只有特定对象拥有)。加密技术主要包括数据加密、通信加密、网站和电子邮件加密等。如果在对用户进行身份验证之后对加密的数据进行解密,则属于加密技术,这是只能由特定人员访问的措施。另外,经由专用线路的传输也被认为属于限制访问的技术。如果采取了防止复制的措施,但是没有执行访问控制,则不符合电磁可控性的要求,如DVD上可以观看但不能复制的数据。

4. 技术或业务信息

"限定提供数据"的保护对象被规定为"技术或业务信息"。"技术或业务信息"大致对应正在使用(或预期将要使用)的信息。具体而言,"技术信息"包括地图数据、机器运行数据、人工智能技术用于软件开发和使用的数据集等,"业务信息",主要是指诸如消费趋势数据和市场研究数据等的信息,包括文本、图像、声音、视频等。其立法目的为"确保企业之间的公平竞争和健康发展",对于违反公共秩序和道德的非法信息和有害信息则不予保护。

5. 排除"商业秘密"

商业秘密(日本《反不正当竞争法》第2条第6款)是"作为秘密(机密)进行管理"的信息。① "商业秘密"由商业运营商作为内部秘密管理,而"限定提供数据"是提供给满足某些条件的特定局外人的信息。以"作为秘密进行管理"为特征的"商业秘密"应当从"限定提供数据"中排除。

商业秘密必须通过机密性管理措施向雇员等清楚地表示出公司"秘密管理"的意图,并确保雇员等对机密性管理意图的可识别性,至少持有人必须愿意对其保密。对于限定提供的数据,可以使用诸如ID和密码进行电磁管理,以及采取要求接收者"禁止向第三方提供"等措施。但是,这些措施仅是为了防止数据被不特定的任何人获取,而不是要作为秘密进行管理。如果将自己生产过程的一部分外包给外部业务运营商,则外部业务运营商必须在使用数据时将数据作为秘密进行管理,然后提供记录数据的介质。在只有少数公司作为成员的联合研发中,成员公司有义务将研究所需的实验数据保密。当可以通过付费成为会员,数据库提供者为会员提供可以访问数据的ID/密码时,数据将不再被视为"秘密"。如果通过申请可以成为特定联盟的成员,数据提供者为成员提供可以访问该数据的ID和密码,即使"禁止向非成员公开",也不属于"秘密"。

关于是否为商业秘密或为限定提供数据,即使数据相同,也应当根据情况分别判断。例如,以电磁方式管理的数据作为"业务机密"要求员工履行保密义务,则应认定

① 不正競争防止法第2条第6項:この法律において「営業秘密」とは、①秘密として管理されている生産方法、販売方法その他の②事業活動に有用な技術上又は営業上の情報であって、③公然と知られていないものをいう。

为商业秘密。但如果数据持有者找到了出售数据的商业机会,并向第三方收取了预定的费用开始销售,即使销售前后的内部管理模式没有变化,从数据持有者显示出其销售意图之时起,机密性管理的意图就消失了,数据即可成为"限定提供数据"。如果在销售业务开始之前停止了向公司外部第三方销售的意图和行为,并且明确了将数据再次作为秘密进行管理的意图,则该数据仍然符合非公开性的要求,在销售业务开始之前应视为"商业秘密"。

6. 排除"免费提供给公众的信息"(公开数据)

无须指定或限制另一方而免费提供的数据(公开数据)应当从"限定提供数据"中排除。如果限定提供的数据与免费提供给公众的信息相同,则不再认为这种提供行为是"限定提供"。"免费"意味着不需要付费来接收数据,或在提供数据时不需要为数据本身付费,只是需要支付存储数据的实际成本以及诸如运输费之类的实际成本。如互联网上任何人都可以免费访问的数据、政府提供的统计数据等。此外,"免费提供给公众的信息"不仅限于完全无条件获得的信息,还包括在使用中需履行一定义务(如必须注明来源出处)的数据。"与免费提供给公众的信息相同",是指提供的数据与开放数据基本相同。如简单机械地改变数据的顺序,切除或拼接组合部分数据,则被认为基本相同,如果"限定提供数据"的一部分与"免费提供给公众的信息"相同,则仅对该部分不适用"限定提供数据"条款。

(二)"限定提供数据"条款调整的行为

"限定提供数据"条款要考虑限定提供数据持有者和用户之间利益的平衡,并保护限定提供数据持有者的合法权益,从整体上促进数据资源的分配和利用。日本《反不正当竞争法》第 2 条第 11 款至第 16 款规定了在"获取""使用"或"披露""限定提供数据"中的不正当竞争行为。"限定提供数据"被定义为"通过电磁方法累积和管理的,提供给特定对象的企业信息"。"获取""使用""披露"所指的对象是限定提供数据持有者提供的全部"限定提供数据",或其中满足"大量积累"条件的部分数据,并考虑通过数据积累而创造的增加值、利用可能性、交易价格、劳动力、时间成本等判定数据收集和分析过程中产生的收益。另外,当连续性或间断性地获取并未"大量积累"的数据,但在整体上达到了可观的数量时,则将这一系列的数据获取行为当作一个整体考虑。

"获取",是指将数据置于自己的控制之下,自己或第三方通过记录数据的介质或显示数据的显示器获取数据本身的行为。例如,在显示数据的显示器上拍摄照片或视频,在纸上打印数据,将服务器上存储的数据复制到个人计算机或 USB 存储器中,请求他人发送带有包含数据附件的电子邮件并进行接收,或者将电子邮件转发给第三方等。

“使用”是使用数据的行为，包括使用数据进行创建、分析等行为。例如，使用获取的数据进行销售，使用获取的数据进行研究和开发，使用获取的数据制造商品或创建程序，通过人工智能技术将获取的数据用于软件开发，将获取的数据进行分类和排序或与自己的其他数据相结合创建新的数据库等。即使仅按原样存储所获取的数据，如果存在侵害数据提供者利益的风险，也可以采取预防性禁令，要求其删除所存储的数据。另外，如果通过使用数据获得了可交付性的新成果，与原始的限定提供数据不再相同（如使用该数据开发出新产品等），则使用、转让等行为不属于不正当竞争。但可交付成果包含与所获取的限定提供数据相同或基本相同的数据内容时，则将使用这种成果认定为不正当竞争中的“使用”。

“披露”，是指将数据置于第三方可以识别的状态。例如，将记录了数据的介质移交给第三方，通过电子邮件将包含数据的文件发送给第三方，将数据保存在服务器上并将服务器的位置以及用于访问服务器的密码提供给第三方，在平板电脑或智能手机的屏幕上显示大量数据并允许第三方查看等。同时，“披露”行为不需要第三方已经实际知道和获取，即使数据发布在任何人都可以查看的网页上，也被认为属于披露范围。公开诸如通过使用所获取的数据生成的数据库等可交付物，当可交付物被评估为等于或基本等于原始数据时，公开这些数据也被视为“披露”。

三、与“限定提供数据”有关的不正当竞争

（一）非法获取数据的不正当竞争

在导致“不正当竞争”的行为中，日本《反不正当竞争法》第 2 条第 11 款规定了与非法获取有关的“不正当获取数据”的类型。[①] 这种欺诈性获取类型通过特别恶意的手段来获取数据（如“盗窃，欺诈，胁迫和其他欺诈性措施”）。其中以“盗窃”“欺诈”“胁迫”作为欺诈手段的例子。“其他欺诈性措施”不仅包括盗窃罪、欺诈罪等违反刑法的行为，还包括使用违反社会秩序和道德的手段获取数据，根据社会惯例被认为与“盗窃”“欺诈”“胁迫”相似的行为。例如，窃取存储数据的 USB 存储器，闯入数据所有者的设施将数据保存并取走，使用计算机病毒提取存储在公司管理的私有服务器上的数据，未经许可进入了另一家公司的计算机并使密码无效从而获取数据，伪装成合法的数据接收者并指示数据持有者将数据存储在其所控制的服务器上等。

---

① 不正競争防止法第 2 条第 11 項：窃取、詐欺、強迫その他の不正の手段により限定提供データを取得する行為（以下「限定提供データ不正取得行為」という。）又は限定提供データ不正取得行為により取得した限定提供データを使用し、若しくは開示する行為。

如果行为目的的合法性在其他法律中得到了承认,考虑到其合法性,则不属于"通过盗窃,欺诈,胁迫或其他欺诈手段获取限定提供数据的行为"。例如,当数据本身可能有害,如在混入病毒时,在没有获得数据所有者许可的情况下进行确认并采取措施的行为;为特定用户存储加密数据的服务器发生病毒感染或存在被侵入等危险,服务器操作员在未经数据持有人事先同意的情况下紧急解锁密钥并备份数据的行为;在与产品的3D形状有关的数据是限定提供数据的情况下,购买3D打印机制造产品的人使用3D扫描仪测量产品并获取与形状有关数据的行为;游戏机等的维修公司在维修和更换游戏机及终端设备期间,在必要范围内备份存储在设备中数据的行为。

(二)严重违反诚信原则的不正当竞争

日本《反不正当竞争法》第2条第14款规定,限定提供数据的接收者以获取自身或第三方不正当利益,或损害数据提供者为目的,使用或披露限定提供数据的行为被视为严重违反诚信原则的"不正当竞争"。[①] "限定提供数据的接收者",是指以除欺诈性获取外的其他方式(如根据合同接收限定提供数据)从数据提供者处获取限定提供数据的合法获取者。由于数据获取本身是合法进行的,从确保数据流通和使用的角度出发,需注意避免对数据获取者的业务活动产生寒蝉效应。因此,欺诈性使用仅限于违反限定提供数据管理职责的人员。

具有"管理数据的职责",是指在双方之间存在委托关系,但仅凭合同的名称并不能确定是否存在"管理职责",应基于合同内容和使用行为的实际情况等来评估管理职责存在与否。例如,在为数据提供者使用限定提供数据进行数据分析和数据处理时,数据获取方负有审慎管理的责任,双方基于信任存在委托托付关系;而获取方为开发新产品专门购买数据时则没有基于双方信任产生委托关系,获取方不存在管理数据的职责。换言之,披露行为以牟取欺诈性利益或损害数据提供者为目的即构成严重违反诚信原则的不正当竞争,而使用行为需同时符合"以牟取欺诈性利益或损害数据提供者为目的"和"违反与限定提供数据管理有关的职责"才构成严重违反诚信原则的不正当竞争。

如果双方约定,数据获取者不允许使用或披露限定提供数据,如合同规定当事人有义务不以某种方式使用,合同各方约定了禁止向第三方披露的义务等,限定提供数据的获取者明知其自身具有上述义务,但出于个人或第三方利益的目的,或损害数据

---

① 不正競争防止法第2条第14項:限定提供データを保有する事業者(以下「限定提供データ保有者」という。)からその限定提供データを示された場合において、不正の利益を得る目的で、又はその限定提供データ保有者に損害を加える目的で、その限定提供データを使用する行為(その限定提供データの管理に係る任務に違反して行うものに限る。)又は開示する行為。

提供者的目的,使用或披露所获得的数据,则认为其存在损害的目的,除非行为目的的合法性在其他法律中得到了承认。关于禁止向第三方提供的“第三方”范围,最好在合同中阐明是否包括子公司、关联公司等。“获取不正当利润的目的”不仅是指从事有竞争性业务的目的,还包括以违反公共秩序和道德或诚信的方式来获取不正当利润的目的。“损害数据提供者的目的”,是指对限定提供数据提供者造成财产损失、信誉丧失或其他有形和无形的不公正损害的目的。如根据许可协议数据获取者禁止向第三方披露数据,但数据获取者仍将数据提供给客户或发布在网站上,以损害数据提供人等。该条款只需判定有损害目的,而不需要造成事实上的损害。

如果判定该行为是合同允许的,则认为没有损害的目的。即使在合同解释中存在争议,并且最终认定为违反合同约定,也有以下几种情况会被认为没有损害目的。

1. 合同约定不明确

(1)合同的措辞尚不清楚,在合同解释中关于使用范围或禁止披露义务存在争议,合同当事人对使用或披露的范围不明确,则认为使用或披露行为没有损害目的。

(2)在合同谈判过程中,因怀有合同将被订立的自然预期而使用或披露数据,且事后证明这种使用或披露是正当的,即使未签订合同,原则上也不视为有损害目的。如在谈判过程中,认为所获取的限定提供数据在允许使用的范围内,并且将其用于判断公司业务的利用可能性,或因为期望成员身份,向已经开始加入联盟的非联盟成员披露只能由联盟成员查看的限定数据库。

(3)如果在合同终止后或在合同续约时对合同的解释存在争议,合同双方在合同终止时间、续约条件等方面均不明确,当事人继续使用先前有关使用或披露的约定,即使在使用或披露行为发生期间合同已终止,原则上也不认为其存在损害目的。

2. 行为人不了解自己的义务,由于疏忽或有不可避免的原因

(1)不了解自身义务。如果行为人不知道自己有义务禁止对第三方使用或披露数据,即使违反合同也不认为其存在损害目的。如内部员工在不知情的情况下,向业务合作伙伴提供了限定数据。使用或公开限定提供数据的员工等可能对义务没有意识,但指示使用或披露范围的负责人应明确知晓该义务,此时可以认定负责人在明知义务的情况下存在损害目的。

(2)因疏忽而违反。即使行为人知晓禁止对第三方使用或披露的义务,但由于疏忽而使用或披露超出合同允许范围的数据,违反了合同,则只追究违约责任,而不认为其存在损害目的。如限定提供数据仅允许用于使用人工智能技术开发软件A,行为人误将软件B认为是A,而使用数据进行开发。

(3)被认为不可避免。如果是数据提供者的责任或原因,数据获取者不可避免地

需要继续使用或披露限定提供数据,则认为其不具有损害的目的。如合同期满后,限定提供数据的持有人已经向数据提供者发送了续约请求,约定在一定的响应期间内业务不会中断,但无法联系到数据提供者或对方无应答。

(4)为保护数据提供者的利益。如果该行为是为了保护数据提供者的利益,则没有必要视为违反日本《反不正当竞争法》或存在损害目的。如为确保数据存储的安全性,将委托合同中禁止向第三方披露的限定提供数据委托给第三方。

3. 为保护限定提供数据而采取紧急措施,出于公共利益或有"合理目的"

(1)迫切需要保护数据。如需要对数据存储设备进行紧急维护,但由于公司没有其他数据存储设备,而将限定提供数据公开给子公司。

(2)出于法律法规的相关要求。如根据法律法规披露限定提供数据用于报告;根据司法机关的要求披露限定提供数据协助调查。

(3)为保护生命安全或其他公共利益。如为了防止感染扩散,将有关病毒的限定数据透露给第三方;在灾难发生时为了协助疏散指导,将交通信息数据透露给地方政府等。

(三)数据转移中的不正当竞争

1. 取得时为恶意的转移方式

由于"限定提供数据"易于复制和传输,如果将其传输给第三方,尤其是与数据持有人没有合同关系的第三方,损害将会大幅蔓延。使用和披露限定数据的行为人明知数据为欺诈性获取的数据,依然使用或非法披露所获取的限定提供数据,则被视为一种高度恶意的行为。① 关于欺诈性行为(欺诈性地获取数据,或出于损害数据提供者的目的欺诈性地披露数据)"恶意"的认定,行为人应当明知此前发生的欺诈性行为,如不知道数据是基于欺诈性获取行为所得,则不能认为是恶意的。受"恶意"侵害的"未经授权获取的限定提供数据"是日本《反不正当竞争法》第2条第11款规定的非法获取行为。这种欺诈性获取是在行为人获取数据之前的某个时刻进行的。无论是直接从进行欺诈性获取行为的人那里获取数据,还是间接地获取了数据,如果存在"恶意",获取行为与获取后的使用、披露行为都成立不正当竞争。

---

① 不正競争防止法第2条第12項:その限定提供データについて限定提供データ不正取得行為が介在したことを知って限定提供データを取得し、又はその取得した限定提供データを使用し、若しくは開示する行為。不正競争防止法第2条第15項:その限定提供データについて限定提供データ不正開示行為(前号に規定する場合において同号に規定する目的でその限定提供データを開示する行為をいう。以下同じ。)であること若しくはその限定提供データについて限定提供データ不正開示行為が介在したことを知って限定提供データを取得し、又はその取得した限定提供データを使用し、若しくは開示する行為。

2. 取得时为善意的转移方式

获取时为善意,是指获取数据时不知道先前欺诈性行为的存在,知晓欺诈性获取行为是在获取数据之后。即使在获取数据时未能知晓欺诈活动的存在,如果随后了解到欺诈性行为的事实,可以对数据所有者进行相应补救,以防止损失的扩大。如果一个数据获取者在获取数据时的善意随后变成了恶意,在善意获取之后又恶意转手将数据披露给了第三方,考虑数据所有者和受让人之间利益保护的平衡,在获取之后又恶意披露数据的受让人仅在对数据所有者造成重大损失的情况下才被认定为不正当竞争。①

即使披露行为是恶意的,在对欺诈性行为不知情的情况下获取数据,也会使这一数据获取者遭受一定的不利影响,并使其交易安全性受到损害。因此,从确保善意获取数据受让人交易安全的角度出发,通过交易获取限定提供数据的受让人,在合同授权范围内的披露行为不视为不正当竞争。合同授权范围内即在获取限定提供数据时,在交易(买卖、许可等)中指定的条件(期限、目的、披露方式)的范围内。如果合同期限已经终止,但存在合同关系仍将继续的合理预期,也应视为在此范围之内。

四、"限定提供数据"条款与我国企业数据立法保护

随着我国对数字经济的重视程度不断提高,作为数字经济核心要素的数据,理应成为我国立法关注的重点。② 但目前我国现行制度环境与大数据技术的发展需求并不完全匹配,现行法律制度对数据文件以及数据相关权益的保护都有其现实局限性。

(一)增设企业数据类型化保护条款

我国在大数据保护问题上囿于赋权模式的思维,而确权保护不可避免地具有封闭性和滞后性,难以应对层出不穷的新型数据纠纷。预见到现在及未来可能出现的全部企业数据形式,并将其全都确认为权利,是不现实的。对于没有被权利化的数据利益,很难对其内容、利益分配划分统一的标准。如果不加区分地赋予所有数据类型绝对性的财产权利,容易造成数据鸿沟和数据垄断。与赋权模式相比,行为规制侧重维系竞争关系,且从立法技术上较易实现。技术的动态性演变和发展,决定了企业、用户和社

---

① 不正競争防止法第2条第13項:その取得した後にその限定提供データについて限定提供データ不正取得行為が介在したことを知ってその取得した限定提供データを開示する行為。不正競争防止法第2条第16項:その取得した後にその限定提供データについて限定提供データ不正開示行為があったこと又はその限定提供データについて限定提供データ不正開示行為が介在したことを知ってその取得した限定提供データを開示する行為。

② 参见石丹:《企业数据财产权利的法律保护与制度构建》,载《电子知识产权》2019年第6期。

会公众之间的利益处在不断寻求平衡的过程中,由企业数据利用引起的纠纷,也不宜采用单一的调整方式。在大数据时代,保护企业数据的制度不应该是一道“单选题”,可以在承认企业数据财产属性的基础上,以行为规制模式处理没有被权利化的数据利益。

反不正当竞争法为尚未来得及作出规定的新兴事物争取了法律调整的空间,并且能够关注市场竞争者之间的相互关系,保障信息流动和市场秩序,对于保护特殊客体,尤其是调整一些尚未上升为权利的法益时,具有独特优势。近年来,“顺丰与菜鸟数据之争案”“大众点评诉百度不正当竞争案”“新浪诉脉脉获取用户数据案”“淘宝诉美景公司案”等,暴露出企业间愈演愈烈的数据权利冲突,而判决也多以违反我国《反不正当竞争法》第2条的“经营者合法权益”为依据作出,反映出对一般条款的依赖性。但依赖一般条款来解决数据纠纷,对建立和完善新型竞争关系的行为规则并无裨益。尽管诚实信用等道德约束在一定程度上可以促进公平交易,但与一般条款相比,类型化地界定规制行为的范围,无疑更有利于为市场主体提供稳定的行为预期,构建公平有序的数据交易规则。

在我国数据使用和数据交易中,违反诚实信用原则,明知不正当获取而转移等行为已经初现端倪,而在市场和政府的分工上要坚持最小干涉原则,不宜将过多的数据利用行为纳入法律规制的范畴。在我国《反不正当竞争法》第二章“不正当竞争行为”中增设“经营者不得实施侵犯其他经营者数据合法利益的行为”,将企业数据与“商业秘密”一样,作为类型化条款中的一条,并制定规制行为的清单,将切实影响公平竞争的数据获取、使用和披露行为纳入规制范围。

(二)企业数据类型化保护应遵循的基本原则

在当前研究中,学者关于企业数据由谁享有、如何取得、能否转让,以及在保护企业数据的同时如何保障公民的信息权利等方面存在重大分歧。究其原因,数据权利并不是一种单一的权利,而是一种权利的集合,囊括了不同主体在相同客体上涉及人格、财产、隐私等多方面的利益。在大数据时代,企业收集的数据类型多种多样,包含了用户的社会身份、年龄性别、地理位置、交易记录、语音视频等。这些数据具有直接或间接识别用户的通信隐私、生活习惯、消费偏好的功能。因此,数据立法应当通过对多样化数据利益的衡量,在保障企业数据利益、维护数据流通秩序的同时,兼顾社会公共利益和公民个人的信息权利,实现数据治理法治化的实际效能。具体而言,数据立法要坚持“法益平衡”的立法路径,通过用户与企业、企业与企业间数据权利的清晰界分解决复杂的数据利益冲突,促进新兴数据权利保护条款与民商事、行政、反垄断等法律制度之间的有效衔接。

1. 坚持利益平衡的基本导向

企业数据保护所关涉的利益主体是多样的,数据私益与数据公益、用户数据权利与企业数据权利、数据领域传统法益与新兴法益之间处于冲突与协调并存的博弈过程中。数据立法需要通过对多样化数据利益的衡量,协调法益冲突,促进不同主体间数据权利的共存、共享。一方面,数据立法需要对数字经济飞速发展过程中出现的法益侵害进行有效规制,通过法律的约束力限制特定主体的行为;另一方面,这种约束力的发挥不仅不能对数字经济及社会发展进程产生阻碍,还要发挥保障数据企业合法利益的作用,通过对数据领域多元化利益的平衡,保障不同主体对于其数据活动后果的合理预期,实现对经济社会发展的保障效果。

数据正义是数据保护的重要原则,要改变数据立法"重私益、轻公益"的状况。数据立法应当具有前瞻性,不能片面强调企业的市场利益,应对数据私益与数据公益作出正确识别,兼顾数据私益与数据公益之间的平衡。数据私益与数据公益统合于网络空间共同体中,对于数据私益的侵犯同样会导致对于数据公益的干扰或破坏。因此,对于数据公益与数据私益的把握应当是动态的,数据立法应对个人、企业、社会、国家的数据法益作出清晰界定。数据权利保护应当遵循"法益三分法"的基本原理,协调其与数据领域的个人法益、国家法益、社会法益之间的关系。以《反不正当竞争法》调整企业间的数据利益冲突,应以维护数据市场秩序为主要内容,既要保障数据自由流动,充分发挥数据产业的整合优势,也要坚持公益立场,防止数据垄断,维护国家数据安全和社会公共利益。

2. 协调不同主体的利益冲突

数据立法应当具有平衡性,不能只进行"单边保护"。个人数据法益与企业数据法益的法律界定可通过强制性规范和禁止性规范予以表达。可通过"应为"条款的设定,保护具有正当性的个人身份信息和企业在市场竞争中的数据利益,要求企业经营者履行通知义务和提示义务,为企业享有相应的数据利益设置一定的条件。通过"禁止为"条款规制企业在数据收集、使用、流转中的不当行为,对企业侵害用户信息权利、滥用市场支配地位、垄断数据资源等行为作出否定性评价。

数据法益的产生以数据收集为源头,在数据收集环节,企业应告知并提示用户数据收集的目的,其中包括对于数据未来可能流转到第三方等使用去向的明示。在数据使用环节,应当界定用户维护个人信息权利的合法方式与企业使用数据的合法方式,明确用户画像与自动化决策的限定性条件,企业不得以数据算法自动化决策为由侵害用户的数据权利。在以营销为目的的数据分析使用中,如果在数据收集环节,企业没有表明收集数据是以进行营销活动为目的,在后续的使用环节中,用户可以拒绝企业变更或增设新的用途。此外，在不同企业经营者之间，不经数据提供者的同意，数据获取者也不得擅自扩充数据的使用范围。在数据流转环节，数据立法所涉及的法律主体、法益冲突、制度类型十分复杂，用户对于个人数据的流转状态应享有知情权，当数据在不同企业间由数据获取者向第三方流转时，数据获取者也应将数据流转状态告知数据的原始提供者。企业对保护数据自由流动应尽合理注意义务，可由市场监督管理机关对数据企业违反规定进行的数据活动作出相应处罚，由行业协会对违法违规信息披露等行为制定具体规范，并与数据领域的技术性规范相结合，以期提高数据权利保护效果，规制数据领域的“数据独裁”。

3. 促进法律部门之间的有效衔接

在立法实践中，数据权利多被独立地置于新兴权利框架下，强调其与传统法益的差异，这种做法忽略了数据法益与传统法益保护的内在联系，有可能导致重复立法和立法冲突，使数据立法与传统法律部门之间不能兼容，不利于法律体系内部的制度衔接。因此，数据立法不能孤立地考量数据权利作为新兴权利的特殊性而否定传统法律保护手段在数据领域的适用。应当设定衔接数据领域的传统权利（人格权、财产权等）与新型权利（数据权利）的准用性规则，防止重复立法与立法冲突。

传统权利源于人身和财产利益保护的需要，而新型权利是新兴风险治理背景下的新生事物，具体到数据领域所涉及的法益内容，实际上涵盖了新型权利与传统权利两个方面。数据财产保护是数据治理中的枢纽性制度设计，应通过对多元化利益的衡量，在传统权利与新型权利之间建立连接的桥梁。一方面，要推进数据保护的类型化立法，避免附属保护的弊端；另一方面，要将数据权利保护与传统的民商事法律制度和反垄断、消费者权益保护等保护手段衔接起来，提升数据治理的整体效能。

《经济法论丛》稿约

《经济法论丛》(Economic Law Review, ELR)(CSSCI来源集刊)是由著名经济法学家漆多俊教授创办的专业性法学出版物,自1998年创办迄今已连续出版40卷,现任执行主编王红霞。《经济法论丛》主要收录经济法学理论与实践前沿原创研究成果,设有经济法基础理论、市场规制法、宏观调控法、国家投资经营法等常规板块,以及热点专题、域外法动态等。

一、本论丛热忱欢迎海内外研究者和实践工作者惠寄有关经济法的专论、评论、立法研究、成案研究、域外法与比较法研究及资料动态(包括译文)、书评等。

二、来稿字数以1万至2.5万字之间为宜,请使用word文档编辑,详细格式体例参见论丛微信公众号。编辑部对来稿统一登记分发,请以电子邮件附件形式发送至编辑部专用投稿邮箱,不要寄给编辑或主编个人,以免贻误。投稿邮件正文应附有文章题目、摘要、作者基本资料(姓名、单位及职务、职称、学位、通信地址、邮编、联系电话)。

三、本论丛坚持文以质取,实行双向匿名审稿,三审定稿。请勿一稿多投。对于采用的稿件,本论丛在尊重作者原意的前提下,可对稿件进行技术处理。

四、为适应我国信息化建设的需要,扩大作者学术交流渠道,本论丛已加入《中国学术期刊(光盘版)》、《中国期刊网》全文数据库、中国数字化期刊群万方数据库、《中国核心期刊(遴选)数据库》,以及北大法宝数据库等。投稿视为同意上述授权。

五、本论丛不收取任何审稿费、版面费等费用。因经费所限,亦不另付各类稿酬。本论丛出版后将寄赠作者当期样书。

投稿官网:jjfc. cbpt. cnki. net

联系邮箱:elr1998@163. com

联系电话:0731-88660273

通信地址:湖南长沙麓山南路605号中南大学南校区法学院302室

邮政编码:410012

微信公众号:经济法论丛(Economic Law Review)

《经济法论丛》编辑部

2022年8月18日